Werner Schüpbach

DER ARABISMUS

Seine historischen und spirituellen Hintergründe und sein Fortwirken in der Gegenwart

Werner Schüpbach

DER ARABISMUS

Seine historischen und spirituellen Hintergründe und sein Fortwirken in der Gegenwart

Novalis Verlag

NOVALIS VERLAG AG
CH-8200 Schaffhausen
Druck: Hieronymus Mühlberger GmbH
Augsburg

ISBN 3-7214-0557-9

INHALT

Einleitung zur Neuauflage I

Vorwort 7

Der orientalische Ursprung des Arabismus und sein Fortwirken in der modernen Kultur des Westens 9

Die Symbolik des Arabismus und ihre Entsprechung in Natur und Mensch 31

Der Arabismus, seine spirituellen Hintergründe und die in ihm wirkenden Individualitäten 47

Moderne arabistische Wissenschaft in spiritueller Sicht. Ahriman und Luzifer 68

Alteuropäischer Geist und das spirituelle Bild der neuen Physik 95

Die Wirksamkeit des Übersinnlichen im Sinnlichen 117

Der Nachweis ätherischer Wirkungen in organischen Substanzen
Das Ordnungsprinzip in der neuen Physik als das Wirken des Wortes 143

Der Individuationsprozeß in der Natur und im Menschen und die Gesetzmäßigkeit der Vererbung 165

Die Wirkung der radioaktiven Strahlung im lebendigen Organismus. Mutation und vegetative Kräfte 185

Das Problem des Zerfalls des menschlichen Erbgutes in spiritueller Sicht. Die schöpferische Kraft des Christusimpulses im Ich 203

Die Wirksamkeit des Christusimpulses im ‚Lebensbaum' und als neue Universalität im Denken und Erkennen 224

EINLEITUNG ZUR NEUAUFLAGE

Daß die anderthalb Jahrzehnte, die uns bis zur Jahrtausendwende noch bevorstehen, von folgenschweren Entscheidungen und einschneidenden Ereignissen geprägt sein werden, befürchten heute viele Zeitgenossen. Die meisten Leute glauben jedoch, daß sie selbst nur wenig zur Beeinflussung der Zukunft beitragen könnten und betrachten die kommenden Geschehnisse deshalb als unabwendbares Schicksal.

Wie der neueste Bericht der Eidgenössischen Jugendkommission „Mutter Helvetia und Vater Staat — Zur Lage der Jugendlichen in der Schweiz" (Eidg. Drucksachen- und Materialzentrale, Bern 1985) zeigt, verhält sich die Jugend, auf die es für die Gestaltung der Zukunft entscheidend ankäme, gegenüber der Politik und allgemein menschlichen Fragen weitgehend passiv und interessiert sich fast nur für das eigene, ganz persönliche Fortkommen auf dem „Ego-Trip". Zur Entlastung unserer Jugend muß allerdings gesagt werden, daß es bei der verwirrenden Fülle von Ereignissen und dem Chaos widerstreitender Meinungen nicht leicht ist, sich über die Weltlage und allgemeine Menschheitsfragen Klarheit zu verschaffen und daß die ältere Generation in dieser Beziehung keineswegs vorbildlich und anregend ist. So hat auch das abgelaufene „Jahr der Jugend" leider kaum neue Ansätze gebracht.

Zu den rätselhaften Geschehnissen, mit denen wir fast täglich leben müssen, zählen auch die vielen Akté des Terrorismus aus dem Lager arabistischer Organisationen. Man bringt diese Gewalttätigkeiten mit der seit Jahrzehnten schwelenden Krise im Nahen Osten und der Reaktion arabischer Staaten auf die massiven, strategischen und wirtschaftlichen Interessen der Großmächte in Zusammenhang. Obwohl zahlreiche Leute den islamischen Fundamentalismus als durchaus ernst zu nehmende Bedrohung werten, wird die viel tiefere Dimension der arabistischen Gefahr kaum erahnt. Daß der „Arabismus“ eine geistige Weltmacht ist, die weltweit in den unbewußten Tiefen unserer Seele wirkt, wollte Werner Schüpbach mit seiner in den Jahren 1949 und 1950 in der Zeitschrift „Gegenwart“ erschienenen Aufsatzreihe aufzeigen. Sie wurde im Jahre 1970 als Schrift im Verlag Die Kommenden für einen größeren Leserkreis veröffentlicht. Da der in jener umfassenderen Bedeutung verstandene „Arabismus“ inzwischen durch die moderne Hochtechnologie an bedrohlicher Aktualität gewaltig zugenommen hat, soll die vergriffene Schrift hiermit neu aufgelegt werden.

Werner Schüpbach steht mit seinen Gedanken und Darstellungen ganz auf dem Boden der Geisteswissenschaft Rudolf Steiners, ohne die es heute kaum möglich ist, eine klare Beurteilung der Menschheits- und Weltsituation zu gewinnen. Das muß derjenige ohne jeglichen Autoritätsanspruch einsehen, der sich auf diese Geisteswissenschaft einläßt und erkennt, daß sie dies nur deshalb vermag, weil sie von der unsere moderne Zivilisation prägenden Naturwissenschaft ausgeht und deren Erkenntnismethoden für die geistigen Tatsachen und Welten erweitert, während dieser moderne Zug allen älteren, spirituellen Strömungen selbstverständlich fehlt. Werner Schüpbach versteht es, die historischen und geistigen Hintergründe des „Arabismus“ aufzudecken und sein Fortwirken in dem sich auf das Ende unseres Jahrtausends zuspitzenden, geistigen Kampfe aufzuzeigen. Da es ihm leider nicht mehr möglich war, die Aktualität dieser Neuauflage selbst zu begründen, sollte diese „Einleitung“ dem Leser die Bedeutung des „Arabismus“ im gegenwärtigen Geisteskampfe und das Studium der Aufsätze von Schüpbach nahelegen.

Kürzlich sprach der Vater der Wasserstoffbombe, Edward Teller, in der Schweiz zum Thema der Energiegewinnung und meinte, das Hauptproblem der einzigen Variante einer sauberen, umweltfreundlichen Elektrizitätserzeugung in Kernkraftwerken sei nicht die Entsorgung der radioaktiven Abfälle, sondern vielmehr die „Entsorgung des Publikums", das heißt dessen Befreiung von der Angst gegenüber der Kernenergie. So stehen der Verwirklichung großer technologischer Projekte wie Einkaufszentren, Autobahnen, Kernkraftwerken, Aufbereitungsanlagen usw. oft die Aktionen von Gegnern im Wege, die dann durch Polizeieinsätze bekämpft werden müssen.

Was für Kräfte begegnen sich bei derartigen Auseinandersetzungen zwischen dem sachlichen, emotionsfreien Denken und Wollen der Experten und der gefühlsbetonten Sorge und Angst breiter Schichten der Bevölkerung? Die sich oft diametral gegenüberstehenden Sachzwänge und Interessen der Regierungen und die Vorstellungen und Wünsche namhafter Gruppen der Bevölkerung in wichtigen Fragen des gesellschaftlichen Zusammenlebens bestimmen ja heute weitgehend unseren Alltag. Dem Leser dürfte es zunächst einmal schwer fallen, in solchen politischen Auseinandersetzungen das Walten lunarer und solarer Kräfte zu sehen, weil diese Kräfte in den unbewußten Tiefen der Seele wirken und als Vorstellungen und Willensmotive ins Oberbewußtsein aufsteigen. Wir müssen im Sinne der Geisteswissenschaft weit in die dritte nachatlantische Kulturperiode zurückgreifen, um das Hervorgehen der semitischen Urreligion des Mondgottes Jahve zu betrachten, der durch die Urväter Noah, Abraham und Mose den Monotheismus der Hebräer entstehen ließ. Göttliche Weisheit wurde den Menschen durch die Propheten geoffenbart und forderte unbedingten Gehorsam, wie er in den Zehn Geboten zum Ausdruck kommt. Indem Mose das auserwählte Volk aus Aegypten in das Gelobte Land führte, wurde der Übergang von der dritten in die vierte Kulturperiode eingeleitet und die physische Grundlage für die Begründung des Christentums geschaffen.

Der Mensch war in der Erfüllung des göttlichen Auftrages „Machet euch die Erde untertan" immer tiefer in die materiellen Verhältnisse der Erde eingedrungen und hätte sein Menschentum immer mehr verloren, wenn die Möglichkeit zur Befreiung aus der materialistischen Verführung nicht durch das Christentum veranlagt worden wäre. Mit der vierten Kulturperiode hat der geistige Kampf zwischen den herunterziehenden Kräften der Erden-Monden-Sphäre und den hinaufziehenden Sonnenkräften eingesetzt. Zwei gegensätzliche geistige Strömungen sind es, die die griechisch-lateinische Periode prägen und in unserer abendländischen, fünften Kulturepoche in einem gewaltigen Entscheidungskampf ausgetragen werden.

Nachdem der Christusimpuls in Palästina seine Inkarnation vollzogen hatte und aus dem vorderen Orient unverstanden ins Abendland verdrängt worden war, wurde der hebräische Monotheismus von Mohammed weitertradiert und als Islam zum bestimmenden Prinzip der semitischen Völker erhoben. Die Heiligtümer des Islams, die Kaaba in Mekka und die Moscheen in den arabischen Ländern verraten uns das Wesen des „Arabismus": Während die Würfelform der Kaaba die mineralisierte, verfestigte Erde symbolisiert, erinnert die Kuppel der Moscheen an den Halbmond. Und der Koran, das heilige Buch der Mohammedaner, bringt die Stellung des Menschen im Kosmos deutlich zum Ausdruck: Als erschaffenes Wesen ist der Mensch sogar nach dem Tode an die Erde und den erdnahen Raum bis zum Monde gebannt. Der Mohammedaner ist zur absoluten Verehrung der fertigen Schöpfung Allahs verpflichtet und kann außer Allah nur Namen verehren, die er selbst erfunden hat. Hier liegt der Ursprung des Nominalismus, der unsere ganze Wissenschaft und Zivilisation prägt und wonach die Gedanken des Menschen nur abstrakte Benennungen, sind, die er zur Beschreibung der Welt erfunden hat. Die Aussage des Korans „Was selber erschaffen ist, kann nichts erschaffen" ist das Fundament der Bildlosigkeit des Islams und der strikten Ablehnung aller bildenden Künste. So wird verständlich, warum die Moscheen und Gebäude der Mohammedaner nur durch geometrisierende Ornamente und Arabesken verziert sind.

Der Umschlag dieser Schrift ist einem islamischen Malbuch für Kinder entnommen, in welchem die ineinander verschlungenen geometrischen Formen mit Farben ausgemalt werden sollen. Die Fixierung des Menschen in die Erden-Monden-Sphäre kommt auch im abstrakten, intellektuellen Denken zum Ausdruck, das im großen Weltreich der Kalifen von Bagdad zur Entfaltung gelangte. Während Karl der Große in Europa mühsam das Schreiben erlernte, wurden am Hofe des Kalifen Harun al Raschid die Wissenschaften und Künste gepflegt. Die Astronomie, die Algebra, die Medizin, die Märchen aus Tausendundeiner Nacht sind die Zeugen einer Kultur, die eigentlich erst in unserer fünften Kulturperiode zur Entfaltung kommen sollte. Wie Rudolf Steiner dargestellt hat, verführte diese Vorwegnahme der Bewußtseinsseele im arabischen Kulturraum die Verstandesseele zum rationalistischen, entmythologisierten Gehirndenken und bereitete damit den Materialismus der Neuzeit vor.

Die andere geistige Strömung, welche mit dem Christentum auf die Erde gebracht wurde, fand im Hellenismus fruchtbaren Boden, nachdem Paulus mit seinen Missionsreisen die Christianisierung des heidnischen Abendlandes eingeleitet hatte. Sonnenhafte Erkenntnis lebte im philosophischen Denken und in den bildenden Künsten der Griechen. So lehrte Plato etwa die menschliche Trichotomie, wonach der Mensch ein in Leib, Seele und Geist dreigegliedertes Wesen und das individuelle Ich schöpferisch in der Evolution mittätig sei. Alexander der Große hatte auf seinen Feldzügen den Hellenismus auch in den Vorderen Orient gebracht. Und so gelangte in der Folge auch das Christentum dorthin und lebte im Manichäismus und im Nestorianismus auch an der berühmten Akademie von Gondischapur in Persien.

Mit dem Aufkommen des Islams wurde das Christentum aber ganz aus dem Nahen Osten in den Westen verdrängt. Während die Christianisierung Europas sich allmählich vollzog und die Bewußtseinsseelenentwicklung hinauszögerte, spielte sich im halbtausendjährigen arabischen Weltreich, das über Nordafrika bis nach Spanien vordrang, eine Kulturentwicklung ab, die für unsere gegenwärtige, fünfte Kulturperiode von einschneidender Bedeutung werden sollte. Hinter dem Arabismus stehen große

Individualitäten im Bunde mit geistigen Mächten einer über Jahrtausende hin tendierenden Planung. Diese Individualitäten haben in der Akademie von Gondischapur und in anderen arabischen Zentren unsere neuzeitliche naturwissenschaftlich-technisch-industrielle Zivilisation vorbereitet und durch Reinkarnationen in Europa später selbst verwirklicht. Diese Vorbereitung erfolgte ganz im Sinne des islamischen Welt- und Menschenbildes durch Entfaltung des abstrakten, bildlosen Gehirndenkens. Die arabistische Wissenschaft beruht auf den von den Arabern gepflegten mathematischen Disziplinen der Arithmetik, Trigonometrie und Algebra, die zur Erkenntnis des anorganischen Naturgeschehens und zu dessen Beherrschung in der Technik geführt haben. Wir wissen heute, daß dieses Denken zur Eroberung des Sonnensystems durch die Astronautik und zur Entfesselung gewaltiger Zerstörungskräfte in den Nuklearwaffen gipfelt. Auch die modernen Kommunikationsmedien Radio und Fernsehen und die durch die Mikroelektronik möglich gewordene Computertechnologie beruhen auf dem durch die Arabisten entwickelten, mechanistischen Denken. Durch Totalitätsanspruch wird dieses quantifizierende Denken aber auch auf das Leben und auf alle Gebiete des sozialen Zusammenlebens angewendet und beherrscht mehr und mehr die Biologie, die Medizin, die Bildungswissenschaften und das ganze wirtschaftlich-gesellschaftliche Leben.

Der Kampf zwischen den beiden charakterisierten geistigen Strömungen hatte im ersten Jahrtausend zur Verfolgung und Verdrängung der Christen aus dem Orient geführt. Aber der Arabismus blieb nicht auf den Osten beschränkt, sondern drang äußerlich über Nordafrika und Spanien nach Europa vor und wirkte auch innerlich-geistig in die christlichen Institutionen hinein, indem zum Beispiel das achte oekumenische Konzil von Konstantinopel im Jahre 869 dem Menschen einen individuellen Geist absprach und ihm nur einen Leib und éine Seele mit einigen geistigen Eigenschaften zuerkannte. In den letzten Jahrhunderten des Mittelalters wurde an der Schule von Chartres und an der Unviersität Paris zwischen den Arabisten und Scholastikern ein geistiger Kampf ausgetragen zwischen den Nominalisten und Realisten. Die wunderbare Kathedrale von Chartres mit ihrer Fülle von Plastiken an den Außenfassaden und dem Licht- und Farbenspiel der herrlichen Glasfenster im Innern steht in krassem Gegensatz zum strengen Heiligtum des Islams in Mekka. Im Kampf zwischen Averroes (1126 - 1198) und Thomas von Aquino (1225 - 1274) ging es um die Verchristlichung des Aristoteles und um die Frage, ob sich die menschliche Individualität nach dem Tode in ein Allbewußtsein auflöst oder im christlichen Sinne als unsterbliches Ich weiterlebt. Die Nominalisten trugen mit Roger Bacon (1214 - 1294) und Wilhelm Ockham (1290 - 1340) zunächst den Sieg davon und ebneten damit der neuzeitlichen, materialistischen Wissenschaft den Weg. Auf dem schon von seinem Namensvetter begründeten Empirismus aufbauend, gab Francis Bacon, Lord Baco von Verulam (1561 - 1626), das Signal zum Triumphzug der modernen Naturwissenschaft. Er wurde als einer der bedeutendsten Individualitäten des Arabismus in England wiedergeboren und inaugurierte mit seinem Slogan „Wissen ist Macht“ die auf Experiment und Verstand gegründete Methode der Naturforschung und Technik der Neuzeit. Die Seelenhaltung des Arabismus, wonach das Leben wie die Kartenspiele durch den Zufall bestimmt sei, fand im Abendland weite Verbreitung und gipfelte in dem Glauben, der Mensch sei nur das höchste Tier. Durch abstraktes, emotionsfreies Gehirndenken eignet sich der Verstand ein Wissen vom sinnlosen Naturgeschehen an und befriedigt seine diesseitige Wunschnatur und Genußsucht durch die Produkte und Dienstleistungen einer immer raffinierter gewordenen Technik und Wirtschaft. Man muß den utopischen Roman „Neu Atlantis“ von Francis Bacon gelesen haben, um zu ermessen, mit welcher prophetischen Vorausschau dieser Arabist die durchtechnisierte Zivilisation des 20. Jahrhunderts vorausgesehen hat. Und wenn man bedenkt, wie diese im Jahre 1638 erschienene Prophetie innerhalb von dreieinhalb Jahrhunderten mit eiserner Konsequenz verwirklicht worden ist, so kann man vielleicht ein wenig ermessen, welche unheimliche, geistige Macht diese antichristliche Entwicklung impulsiert und die Menschheit in die Gegenwartskrise hinein manipuliert hat. Es ist gewiß nicht zufällig, daß Francis Bacon seiner Vision den Namen „Neu-Atlantis" gegeben hat. Denn, wie Werner Schüpbach ausführt, waren die arabischen Individualitäten, die sich in der Neuzeit reinkarnierten, schon auf der alten Atlantis bedeutende Eingeweihte, die die damalige atlantische Technik begründet hatten. Dabei handelte es sich um eine Technik, die mit den Lebenskräften in Pflanzensamen arbeitete und an die damaligen atmosphärischen Verhältnisse angepaßt war. Der egoistische Mißbrauch der atlantischen Technik hatte zum Untergang der Atlantis in gewaltigen Flutkatastrophen geführt, die im Alten Testament Sint- oder Sündflut genannt werden. Es lag durchaus im Menschheitsschicksal begründet, daß die nach- oder neuatlantische Technik eine Technik der Todeskräfte der anorganischen Natur werden sollte, indem der göttliche Auftrag „Machet euch die Erde untertan" bis in die untersten Bereiche der Schöpfung führen sollte. Wen wundert es, daß auch diese neuatlantische Technik nun auch die Gefahr gewaltiger Natur- und Kriegskatastrophen in sich birgt, die wie ein Damoklesschwert über der Menschheit drohen.

Nach dem Gesagten kann bestimmt keine Rede davon sein, daß der Arabismus und die moderne Technik als Fehlentwicklungen abzulehnen wären. Wir müssen vielmehr zur Einsicht gelangen, daß sich die Menschheitsentwicklung auf der Erde durch widerstreitende Strömungen vollzieht, aus denen der Mensch nur allmählich in harmonischer Einheit hervorgehen wird. In den beiden geistigen Strömungen, die wir als Arabismus und Christentum gekennzeichnet haben, kommen zwei geistige Prinzipien, die für die sinnliche Erscheinungswelt gleichermaßen konstitutiv sind, zum Ausdruck. Dabei handelt es sich um die untersinnlichen Gegenmächte Luzifer und Ahriman und die übersinnlichen Schöpfermächte des Kosmos. In dem auf die Jahrtausendwende sich zuspitzenden Geisteskampf wird um die Seele des Menschen gerungen, die dadurch vor große Entscheidungen gestellt wird. Der Mensch muß die Kräfte durchschauen lernen, die auf der Erde gegeneinander- und zusammenwirken, um die sichtbare Schöpfung hervorzubringen. Werner Schüpbach versucht dies an der Entwicklung der Naturwissenschaft selbst aufzuzeigen und geht hierfür von der mechanistischen Grundauffassung des Arabisten Pierre Simon Laplace (1749 - 1827) aus. Darnach sollte sein Dämon bei Kenntnis aller Naturgesetze und der Anfangsbedingungen aller Atome die ganze Zukunft vorausberechnen können. Je tiefer und exakter die Naturforschung in das Naturgeschehen bis in den Bereich des Atomaren vordrang, ergab sich das Gegenteil der Laplace'schen Auffassung: Die scheinbare Kausalität des anorganischen Naturgeschehens ist nicht Ausdruck eines geordneten, harmonischen Geschehens, sondern entsteht durch das Zusammenwirken einer Riesenzahl von Einzelereignissen, in denen der Zufall herrscht. Die Naturgesetze beruhen also keineswegs auf geordneter Kausalität, sondern auf statistischen Gesetzen großer Zahlen. Alle Versuche, das Laplace'sche Ideal eines mechanistischen Kosmos zu retten, sind gescheitert. Sogar Albert Einstein (1879 - 1955) blieb mit seinem Einwand, Gott könne doch kein Würfelspieler sein, gegenüber der Tatsache ohne Erfolg, daß im Reiche des Toten Chaos und Zufall herrschen. Goethe hatte mit seinem Faust schon recht früh erkannt, daß Mephisto „des Chaos wunderlicher Sohn" sei.

Aus der biblischen Schöpfungsgeschichte erfahren wir, wie das ursprüngliche Chaos (griech. khaos = Unordnung) durch die Götter geordnet und zu einem Kosmos (griech. kosmos = Schmuck) umgestaltet worden ist, der als Schmuck der Welt in der qualitativen, schönen Vielfalt der Naturformen zur Erscheinung kommt. Mit ihren quantifizierenden Methoden kann die arabistische Wissenschaft nur die materielle Grundstruktur der Sinneswelt erfassen, während die qualitative Vielfalt der Naturdinge sich nur einer goetheanistischen Naturbetrachtung offenbart. Durch die von Rudolf Steiner geschaffene Holzplastik, die im kleinen Kuppelraum des abgebrannten Goetheanums aufgestellt werden sollte, kommt deutlich zum Ausdruck, wie Ahriman durch die kosmischen Lichtkräfte in die Materie gefesselt worden war. Durch die von ihm selbst impulsierte, moderne Wissenschaft kann sich nun Ahriman aus seiner Gefangenschaft befreien und furchbare Zerstörungskräfte entfesseln, wenn die in den Atomen gebundenen Kernkräfte mit Atom- und Wasserstoffbomben zur Wirksamkeit kommen können. Während Ahriman bisher mit Geistverleugnung am geistigen Schaffen der kosmischen Mächte teilnehmen mußte, möchte der entfesselte Widersacher die Ziele der guten Götter dadurch vereiteln, daß er das Weiterleben der Menschheit auf der Erde verhindern will. Mit Recht empfinden viele Menschen heute die fortschreitende Umweltzerstörung und die Bedrohung durch einen Nuklearkrieg als größte Gefahr, weil der Mensch seine geistige Bestimmung nur durch wiederholte Leben auf der Erde erfüllen kann. Er braucht die in der irdischen Sinneswelt möglichen Erfahrungen, um an seinen Leibes- und Seelengliedern geistig zu arbeiten und sich dabei zu vervollkommnen. Goethe hatte im Faust diese Problematik schon erahnt, als er seinen Mephisto darüber klagen ließ, daß der verdammten Tier- und Menschenbrut gar nicht beizukommen sei, weil auf der Erde immerzu neues Leben sich entfaltet.

So versucht Ahriman mit allen ihm zu Gebote stehenden Mitteln der arabistischen Wissenschaft und Technik, den Menschen von seiner christlichen Bestimmung abzubringen. Eine seiner stärksten Waffen, die er in neuester Zeit und in der nächsten Zukunft zum Einsatz bringt, ist die Korrumpierung des Denkens durch die mikroelektronische Revolution und die Computertechnologie. Die arabistische Wissenschaft hat ja im 20. Jahrhundert insofern in eine Sackgasse geführt, als sich das Laplace'sche Ideal einer rein mechanistischen Welterklärung nicht bewahrheitet hat. So hat etwa der englische Astronom James Jenas (1877 - 1946) eingesehen, daß das Universum nicht ein toter Mechanismus, sondern vielmehr ein großer Gedanke sei. Aber trotz solcher Hinweise scheuen sich die Wissenschaftler noch immer, die Wissenschaftskrise durch eine Verlebendigung und Verchristlichung des Denkens und durch Geisteswissenschaft zu überwinden, um den Kosmos als Schmuck einer spirituellen Welt zu erkennen. Dafür macht die Entwicklung von rechnenden und denkenden Maschinen rasende Fortschritte und konkurrenziert das intellektuelle Denken durch ihre faszinierenden Erfolge. So wird die Gefahr immer größer, daß der Mensch ganz in die Abhängigkeit der Computer und Roboter gerät und sein Denken, wie von einer Schlange fasziniert, nur noch in den von Computern diktierten Automatismen abläuft. Und wenn die Computer und Automaten nun bald auch die Schule und das Kinderzimmer erobern werden, so dürfte das abstrakte, von Gefühl und Gewissen getrennte, automatenhafte Denken den Menschen ganz in die Knechtschaft von Ahriman bringen und nur noch Böses hervorbringen können.

Die arabistische Wissenschaft hat eben deshalb in eine Sackgasse geführt, weil sie durch ihre Beschränkung auf das Quantitative für das durch Qualitäten zur Erscheinung kommende Leben kein Verständnis entwickeln kann. Das zeigt sich unter anderm auch darin, daß sie glaubt, die Evolution der lebendigen Organismen sei das Resultat von zufälligen Mutationen in der Erbmasse von Pflanzen- und Tierarten. Ein fataler Irrtum des arabistischen Denkens ist die Meinung, man könne die Menschengattung durch künstliche Mutationen mit Hilfe radioaktiver Strahlung oder durch Genmanipulationen verbessern. Wie Atomwaffenversuche im Bikini-Atoll jedoch gezeigt haben, führt die radioaktive Bestrahlung der Erbmasse nur zu einer Entartung, jedoch nie zu einer Höherentwicklung der Nachkommen.

Wir müssen uns hier die Frage stellen, warum der Urmensch wohl vom Baume der Erkenntnis des Guten und Bösen, jedoch nicht vom Baume des Lebens essen konnte? Zur Entfaltung des Ich- und Freiheitsbewußtseins mußte er Gut und Böse unterscheiden lernen; auf die durch die Schöpfermächte bestimmte und durch die Vererbung weitergegebene menschliche Gestalt durfte er jedoch keinen Einfluß bekommen. Da die arabistische Wissenschaft in neuerer Zeit nun beginnt an der Erbmasse herumzumanipulieren, besteht in Zukunft die

Gefahr einer Entartung der menschlichen Gestalt. Ein ganz zentrales Problem des Menschen in Zukunft wird es sein, seine physische Gestalt mitbestimmen zu müssen. Der Leib wird immer mehr Bild seines geistig-seelischen Wesens werden und die von den Göttern gegebene, harmonische Gestalt nur bewahren können, wenn der Mensch ein lebendiges, schöpferisches Denken im Sinne des Christentums entfalten lernt. In diesem Sinne müssen wir das Evangelienwort verstehen „Niemand kommt zum Vater denn durch mich". Denn die Vaterkräfte sind es, die vor dem Sündenfall die menschliche Gestalt geschaffen und durch die Vererbung, den Baum des Lebens, während langer Zeit vor dem Zugriff des Menschen aufrecht erhalten haben.

Wir haben gesehen, wie das Christentum durch den Arabismus aus dem Nahen Osten ins Abendland verdrängt worden war. Hier mußte es Wurzel fassen, bevor der arabistische Einfluß durch die Naturwissenschaft und Technik eine materialistische, ganz dem Irdischen verhaftete Zivilisation hervorbringen durfte. Ohne den verlebendigenden und schöpferischen Christusimpuls müßte die westliche Menschheit in einem unaufhaltsamen Niedergang völlig verhärten und absterben. Einzig ein richtig verstandenes Christentum wird in dem bevorstehenden Entscheidungskampf die Menschheit aus der Todessphäre der Gegenmächte erlösen und in die Zukunft hinüberretten können. Nachdem die Mysterien des Widersachers durch arabistische Wissenschaft erkannt und die lebenvernichtenden Todeskräfte durch die moderne Technik entfesselt worden sind, müssen die Mysterien des Lebens durch schöpferisches, qualitatives Denken entdeckt und im sozialen Zusammenleben der Menschen verwirklicht werden.

Die Schrift von Werner Schüpbach vermittelt dem interessierten Leser eine Fülle gedanklicher Anregungen, um einerseits die verwirrenden Phänomene unserer schwierigen Gegenwart besser zu verstehen und andrerseits geistig aktiv am großen Entscheidungskampf der Gegenwart und nächsten Zukunft teilnehmen zu können.

Zürich, Silvester 1985

Maurice Martin

VORWORT

Die vorliegende Arbeit wurde vom Verfasser in den Jahren 1949 und 1950 als Aufsatzreihe dem kleinen Leserkreis der Zeitschrift ‚Gegenwart', Bern, vorgelegt, und sie ist damals vielfach mit Interesse verfolgt worden. Sie soll nun, nach zwanzig Jahren, in im wesentlichen unveränderter Fassung auf Anregung ihrer alten Freunde hin einem weiteren Kreis von interessierten Lesern zugänglich gemacht werden, da sie in der Zwischenzeit in gewissen Beziehungen an Aktualität gewonnen hat. Diese Aktualität ist im geisteswissenschaftlich-weltanschaulichen Denken im Sinne Rudolf Steiners begründet. In bezug auf die Auseinandersetzung mit der Wissenschaft ist es klar, daß diese Ausführungen nicht mehr der heutigen Situation entsprechen können, da die Entwicklung inzwischen weiter fortgeschritten ist. Manche Namen und Anschauungen, die vor zwanzig Jahren im Vordergrund des Interesses standen, sind heute weniger aktuell, und es wären ihnen neue hinzuzufügen. Das hätte eine bedeutende Erweiterung und Umformung der Arbeit erfordert, die indessen ihrer Tendenz weniger förderlich gewesen wäre, da es sich ja nicht in erster Linie um die Einzelheiten modernen wissenschaftlichen Denkens und Forschens handelt, sondern vielmehr um deren Richtung und Grundhaltung im allgemeinen, die in der Arbeit in einer bestimmten Art gekennzeichnet worden ist. So hat sich der Verfasser in dieser Hinsicht auf einige Zusätze beschränkt.

Für manche Leser mag in der vorwiegend angewandten geisteswissenschaftlichen Ausdrucks- und Denkweise im Sinne Rudolf

Steiners eine gewisse Schwierigkeit vorliegen. Das betrifft vor allem den Rückblick in die Vergangenheit unseres Planeten. In dieser Beziehung möchte der Verfasser bemerken, daß es für die Zielsetzung seiner Arbeit nicht von großem Belang ist, ob man sich etwa mit den Begriffen von ‚Altem Saturn', ‚Alter Sonne' und so weiter befassen kann und will. Man mag diese Dinge durchaus auf sich beruhen lassen. Dem modernen Denken ohne weiteres verständlich sind dagegen die traditionell spirituellen Bezeichnungen der Epochen der Erdgeschichte. Unter der lemurischen Epoche verstehen wir den ganzen Zeitraum von Erdaltertum und Erdmittelalter, und als die atlantische Epoche bezeichnen wir den Zeitraum von Tertiär und Diluvium.
Der Rückblick in die Zeit der Entstehung des Arabismus in der nachatlantischen Zeit läßt dessen Natur spirituell verständlich werden, und der Überblick über die nachfolgende kulturelle Entwicklung von diesem Gesichtpunkte aus enthüllt seinen tiefen Sinn innerhalb der globalen Realität des menschlichen Daseins und seiner Zukunft. Dieser Aspekt der mentalen und sozialen menschheitlichen Evolution in ihrer Beziehung vor allem auch zum Impuls des Christentums ist heute aktueller geworden durch die Problematik der menschlichen Gesellschaft im rasanten Fortschreiten ihrer technologischen Zivilisation. Das spirituelle Verständnis dieser Problematik kann den Willen zu den fällig werdenden Lösungen wecken und fördern.
Dies wollte der Verfasser der vorliegenden neuen Ausgabe seiner Arbeit vorausschicken, die durch den Verlag Die Kommenden möglich geworden ist, dem gegenüber er für sein Verständnis und Entgegenkommen Anerkennung und Dank zum Ausdruck bringen möchte.

DER ORIENTALISCHE URSPRUNG DES ARABISMUS UND SEIN FORTWIRKEN IN DER MODERNEN KULTUR DES WESTENS

Was wir als Arabismus bezeichnen, geht in seinen Wurzeln wohl auf sehr alte Zeiten zurück und ist in seinem Wesen aus der geistigen Signatur des geographischen Bereiches heraus zu verstehen, in welchem es sich entwickelt hat. Gleichwohl hätte es sich nicht in dieser Weise und mit dieser Konsequenz entfalten können, wie es geschehen ist, wenn nicht durch das Glaubensbekenntnis des Islam in den Völkerschaften jenes Bereiches eine adäquate Seelenverfassung der Menschen bewirkt und während langer Zeit erhalten worden wäre. Mohammed, der Schöpfer des Islams, war eigentlich kein Religionsschöpfer und wollte es auch nicht sein, sondern er wollte uralte monotheistische religiöse Anschauungen erneuern und die in seinem Sinne einzig wahre Urreligion der Menschheit wiederbringen. Das größte Heiligtum des Islams, die Kaaba in Mekka, ist sehr alten, vorgeschichtlichen Ursprungs. Es hat eine geometrisch-quadratische Form. Als Kubus verstanden, was dem Sinne des Wortes Kaaba entspricht, stellt also diese Form das okkulte Zeichen für die Kräfte der mineralischen Erde dar. Ihr gesellt sich dann in der uralten orientalischen Architektur die Halbkugel als das Zeichen des Mondes bei. Die ältesten Kultbauten jener Gegenden bestehen aus dem Kubus oder dem quadratischen Quader mit der aufgesetzten Halbkugel. Sie entspringen also der Geistigkeit der Erden-Mondsphäre. Irdisch-mondhafte Kräfte sind es auch, die in der Kultur des Vorderen Orients seit ältester Zeit in besonderer Weise wirksam waren. Schon in der urpersischen Kultur hatte sich die Menschheit der Erde zugewandt und hatte sich in gewisser Weise mit den Kräften

verbunden, die in der verfestigten mineralischen Substanz, also im Toten wirken und die in der Geisteswissenschaft Rudolf Steiners in Anlehnung an die altpersische Mythologie als die ahrimanischen bezeichnet werden. Ein anderes Volk Vorderasiens, das israelitische, zeigt dann in ausgeprägter Art mondhafte Züge. Jahwe ist eine Mondwesenheit. Unter seiner Lenkung entwickelten sich in erster Linie die Kräfte der Intellektualität und der Erhaltung der Tradition alter mondhafter Weisheit. Diejenigen schöpferischen Geisteskräfte, die man im okkulten Sinne als die sonnenhaften bezeichnet, blieben in der Entwicklung zurück.
Mohammed war dann also später in diesem Raume in seiner Art ebenfalls ein Erhalter und Erneuerer uralter, mondhafter Kultur. Auch er negierte die schöpferischen Geisteskräfte des Menschen. Nach ihm geht alles Wissen des Menschen über die höheren Dinge einzig und allein als Weisheit aus dem Munde der Propheten hervor, die es aus der geistigen Welt in das Reich des menschlichen Geistes hineintragen. Die Reihe der Propheten geht nach ihm von Adam über Noah, Abraham, Moses und Jesus bis zu ihm selbst, der aus Schauungen und Inspirationen heraus den Grund legte für die Erneuerung der einzig wahren Urreligion der Menschheit.
Wie in der Vorzeit der lemurischen und der atlantischen Epoche sollte also der Mensch die ewige Weisheit nur aus der Offenbarung in sich aufnehmen und den aufgrund dieser Weisheit aufgestellten Geboten absoluten Gehorsam leisten. Aber dieses Aufnehmen war nun nicht mehr, wie in den alten Zeiten, mit einer übersinnlichen Schau verbunden — die ja dem Propheten allein vorbehalten war —, sondern es wurde in der inneren Anschauung und im Gedanken verankert.
Nun aber war der islamischen Epoche in der menschlichen Kultur etwas ganz Andersartiges vorangegangen. Wie wir aus der Geisteswissenschaft Rudolf Steiners wissen, hatte sich in der griechischen Kultur, die durch Alexander über den ganzen Vorderen Orient hin verbreitet worden war, das neue Element der menschlichen Seele, die Verstandesseele, entwickelt, und es hatte sich im platonischen und im aristotelischen Denken die junge Intellektualität mit den individuellen, lebendig-schöpferischen Kräften des menschlichen

Geistes zu einer Einheit verbunden. Das Logische, die Urteilskraft, floß mit dem Spirituellen und dem Ideellen zum lebendigen, schöpferischen, vollmenschlichen Geistesleben zusammen, das auch in einer einzigartigen, ewig-normativen Kunst seine Gestaltungs- und Schöpferkraft manifestierte. Von dieser Kultur waren ganz Vorderasien und die Gebiete um das Mittelmeer durchdrungen worden. Sie wurde dann der Mutterboden für das Aufblühen des Christentums. Das Sonnenhafte in den Kräften des Griechentums war dem Sonnenimpuls des Christentums wesensverwandt. Dieses betätigte dieselben individuellen schöpferischen Geisteskräfte auf höherer Ebene, es hob sie aus der Sphäre des Philosophischen und Künstlerischen auf diejenige des Moralisch-Geistigen empor. In der Lebensgestaltung aus der eigenen Verantwortung in Freiheit und Liebe, wie sie das Christentum forderte, wurde der sonnenhaft-schöpferische Geist des Griechentums vollendet und erfüllt.

Es wurde in den ersten nachchristlichen Jahrhunderten der ganze griechische Kulturkreis durchchristet, und es wurden nach den Mitteilungen Rudolf Steiners aus der spirituellen Schau auch die großen Individualitäten des Griechentums in der geistigen Welt durchchristet. Sonnenhafte Erkenntniskraft waltete im paulinischen und im johanneischen Christentum, das die Weisheit Platos in sich begriff, und es wollte sich diese Erkenntniskraft im ganzen umfassenden Bereiche des menschlichen Geisteslebens vom philosophischen bis zum künstlerischen und zum moralisch-geistigen hinauf ausleben.

Aber zu dieser letzten Erfüllung konnte es noch nicht kommen. Aus den Tiefen des von den neuen Kulturimpulsen noch unberührten Arabien brach mit einer in der Geschichte wohl einzig dastehenden Gewalt und Durchschlagskraft die Erneuerung der alten Prinzipien der geistigen Erden-Mondsphäre in demjenigen hervor, was wir als den Islam kennen. Er schuf sich seinen Mittelpunkt im uralten Heiligtum der Kaaba und erlöste von hier aus die in den neuen geistigen Impulsen ringende Menschheit des Vorderen Orients durch den unendlichen Frieden des Allerbarmers Allah, durch den Frieden in der Hingabe an die alte Weisheit und ihre

absoluten, den Menschen von aller Qual des inneren Ringens erlösenden Gebote.
Weisheit und Gehorsam waren die Prinzipien, die nun als mondhafte Polarität und Reaktion zum sonnenhaften Wesen des griechischen Christentums das Uralte in erneuerter Form wieder herstellten.
Und was war der Sinn dieses Vorganges, dieser späten Regression in einen früheren Zustand der menschlichen Bewußtseinsentwicklung?
Um auf diese Frage eintreten zu können, müssen wir das Wesen des Islam, wie es sich in der neuen, in die Entwicklung der Verstandesseele hineingegangenen Geistesverfassung des Menschen auswirkte, näher ins Auge fassen. Dieses Wesen ist in seinem Symbol ausgedrückt: Es ist der Halbmond das richtige Zeichen des Islam, weil in diesem Bekenntnis dasjenige prinzipiell bejaht wird, was im geisteswissenschaftlichen Sinne die niedere, die mondhafte Seite der menschlichen Natur ist. Sie wird nicht, wie etwa in der ausschweifenden Sittenlosigkeit unserer Zeit, vorbehalt- und bedingungslos bejaht, sondern -- und das ist von besonderer Bedeutung – sie wird nur prinzipiell und für die irdischen Verhältnisse nur innerhalb der Grenzen der strengen islamischen Sittenordnung bejaht. Innerhalb dieser Grenzen aber soll und darf sich der sozial Begünstigte, dem sie offenstehen, allen Sinnenfreuden zuwenden. Diese werden in der Haremskultur ganz speziell nach der Richtung des Mondhaften hingelenkt. Das Prinzipielle kommt aber dann darin zum Ausdruck, daß für alle diejenigen Gläubigen, die in den irdischen Verhältnissen benachteiligt sind, die gewisse Erwartung aller denkbaren Sinnenfreuden im Leben nach dem Tode, im Paradiese, besteht. Es besteht das Wesen des islamischen Paradieses gerade in der vollkommenen Befriedigung der Wunschnatur des Menschen, die nun ewig währen soll. In der gewaltigen Schilderung in der 55. Sure des Korans kehrt in steter suggestiver Wiederholung der Vers wieder: „Und welche von den Wohltaten eures Herrn wollt ihr wohl verleugnen?" Es ist merkwürdig, daß diese stete Frage das Problem eigentlich offen läßt, ob der Mensch diese Freuden auch verleugnen könnte. Es wird dieses Problem nicht diskutiert, sondern totgeschwiegen. Wir wer-

den noch sehen, daß der gläubige Moslem das Paradies wirklich nicht verleugnen kann.

Für unsere Frage nach dem Sinn dieser weltgeschichtlichen Regression des Islam ist nun dasjenige von grundlegender Bedeutung, was durch das charakterisierte Prinzip der Bejahung der Wunschnatur nun im oberen, im geistigen Pole des Menschen bewirkt wurde. Da ging etwas ganz Besonderes vor. Es wurde die schöpferische Kraft dem oberen Pol entzogen. Sie floß aus ihm aus, um sich ganz in den Dienst der Wunschnatur zu stellen. Es sind ja die organisch-schöpferischen Kräfte des unteren, mondhaften Pols im Menschen gleichen Ursprungs und identischer Art, wie diejenigen des oberen, sonnenhaften und geistig schöpferischen, dessen Zeugung im Sinne Goethes eine der organischen entsprechende geistige Zeugung, eine Überzeugung, ist. Im Islam wurden nun also diese Kräfte vollkommen auf die mondhafte Seite hinorientiert. Dies ist dasjenige, was man als das Prinzip des Islam bezeichnen kann, und wir werden weiter sehen, mit welcher absoluten Konsequenz dieses in allen Lebensbereichen durchgeführt wurde.

Es ist klar, daß dieser Vorgang nach der griechisch-christlichen Epoche an sich keinen Sinn haben konnte für die Evolution des Menschen. Er scheint zunächst geradezu die Sinnlosigkeit selbst zu sein, denn er beraubte gerade das Dasein des Menschen seines höheren Sinnes, den es durch das Vorhergegangene erhalten hatte. Er hatte aber dennoch einen Sinn, und es lag dieser in einer Planung, die über Jahrtausende hin in die Zukunft hineinwirken sollte.

Bevor wir hierauf eintreten, vergegenwärtigen wir uns noch einmal das Wesen des Vorgangs im Seelisch-Geistigen des Menschen, der durch den Islam ausgelöst wurde. Es wurden, wohlverstanden, nicht etwa die geistigen Kräfte des oberen Pols überhaupt abgelähmt, wie dies etwa bei einem hemmungslosen Ausleben der Wunschnatur im Irdischen der Fall ist, sondern es wurde durch die merkwürdige Verbindung von Mondprinzip und Sittenstrenge nur gleichsam die schöpferische Tendenz des Geistes ausgelöscht. Die Geisteskräfte als solche blieben in hohem Grade erhalten, und wir werden sehen, wie sie dann gelenkt wurden. Es war eine Art Seelenalchimie, was da getrieben wurde. Im Auslöschen der natürlichen

schöpferischen Tendenz des Geistes wirkte das Prinzip des Mondhaften, und es wirkte, wie wir sahen, für alle Gläubigen vor allem die gewisse Erwartung der Wunscherfüllung im Sinne dieses Prinzips. Es wirkte hier die geistige Gesetzmäßigkeit, die in der christlichen Glaubenslehre ausgesprochen ist, nach welcher die Sünde im Gedanken den Menschen in gleicher Weise von der höheren geistigen Welt entfernt, wie die äußere Tat. Im Islam wurde darum in vollkommener Konsequenz die volle Befriedigung der Wunschnatur im Paradies als die letzte Erfüllung überhaupt hingestellt. Sie brachte den irrenden, geistig ringenden Menschen den Frieden des Allerbarmers Allah. So beginnt jede Sure des Korans mit der Anrufung: „Im Namen Allahs, des Erbarmers, des Barmherzigen." Und in der 56. Sure heißt es von denen, die in den Gärten der Wonne weilen: „Sie hören hier kein Geschwätz darinnen und keine Anklage der Sünde, nur das Wort Frieden, Frieden."
In diesen Frieden der Seele, in der berühmten unerschütterlichen Ruhe und Gelassenheit des gläubigen Moslem vollzog sich die charakterisierte Wandlung des Denkens: Es floß die schöpferische Tendenz aus.
Und was blieb nun? — Hier liegt das Phänomen vor uns, das uns den Sinn des Ganzen enthüllen wird. Es hatte sich in der dem Islam vorangehenden Epoche die Verstandesseele innerhalb des vollmenschlichen Geisteslebens entwickelt, innerhalb des schöpferischen Prinzips. Da dieses ausfloß, blieb die Verstandesseele als solche, als leere Form, als formalistischer, mechanistischer, toter Ablauf der Denkvorgänge. Da hinein ergoß sich nun die Kraft des Geistes, die in der islamischen Seelenalchimie in hohem Maße erhalten geblieben war, sie diente in einer neuen Form dem Prinzip der Erden-Mondsphäre. Es tritt uns hier nun das Mondhafte innerhalb der Kopforganisation entgegen. Diese ist mondhaft, wenn sie sich ganz auf sich selbst beschränkt und die schöpferischen Impulse, die aus dem Sonnenorgan des Menschen, aus dem Herzen, heraufwirken wollen, zurückweist. Das Mondhafte ist gerade dasjenige, was man im heutigen Sprachgebrauch als ‚Kopf' bezeichnet, wenn man von einem ‚guten Kopf' spricht. Sonnenhaft ist nur das höhere Bewußtsein des Menschen. Das niedere, wie es sich in der Evolution

in der Kopforganisation zuerst entwickelte, hing, wie dies Rudolf Steiner in der ‚Geheimwissenschaft im Umriß' darstellt, mit den Kräften des Mondes zusammen.
Es zeigt sich nun in der weiteren Entwicklung der islamischen Kultur eine unerhörte Konsequenz und Zielstrebigkeit in der Auslöschung der geistig-schöpferischen Tendenz und in der großartigen, bis zur letzten Vollendung getriebenen Entwicklung der Fähigkeit der reinen, abstrakten, formalen und mechanistischen Denkfunktion als einer absolut neuen, in allem Vorangegangenen nur keimhaft veranlagten Fähigkeit des menschlichen Bewußtseins.
Was so in gewaltiger Entfaltung aus dem spirituellen Mutterboden des Islam herauswuchs, bezeichnen wir nun in Anlehnung an Rudolf Steiner als Arabismus, da es die arabischen Völker des Vorderen Orients, vornehmlich des Zweistromlandes waren, die es schufen.
Verfolgen wir nun noch im einzelnen die beiden sich gegenseitig ergänzenden innermenschlichen Vorgänge im Verlauf der Entwicklung der islamischen Kultur, denjenigen der Negierung des Sonnenprinzips und denjenigen der Entwicklung der neuen Geistesfähigkeit. Wie wir sahen, war ein Wesentliches des Islam die Erlösung des Menschen aus der Not des inneren Ringens im individuellen Erkenntnisstreben. Im Koran wird denn auch dieses Streben als die größte Sünde hingestellt, und sein Ergebnis als „der Eiterfluß, den nur die Sünder fressen", und zwar in ihrem Leben nach dem Tode in der Gehenna (Hölle). In dieser Darstellung des Korans zeigt sich uns das Wesen der islamischen Weisheit. Es wird ja der Irrende, der Suchende wirklich den Eiterfluß seiner Irrtümer ‚fressen' müssen. Aber er kann sich damit die Voraussetzungen schaffen, sich der Wahrheit zu nähern, und es kann an die Stelle des Eiterflusses in der weiteren Entwicklung der Fluß des himmlischen Nektars treten. Wir sehen also schon hier: Es fußt der Islam auf einem engeren Bereich der geistigen Welt, er beruht kosmisch gesehen in der engeren Sphäre, die der Mensch unmittelbar nach dem Tode betritt.
In bezug auf die schöpferische Gestaltung in der Kunst heißt es im Koran: „Was selber erschaffen ist, kann nichts erschaffen." Und in der Sunna, der Überlieferung der Zeitgenossen des Mohammed,

steht: „Ich hörte den Propheten sagen: Die Engel betreten kein Haus, in dem ein Hund oder Bilder sind." Und weiter: „Ich hörte den Propheten sagen: Diejenigen Leute, die Allah am jüngsten Tage am härtesten bestraft, sind die Bildner." Wir finden da die denkbar konsequenteste Negierung des Geistes der griechischen Epoche. Dagegen wurde auch schon im Koran die ebenso zielbewußte Anleitung gegeben zur Entwicklung der Funktion des arabischen Denkens. Es war allerdings das imaginative und weisheitsgesättigte Geistesgut des Koran und der Sunna dem Menschen zur geistigen Nahrung geboten, aber es durfte daran kein Jota geändert werden. Es war die Gabe Allahs, des einzigen Schöpfers, und es konnte und durfte der Mensch als der Geschaffene selbst nichts schaffen. Hingegen wurde dem neuen Denken eine Richtung gewiesen, wie es z. B. in den christlichen Urschriften durchaus nicht der Fall war und nicht der Fall sein konnte. Es wurde die Anleitung gegeben, die Offenbarung in einer merkwürdigen Weise verstandesmäßig zu betrachten und zu begründen. Immer wieder ist nämlich in Koran und Sunna die Rede von der deutlichen Lehre, der deutlichen Botschaft, dem deutlichen Beweis, dem offenkundigen Beweis und auch dem offenkundigen Irrtum.

Aus dieser Anleitung heraus entwickelte sich in der Folge in der Dogmatik die Fähigkeit der reinen, logischen und abstrakten Denkfunktion. Dies geschah durchaus auch auf der Grundlage dessen, was in bezug auf das Denken aus der griechischen Epoche herüberwirkte. Aristoteles ist für den Arabismus von der nämlichen grundlegenden Bedeutung, wie für die christlich-abendländische Kultur. Aber dieses Denken war nun im Arabismus nicht mehr schöpferisch, sondern rein formalistisch und bediente sich einzig und allein der Inhalte der Offenbarung. Von merkwürdiger Naivität sind in der Frühzeit die Gedankengänge, wie z. B. in dem Satz: „Wie könnte Allah ein Kind haben, da er keine Gefährtin hat." Es wird hier ganz irdisch-rationalistisch über die Verhältnisse in der geistigen Welt gedacht.

Während in der christlichen Kultur in der Mystik sich schöpferisches Denken immer in großartiger Weise auslebte, ging die Dogmatik hier anfänglich ähnliche Wege wie im Islam. Es machte sich da arabistischer Einfluß stark geltend. Darauf weist speziell auch die Tatsache hin, auf welche von Rudolf Steiner ebenfalls hingewiesen worden ist, daß im Konzil von Konstantinopel 869 dem Menschen der individuelle Geist abgesprochen wurde. Dasselbe war nämlich schon vorher auch in der islamischen Glaubenslehre geschehen. Es wurde da schon — wie übrigens auch wieder in arabistischen Anschauungen der Neuzeit — dem Menschen die Fähigkeit abgesprochen, Gerechtigkeit um der Gerechtigkeit willen zu üben. Darauf ging z. B. im 9. Jahrhundert der Glaubenslehrer Ibrahim an Nazzam in folgender Weise ein: „Wenn auch die Gerechtigkeit nur zur Erlangung eines Vorteils oder zur Abwendung eines Nachteils geübt wird, so ist doch das, was zu ihr führt, das Wissen von ihrer Schönheit. Allah aber braucht keine Vorteile zu erlangen und keine Nachteile abzuwenden, sondern er übt sie wegen ihrer Schönheit und ihres Adels." Es wird also dem Menschen im Wissen vom Geiste noch dessen Abglanz zugebilligt, der schöpferische Geist selbst aber wird ihm abgesprochen, und zwar nun hier auch im höchsten Bereich, im geistig-moralischen. Es dürfte dies ziemlich genau mit dem übereinstimmen, was etwa ein Jahrhundert später, im Jahr 869, im Konzil von Konstantinopel ausgemacht wurde.

Jahrhunderte später erst kam dann der berühmte Kampf der christlichen Scholastik gegen den arabistischen Einfluß im christlichen Denken. Hier ging es in Wirklichkeit um Sein oder Nichtsein des lebendigen Geistes im menschlichen Denken, denn mit der Aberkennung dieses Geistes im Arabismus war er tatsächlich zum Absterben verurteilt. Die arabistische Auffassung im sogenannten Nominalismus geht auf den Koran selbst zurück, wo es in der 12. Sure heißt: „Ihr verehret außer ihm (Allah) nur Namen, die ihr selbst erfunden habt." Dieser Satz bezieht sich ursprünglich allerdings auf die heidnischen Götter. Die weitere Bedeutung, die er hat, gewann er als die Grundlage des Nominalismus, in welchem der menschlichen Begriffswelt die innere Wesensbeziehung zu den Dingen der Schöpfung abgesprochen wurde. Es sollten die Begriffe nur Namen, d. h. abstrakte Unterscheidungsmerkmale sein. Mit diesen konnte folgerichtigerweise nur formalistisch gedacht werden, also in der reinen, leeren Logik. Dieser Haltung stellte die christliche Scholastik im Realismus die Tatsache der inneren Wesensbeziehung der menschlichen Begriffs- und Ideenwelt zur Schöpfung gegenüber. In der christlichen wie in der arabistischen Dogmatik entwickelte sich die abstrakte Begriffs- und Gedankenkunst und -technik bis zur höchsten Feinheit und Virtuosität. Der Arabismus ging aber grundsätzlich einen Schritt weiter, indem er von der Abstraktion bis zur Extraktion des Geistes fortschritt und damit wirklich und real den Geist als solchen aus dem Denken extrahierte.

Es ist dem Menschen heute, wenn er dieses Denken verfolgt, sogleich klar, daß ihm der Anspruch, den es stellte, der Anspruch, die Wahrheit zu ergründen, gar nicht zukam. Es konnte von den Strebungen der Seelentiefen vollkommen gelenkt und determiniert werden, so daß genau das herauskam, was angestrebt wurde. Es war also der Zweck der Übung nur die Entwicklung der Denkfähigkeit. Nun, es war diese arabistische Dialektik auch nur Vorspiel, nur Übergang zu etwas weit Konsequenterem und Folgenschwererem. Dies war die arabistische Wissenschaft, die erste Wissenschaft im modernen Sinne. Vorher war ja Wissen zugleich Weisheit, zugleich Mysterium gewesen. Nicht einmal das Abstrakteste, was es gibt, die Zahl, war ohne geheimen Sinn und Hintergrund. Es konnte und wollte der Mensch in der Zeit vor dem Arabismus die reine Abstraktion gar nicht denken. Was die alte Zahlenlehre war, hat Rudolf Steiner im 11. Vortrag des Zyklus ‚Welt, Erde und Mensch' folgendermaßen dargestellt:

„Versenken Sie sich in das, was Pythagoras von den Ägyptern gelernt hat: die Zahlenlehre. Sie war ihm nicht abstrakte Mathematik, sie war ihm das, was ihm die Musikgeheimnisse der Welt in der Harmonie der Zahlen gab: Eine heilige, mit religiöser Grundstimmung verbundene Weisheit war ihm die Mathematik, die heute dem Menschen als etwas Abstraktes erscheint."

Die Araber aber lebten in der einen Zahlenwelt, deren Zeichen die arabischen Ziffern sind, und entwickelten die eigentliche mechanistische Rechenkunst in getreuer Nachahmung ihres Gottes, von dem der Prophet sagte: „Allah ist schnell im Rechnen." Aber die Araber gingen weiter, indem sie den im Rechnen waltenden mechanistischen Denkvorgang in genialer Weise steigerten. In ihren Erfindungen auf diesem Gebiet, der Trigonometrie und der Algebra, unternahmen sie es, rein abstrakte logische Beziehungen und Denkergebnisse in einer Zeichensprache darzustellen, um sie dann in vielerlei komplizierten Kombinationen zu handhaben. So wurde aus dem mechanistischen Denken heraus die algebraische Formelsprache geboren, die nun den Arabismus in Reinkultur und in höchster Vollkommenheit darstellt.

Es ist von unseren Gesichtspunkten aus interessant zu verfolgen, wie sich die Geometrie, die in der griechischen Epoche so tiefen spirituellen Sinn gehabt hatte, im algebraischen Gewande verwandelt, wie das geistig Bedeutsame für den Blick verschwindet. Wenn ich im euklidischen Sinne sage, „die Summe der Winkel eines Dreiecks ist gleich zwei rechten", so kann mir etwas Bedeutendes dabei bewußt werden, dessen weitere Verfolgung zu etwas sehr Schönem führen kann. Wenn ich aber sage: „Winkel a plus Winkel b plus Winkel c = 180 Grad, so kommt das Bedeutsame schon nicht mehr zum Ausdruck, es will verschwinden. In der komplizierten Formelsprache wird es dann vollkommen unsichtbar. Bei dieser tritt uns in einem oft wunderbaren inneren Aufbau eine leere Form entgegen, welche die Aufzeichnung einer großen Kombination von abstrakten Denkvorgängen ist. Es ließe sich eingehend darstellen, wie in der arabistischen Richtung die alte Geistigkeit aus der Mathematik verschwand. Andererseits liegt in der Algebra ein rein technisches Instrument vor, mit dem unzählige Aufgaben gelöst werden können, die ohne sie unlösbar wären.

Diese Entwicklung im Bereich des Wissenschaftlichen hatte ihre Entsprechungen in anderen Bereichen des menschlichen Schaffens und Denkens. In der dekorativen Kunst trat an die Stelle des alten Ornaments und des alten Reliefs mit den Bilddarstellungen aus der Welt des Lebendigen die Arabeske, ein Spiel in reinen ästhetischen Formen ohne jeden Ausdruck von etwas Geistig-Wirklichem. Entsprechend der leeren Denkform wurde die leere Form im Bilde geschaffen, und es gibt dieses Bild in anschaulicher Weise das Wesen dessen wieder, aus dem es hervorging. Es verschlingen und durchflechten sich in der Arabeske die Formen ins Unendliche, wie die

formalistischen Begriffe und Denkvorgänge im arabistischen Denken. Nicht weniger dem abstrakten Charakter des arabistischen Denkens entsprechend sind die geometrisch-geradlinigen dekorativen Motive, die wie die Arabesken in unendlicher Wiederholung des Gleichen die Architekturen der islamischen Bauwerke wie mit einem Spinnennetz überziehen, ganz wie die abstrakten Denkformen des Arabismus die Wirklichkeit des Geistig-Lebendigen.
Wenn auch die Arabeske echt islamische Kunst ist, so ist doch der allgemein arabeskenhafte Charakter der dekorativen Kunst in Arabien älteren Ursprungs, wie der Geist des Arabismus überhaupt. In diesem Geiste dekorativ war vor allem auch schon die arabische Schrift. Diese entwickelte sich zu einer Ornamentschrift von höchster Vollendung, für viele zur schönsten Ornamentik, die es überhaupt gibt. Das Wesen des Arabismus, wie es sich in der dekorativen Kunst ausprägt, ist der heutigen Kunst- und Kulturgeschichte durchaus bekannt. Es wird da die Kunst der Arabeske als der Ausdruck des abstrahierenden Geistes des arabischen Wüstenvolks verstanden. Dieser Geist des abstrakten, formalistischen Denkens setzte sich in der Zeit des Emporkommens des Islam in allen Lebensbereichen durch.
Wo im Leben des Alltags die Leere der Zeit auszufüllen war, geschah dies mit solchen Spielen, die reine analytische und kombinatorische Denkvorgänge schulen und zur Virtuosität entwickeln, wie das Schachspiel, andere Brettspiele und die Kartenspiele. Alle diese Spiele des formalistischen Denkens sind durch die Araber gepflegt und später der abendländischen Kultur übermittelt worden. Es war das Leben selbst zum Spiel geworden, und zwar darum, weil in der späteren Entwicklung noch etwas in die islamische Lehre aufgenommen wurde, was ursprünglich nicht darin war, da es im Koran nicht direkt begründet ist: die Lehre von der Prädestination, der bekannte islamische Fatalismus. Mit dieser Lehre wurde auch noch die letzte Möglichkeit von schöpferischer Geistesbetätigung aus dem Leben des Gläubigen herausgenommen, diejenige der Lebensgestaltung aus der persönlichen Initiative und Verantwortung heraus. In echt arabistischer Gedankenform ist der Fatalismus in der Sunna folgendermaßen formuliert: „Wisse, daß das, was dich trifft,

dich nicht verfehlen könnte, und was dich verfehlt, dich nicht treffen könnte." Dies ist nicht etwa im Sinne des Schicksalsgesetzes zu verstehen, sondern es leuchtet keimhaft die mechanistische Weltvorstellung hervor, da dasjenige, was geschieht, mit der Notwendigkeit des Mechanismus eintreten muß.

Man kann sich fragen, was denn mit der Überlieferung der alten spirituellen Weisheit im Raum der chaldäischen Kultur geschah. Es war ja in diesem Raum ganz speziell die alte Sternenweisheit sehr lange, bis lange nach der Zeit des Beginns unserer Zeitrechnung, gepflegt worden. Zur Zeit der Hochblüte des Arabismus und auch noch viel später treffen wir nun dort eine ganz andere Art von Sternkunde. Es war in allen Schichten des Volkes ungeheuer verbreitet die Handhabung des Astrolabiums und die Deutung der Konstellationen nach bestimmten festgelegten Regeln. So war aus der Sternenweisheit eine mechanistische Astrologie geworden.

Die Forschung enthüllt manchmal merkwürdige Zusammenhänge: In einem alten orientalischen Kartenspiel entdeckte man die Wandbilder des Einweihungstempels von Memphis, die längst verschwunden und sonst nirgends erhalten sind und die man aus den bezüglichen ägyptischen Texten erkannte. Diese Bilder tiefer spiritueller Weisheit waren also rein formale Unterscheidungsmerkmale für abstrakte Determinanten geworden und mußten nun dazu dienen, die kombinatorischen und analytischen Intellektualismen der arabistischen Kultur entwickeln zu helfen.

So waltete in dieser Kultur bis in ihre letzten Bereiche hinein eine unerbittliche, zielstrebige Konsequenz. Und wie die islamische Hinorientierung des Menschen auf seine niedere Wunschnatur das völlige Versiegen der geistig-lebendigen Regsamkeit im Geiste bedingt hatte, so bedingte im umgekehrten Sinne die ausschließliche Übung des toten Denkens mit gleicher Notwendigkeit die Bindung des Menschen an seine niedere Natur. Totes Denken des oberen und niederes Wunschleben des unteren Pols sind untrennbare Komponenten dieser Seelenkonfiguration. Es konnte, nachdem die Dinge so weit gediehen waren, der Arabist sein Paradies nicht mehr verleugnen. Auf die Frage des Propheten: „Und welche von den Wohltaten eures Herrn wollt ihr wohl verleugnen? ", gab es nur noch die eine Antwort: „Keine." Die Bedeutung dieser Tatsache wird uns in einem späteren Zusammenhang klar werden.

Was aber war denn nun eigentlich das Ziel, das in der Menschheitsentwicklung hier angestrebt wurde? Welches war der Sinn in dieser Entwicklung eines Denkens, das ja geradezu die Sinnlosigkeit zu ihrem Prinzip macht? Warum mußte denn dies geschehen, daß aus dem lebendigen, vollmenschlichen Geiste heraus in einer so unendlich raffinierten Seelenalchimie eine solche neue Fähigkeit herausdestilliert wurde, die an sich ja doch nichts weiter als die vollendete Sinnlosigkeit ist? Warum mußte in einem so weiten Raum all das Große, Vielversprechende untergehen, das sich da in der Epoche vor dem Arabismus angebahnt hatte? Warum durfte der Mensch sich nicht in dem Sinne zum Vollmenschen entwickeln, wie es in der griechisch-christlichen Kultur intentioniert war?

Und endlich: Wie konnte sich auf den Grundlagen von Islam und Arabismus eine Kultur entwickeln, die weit über ein halbes Jahrtausend die Hochblüte der menschlichen Kultur überhaupt war, wie konnte auf diesen Grundlagen ein Reich bestehen, das während der größten Machtfülle sich von Vorderindien über ganz Vorderasien und Nordafrika bis zur Iberischen Halbinsel erstreckte?

Soviel ist wohl klar geworden: Es war Planung in dem Ganzen, weltweite, über Jahrtausende hin tendierende Planung, und es waren gewaltige Individualitäten im Bunde mit geistigen Mächten, die hinter den äußeren Erscheinungen standen, hinter der Erscheinung der sich gegenseitig tragenden und bedingenden Geisteshaltungen von Islam und Arabismus.

Es läßt sich diese Planung heute durchschauen, und es kann die Intention verstanden werden, aber es ist nicht möglich, eine Darstellung dieser Zusammenhänge zu geben, die in einer zureichenden Weise eine Zusammenschau alles dessen vermitteln würde, was hier zusammengeschaut werden muß. Es muß die Darstellung notwendigerweise von sehr einseitigen Gesichtspunkten ausgehen, um dann der aphoristischen Entwicklung der verschiedenen weiteren Aspekte dem Leser den Schlußakt der Zusammenschau zu überlassen.

Es ergibt sich schon der äußeren Betrachtung, daß die arabistische

Wissenschaft die Grundlage des modernen mathematisch-naturwissenschaftlichen Denkens ist. Dieses beruht vollständig auf dem Fundament der Arithmetik, der Trigonometrie und der Algebra, und es ist die höhere Mathematik die konsequente Fortsetzung des arabistischen Denkens und dessen Weiterentwicklung zur höchsten Vollkommenheit. Es ist dieses mechanistische Denken auch die Voraussetzung und der Mutterboden der ganzen technischen und organisatorischen Leistung der modernen europäischen Kultur. Es hat diese Kultur die Erkenntnis und die Beherrschung all der Gesetzmäßigkeiten und der Kräfte der toten, der physikalischen Natur gebracht, und sie ist heute im Begriff, ihr letztes Ziel zu erreichen: die Lüftung des Geheimnisses der physischen Substanz als solcher. In der Atomphysik wird diese mit den ihr innewohnenden ungeheuren Kräften ergründet und in die Hand des Menschen gegeben. Das formalistische Denken lüftete auf seiner letzten Höhe in der Formelsprache der Mathematik und Physik auch die letzten Schleier über den Gesetzmäßigkeiten der toten Materie und ihrer Kräfte. Es ist klar: Nur das tote Denken konnte die Wissenschaft und die Beherrschung des Toten bringen, nur der mechanistische Denkablauf das Verständnis der mechanistisch-physikalischen Abläufe im Naturgeschehen. Und es konnte dies nicht nur geschehen, sondern es mußte mit Notwendigkeit eintreten.

Dies also war der Sinn der großen Sinnlosigkeit in der menschlichen Evolution, die mit dem Arabismus heraufkam. Dies war das Ziel der Planung, die sich der Überschau verrät und in deren Hintergründe wir nun auf anderem Wege hineinschauen können, nämlich durch die Enthüllungen Rudolf Steiners aus seiner spirituellen Forschung. Es sind nicht nur äußere Beziehungen, die bestehen zwischen der arabischen und der neuen europäischen Kultur, sondern es waren die großen Geister des Arabismus selbst, die Schöpfer und Träger jener Hochkultur von Bagdad, die in ihren späteren Verkörperungen wiederkamen als die Schöpfer, die Träger der entscheidenden Impulse der Entwicklungen der Neuzeit in Europa. Das Bedeutsame ist: Die Entwicklung des mechanistischen Denkens und der entsprechenden Kultur ist kein mechanistischer Ablauf gewesen, sondern sie war die Absicht und Tat von Individualitäten.

Da stellt sich uns die Frage: Konnten diese Individualitäten in ihrer Absicht und Planung dasjenige einbegreifen, was sich heute als das Ergebnis ihres Wirkens abspielt? Konnten sie die Lüftung der letzten Geheimnisse des Toten, derjenigen der physischen Substanz als solcher vorausschauen und vorauswollen? Konnten sie die ungeheure Bedeutung der letzten notwendigen und sicheren Folgen ihrer Tat ermessen?

Wir werden sehen, daß sie es konnten. Es wurde von Rudolf Steiner im konkreten Einzelfall etwas spirituell erforscht, was an sich naheliegt: Es waren die großen Individualitäten des Arabismus hohe Eingeweihte der alten Mysterien gewesen. Da hatten sie in vollem Umfang die geistige Evolution des Menschen mitgemacht und sie hatten sie auch teilweise mitbewirkt. Sie hatten in der atlantischen Kultur und ihrer Mysterienweisheit die Geheimnisse des Lebendigen und der in ihm webenden geistigen Welten kennengelernt, und sie hatten da auch gelernt, mit den magischen Kräften der Organisation des damaligen Menschen in die Welt des Lebendigen hineinzuwirken und da zu schaffen und zu gestalten. Sie hatten mitgeholfen, den Menschen zu bilden, der in den verschiedenen Rassen aus der atlantischen Kultur hervorging, und sie waren dabei, als diese Kultur durch den Verrat und Mißbrauch der Mysterien in den Untergang und in die Katastrophe hineinging. Sie verfolgten den Prozeß der Entwicklung der Erde. Und sie waren selbst mitschaffend am Menschen der nachatlantischen Epoche, in welchem das Ich sich seine Organisation schuf und in welchem die neue Geistesfähigkeit der Intellektualität an die Stelle der alten magischen und übersinnlich schauenden Fähigkeiten trat. Sie erlebten, wie das alte Wissen um die Geheimnisse des Lebendigen und der geistigen Welt in dem keimhaften Zustand des ‚versiegelten Buches' sich in die unbewußten Tiefen des Menschen hinuntersenkte, und sie erkannten, daß nun, nachdem die Epoche der Herrschaft und des Schaffens des Menschen im Reich des Lebendigen abgelaufen war, die Epoche der Herrschaft und des Schaffens im irdischen Reich des Physikalischen und des Toten heraufkommen mußte. Und sie erkannten mehr: Sie erkannten die geheime Verknüpfung der beiden Naturreiche im tiefsten Seinsgrunde.

Als die Zeit gekommen war, schritten sie wieder zur Tat, zur Tat im Sinne der Verheißung, nach welcher der Mensch über die Erde herrschen sollte. Es sollte nun der Mensch den Vorsprung, den die Erde in ihrer Entwicklung in das Physikalische hinein genommen hatte, wieder einholen. Und wie konnte dies geschehen? — Es ist der Mensch in seinem geistig-seelischen Wesensgliede ein Abbild alles dessen, was im ganzen Kosmos ist und wirkt. Und so mußte er in sich im Abbilde dasjenige wiederholen, was sich im Kosmos abgespielt hatte: wie sich da das Geistig-Lebendige aus dem Stofflichen zurückgezogen hatte, als die physikalisch-mineralische Welt entstand, so mußte im menschlichen Geiste sich das Schöpferisch-Lebendige aus dem Denken zurückziehen. Es blieb dann ein der toten Welt entsprechendes totes Denken.

Es blieben die abstrakte Logik und der reine Kausalnexus in ihrer Anwendung auf dasjenige, was in der Natur übrig bleibt, wenn man das Qualitative aus ihr wegdenkt, in ihrer Anwendung also auf Maß, Zahl und Gewicht.

Wie im vollmenschlichen Denken das pflanzenhaft Lebendig-Bildende waltet, wie da weiter dieselbe Sprache des Geistigen, die sich in der Gestaltenwelt der Naturreiche offenbart, in einer gleichartigen lebendigen Bilderwelt spricht, und wie dies alles im Laufe der Evolution im Menschengeiste parallel zur Evolution in der äußeren Welt veranlagt und entwickelt wurde, so wurde in ihm zuletzt auch dasjenige veranlagt und entwickelt, was das Wesen des Toten ist, der letzten Seinsform des Irdischen. Diese entspricht darum in ihrem Wesen der letzten menschlichen Gedankenform, der intellektuellen. Die geisteswissenschaftliche Anschauung, betreffend den Mineralisierungsprozeß auf der Erde, muß richtig verstanden werden. Es ist klar, daß dieser Prozeß in der Erdgeschichte sehr weit zurückreicht und daß die Bildung immer neuer Schichten von mineralischem Gestein und von mineralischen Bestandteilen im Tierreich in Schalen und Knochen sich durch lange Epochen hindurch, die wir in der Geologie kennen, fortgesetzt hat. Man darf also in der hier gemeinten Entsprechung zur organisch-psychischen Evolution des Menschen nicht eine Parallele in der Zeit sehen. Es handelt sich hier nicht um ein Miteinander, sondern um einen inneren Zusammenhang im Nacheinander. Die Entsprechung im geistigen Wesen des Menschen, auf die es hier ankommt, kam später gleichsam als Spiegelung dessen, was sich in der Natur abgespielt hatte. Das ist in den weiteren diesbezüglichen Texten immer im Auge zu behalten.

Es waren die Kräfte, die da im Mineralischen in der Außenwelt wirkten, die nämlichen, die im Menschen das Organ der Intellektualität in der nervösen Organisation des Zentralsystems entwickelten, die die mineralisierte Substanz des Knochensystems bildeten, das, wie die Skelettgeometrie zeigt, im Denken mit der nervösen Organisation zusammenwirkt. Das mineralisierte Knochensystem mit seiner physikalisch-mechanischen Gesetzmäßigkeit entwickelte sich also im Menschen erst spät. Es war sehr lange in einem weicheren, bildsameren Zustand geblieben. Es entwickelte sich gleichzeitig mit der Fähigkeit des ‚mineralisch-physikalischen' Denkens, und es ist von Rudolf Steiner aus der hellseherischen Forschung heraus ausdrücklich bestätigt worden, daß der Mensch im Rationalen aus dem Knochensystem heraus denkt (Allg. Menschenkunde) und daß gerade alles abstrakte Denken mit diesem zusammenhängt. Es wirkte also in ihm das neue und letzte ‚Weltendenken' des Physikalisch-Mineralischen in den Menschen hinein, und es schuf in ihm im Mentalen die entsprechende Fähigkeit.

So mußte dieses tote Denken mit Notwendigkeit das Wesensgleiche in der Natur ergründen, aus dem es selbst hervorgegangen war, die physikalisch-mineralische Welt, und es mußte auf seiner letzten Höhe auch die letzten Schleier lüften. So mußte der Mensch dazu kommen, die tote, physische Substanz selbst wiederum in dasjenige zurückführen zu können, aus dem sie im Laufe der Evolution hervorgegangen war, in die ‚Energieform' der Wärme des alten Saturnzustands. Es verwandelt die Atomphysik physische Substanz in Wärmeenergie. Es war vielleicht das größte Staunen aller Zeiten, das durch die Menschheit ging, als der letzte Schleier fiel, als das Experiment dasjenige erwies, was nur an den höchsten Stellen der Fachwissenschaft wirklich vorausgesehen werden konnte, die unvorstellbare Konzentration von ‚Energie', die in der toten Substanz als solcher vorliegt. Und das tote Denken führte folgerichtig weiter:

Es ist heute in ersten Anfängen auch schon möglich, physikalische Energie, also toten ‚Willen' in Substanz überzuführen. Dasselbe hatte sich in der Evolution abgespielt, als sich im Übergang vom ‚Alten Saturn' zur ‚Alten Sonne' die zurückgebliebene Wärme-Willenssubstanz zum Gaszustand verdichtete, also zu demjenigen, das im Sinne der äußeren Wissenschaft die erste und am wenigsten verdichtete Form der physischen Substanz ist. So sehen wir durch das arabistische Denken heute die vollkommene Herrschaft des Menschen im Bereiche der physikalischen Welt heraufkommen.
Dies war also die Planung, die aus den alten Mysterien heraus konzipiert werden konnte. Die Durchführung dieser Planung war ebenfalls ganz den Gebräuchen in den alten Mysterien entsprechend. Da wurde ja immer in den Menschen durch zielbewußte Beeinflussung und Übung eine bestimmte Seelenkonfiguration geschaffen, die dann auch zu bestimmten Fähigkeiten führte. Wir haben uns solche Vorgänge im Islam als der Vorbereitung und im arabistischen Denken als der neuen Fähigkeit vergegenwärtigt. Sie waren von gewaltigem Ausmaß und wirkten über viele Jahrhunderte hin und durch mehrere Inkarnationen der Menschen hindurch. Unter diesem Aspekt erscheint der Arabismus als die letzte und größte Mysterienschulung im alten atlantischen Sinne. Die Strenge und Ausschließlichkeit in der individuellen Schulung, die heute notwendig ist, um bis zu den letzten ‚Geheimnissen' vorzudringen, steht wohl in keiner Weise der Strenge der Schulung in den alten Mysterien nach. Es sind diese Geheimnisse nicht nur Zufallsergebnisse der mechanistischen algebraischen Manipulationen. In der unübersehbaren Vielfalt der Möglichkeiten, die da vorliegen, wirkt etwas hinein, wenn das Richtige gefunden wird: es wirkt Intuition. Dies ergibt sich aus den Aussagen von Forschern, die erzählen, wie sie die Auffindung ihrer Wege traumhaften Bildvorstellungen verdankten, die ihren Entdeckungen vorangingen. Aber auch wenn solche Bilder — wie dies meistens der Fall ist — nicht zum Bewußtsein kommen, so wirken sie doch, sie sind immer da. Es sind die Ergebnisse der arabistischen Wissenschaft die Mysterien des Toten, die in beispielloser Schulung und Seelenprägung errungen sind, und es geht eine gerade und folgerichtige Entwicklung von der alten Atlantis bis zu

ihnen. Wir werden sehen, wie in der toten Substanz die ahrimanischen Kräfte wirksam sind, und es ist von Rudolf Steiner ausgesprochen worden, daß in ihrer letzten Einheit, im Atom, die ahrimanische Substanzialität als solche vorliegt. Es enthüllt die moderne Wissenschaft in ihren letzten ‚Geheimnissen' die Mysterien Ahrimans.

Diese letzten ‚Geheimnisse' sind in unseren Tagen wieder Geheimnisse im wörtlichen Sinne geworden. Es werden die letzten Ergebnisse der physikalischen Forschung auf das strengste gehütet, wie die Geheimnisse der alten Mysterien gehütet worden sind. Ihr Verrat birgt furchtbare Gefahren in sich. Werden auch sie, die Mysterien des Toten, verraten und mißbraucht werden? Werden auch sie eine Katastrophe heraufbeschwören, wie diejenige war, die durch den Verrat und den Mißbrauch der Mysterien des Lebendigen am Ende der atlantischen Epoche heraufbeschworen worden ist?

Die Enthüllungen Rudolf Steiners aus seiner spirituellen Schau werden heute erst in ihrer ganzen Bedeutung klar. Es zeigt sich erst heute die Größe der Planung, nach welcher die geistigen Kräfte des Arabismus an der Schwelle der neuen Zeit in Europa wieder in bestimmten Persönlichkeiten wirkten. Sie waren an der Schule von Gondishapur entwickelt worden, und nach ihnen sollte nun der Mensch zum Herrn der Erde in ihrer neuen, letzten Seinsform gemacht werden. Sie wollten den Vorsprung der Erdentwicklung einholen und den Menschen zur Herrschaft in der physikalisch-dynamischen Welt führen. Und die betreffenden Persönlichkeiten kannten aus ihrer Mysterienvergangenheit heraus den sicheren Weg des mechanistisch-toten von allem Geistig-Lebendigen vollkommen getrennten Denkens. Sie gingen an das Problem des Physisch-Toten durch die Anwendung des Geistig-Toten heran. Daß dieser Weg und sein sicheres Ziel gekannt wurde, geht mit Gewißheit aus der Tatsache hervor, daß die absolut richtigen Prinzipien hingestellt wurden, welche der modernen Wissenschaft den schnurgeraden Weg zum Ziel wiesen, welche diesen triumphalen Aufschwung in einer an kulturgeschichtlichem Maßstabe gemessen so kurzen Zeitspanne heraufführten.

Eine der führenden Individualitäten des östlichen Arabismus, in denen jene Kräfte wirkten, war Francis Bacon, der große Gegner und Verächter des aristotelischen Denkens in Europa, der in England im Anfang des 17. Jahrhunderts mit seinem Werk ‚Novum organum scientiarum' den Empirismus begründete. Damit begannen die Kräfte, die in den Schulen des östlichen Arabismus zur Zeit der Kultur von Bagdad entwickelt worden waren, im europäischen Westen ihr Wirken durch die sie tragenden Individualitäten.

Merkwürdig ist, daß ein Namensvetter und wohl auch Stammverwandter des Francis Bacon, Roger Bacon, der schon im 13. Jahrhundert als Gegner der Scholastik und berühmter ‚Doctor mirabilis' in England wirkte, als erster das Experiment im modernen Sinne anwandte. Sein Nachfahre Francis aber war es, der, auf Rogers Prinzip des Experiments fußend, das Signal zum Triumphzug der europäischen Wissenschaft gab. Die beiden Prinzipien, dasjenige des Experiments und dasjenige der reinen Empirie, waren die Voraussetzungen.

Es tritt uns nun der Arabismus in seiner ganzen Entwicklung bis in unsere Tage hinein in zwei großen, prinzipiell zu unterscheidenden Epochen entgegen. Es sind die östlich-islamische und die westlich-christliche. Wir werden in weiteren Zusammenhängen auf die Bedeutung dieser Tatsache zurückkommen. In der ersten der beiden Epochen wurde als erste Teilaufgabe das tote, geistblinde Denken als solches entwickelt. Dies konnte in der notwendigen absoluten Konsequenz nur im Mutterboden des Islam geschehen. In der zweiten Epoche im Westen sehen wir die Lenker der Dinge nun fortschreiten zur Anwendung der neuen Fähigkeit auf die Natur im Sinne ihrer Zielsetzung. Es war ja im Mittelalter das Denken des europäischen Menschen über die Natur noch vollkommen durchdrungen und getragen von ideellen und spirituellen Impulsen. In Übereinstimmung damit pflegte das philosophische Denken den Aristotelismus und den Platonismus. An die Stelle dieser europäischen Spiritualität setzten die Persönlichkeiten, in denen der alte Arabismus wirksam war, das neue, formalistische Denken, das auch auf äußeren Wegen schon vielfach eingedrungen war. Sie waren die prinzipiellen Feinde und Verächter der scholastischen und der platonistischen Denkart, deren Wege im Sinne ihrer Intentionen zu nichts führen konnten. Und sie wiesen nun dem geistblinden, mechanistischen Denken seine Wege. Sie stellten die Forderung der restlosen und prinzipiellen Abkehr von der Idee zu Gunsten des im reinen analytischen und kombinatorischen Denken angewandten Experiments und der vollkommen objektiven und voraussetzungslosen Erfahrung und Beobachtung. Es wurde das geistige Auge des Forschers verschlossen. Damit aber war das Tor in eine neue Welt aufgestoßen, in die Welt der letzten Seinsform des physischen Erdorganismus. Es trat Europa an die Erfüllung seiner neuen Aufgabe im Zeichen des Arabismus und im Dienste der Menschheit heran. Es entsprach der Erfolg der Größe und dem Umfang der Vorbereitung: Mit absoluter Folgerichtigkeit erfüllten sich die Dinge im Sinne der umfassenden Planung.

DIE SYMBOLIK DES ARABISMUS UND IHRE ENTSPRECHUNG IN NATUR UND MENSCH

Es stellt sich nun im Rahmen dieses Aspektes der Zweiteilung des Arabismus in die beiden sich zeitlich ablösenden Epochen der Vorbereitung und der Erfüllung noch eine Frage: Wie war denn das Phänomen möglich, das sich gerade durch die spirituelle Forschung Rudolf Steiners zeigt, daß menschliche Individualitäten eine so extrem einseitige Geisteshaltung und Seelenkonfiguration, wie sie durch den Arabismus bedingt wird, von einer Inkarnation zur nächsten durch die geistige Welt hindurchtragen konnten?

Zur Beantwortung dieser Frage erhalten wir aus der Kulturschöpfung des Islam einen Hinweis. Wie es auch in älteren Kulturen der Fall ist, treffen wir hier eine sehr große Zahl von Grabbauten von der einfachsten bis zur großartigsten, prunkvollsten Ausführung in den berühmten Mausoleen. Es sind die weitaus meisten der im Stil typisch islamischen Baudenkmäler Grabbauten. Durch diese sollte, wie in den alten Kulturen ganz allgemein, ein Einfluß auf die Individualitäten der Verstorbenen ausgeübt werden, der in der geistigen Welt weiterwirken sollte. Welcher Art dieser sehr reale und wirksame Einfluß war, geht aus der Architektur der Bauten hervor, die, wie immer in den alten Zeiten, aus geheimem Wissen heraus geschaffen worden war. Die Grundformen und -prinzipien dieser Architektur sind der mineralisch-erdhafte quadratische Quader und der mondhafte Kugelabschnitt, der auch gerade eine Halbkugel sein kann. Der ganze Bau ist immer gekrönt durch das Insignum des ‚Halbmondes', der allerdings mehr eine Sichelform hat. Das Ganze trägt also die geistige Signatur der Erden-Mondsphäre. Das geheime

Wissen und Wirken wollte den Menschen nach dem Tode in dieser Sphäre zurückhalten und konnte es ohne Zweifel. Es fand hier der gläubige Moslem — dies ist von Rudolf Steiner bestätigt worden — auch wirklich sein Paradies, das er nicht verleugnen konnte, da sein Wesen so geprägt und so festgehalten war, daß ihm der Übergang zu der höheren Sphäre der lebendig-schöpferischen Sonnenkräfte sicher auf lange Zeit hinaus verwehrt war. Die Erde und ihr nächster Umkreis blieben also die Heimat der Moslems auch nach dem Tode. Ihr Heiligtum blieb im Symbol der schwarze Kubus der Kaaba in Mekka, in dessen Richtung sie ihre Gebete gesandt hatten, zu dem sie gepilgert waren und in dessen Innern von ihnen jenes allerhöchste Idol verehrt und geküßt worden war, der schwarze Stein, — das formlose Mineral als solches. Das Mineral, dessen Wesen sich zu weihen und dessen Wesen zu enträtseln ihre Bestimmung in ferner Zukunft war.

Es ist wirklich die Kaaba ein Heiligtum von strengster innerer Logik. Das licht- und formlose Mineral als solches wird von der geometrischen Raumform umschlossen, die sein okkultes Symbol ist. Es liegt in einer Gegend der Erde, in der seine Kräfte vorherrschen, die in weitem Umkreis Fels und Wüste ist. Es ist uralt und zeigt die tiefe Wurzel des Arabismus, die vielleicht in frühe nachatlantische Zeit zurückgeht. Lange vor Mohammed wurden auch schon die charakterisierten Grabbauten in ihrer urbildlich-einfachen Form errichtet. Es waren also schon früh die Menschen jener Gegenden ihrer Bestimmung näher gebracht worden. Zur Zeit Mohammeds war die Kaaba mit heidnischen Götterbildern gefüllt. Seine Mission war, solche Verhältnisse herzustellen, daß die alte Intention im Sinne der Menschheitsentwicklung verwirklicht werden konnte.

Es bietet die islamische Architektur, wie sie sich aus den Urformen entwickelt hat, ein gewisses Interesse, dem wir uns nun noch zuwenden. Die ungezählten Grabbauten, die in ganzen Totenstädten errichtet wurden, zeigen eine höchst sinnvolle architektonische Ausgestaltung. Es schiebt sich zwischen Quader und Halbkugel das Achteckt hinein, das meist aus der Abschrägung der Ecken des Quaders hervorgeht. Weiter kann dann durch das Einfügen des

Zylinders unter der Halbkugel auch eine Ausdehnung in der Vertikalen zur turmartigen Gestalt erfolgen. Durch das extreme Ausdehnen in der Vertikalen auf kleiner Grundfläche entsteht endlich das schlanke Minarett, dessen Kuppel dann auch zum spitzen Kegel ausgezogen sein kann. Die Kuppel wird überhaupt variiert und zeigt später die bekannte breite Zwiebelform, jedoch ohne Schweifung. Das Ganze wird endlich mehr oder weniger reich mit dem arabistischen Ornament durchwirkt, das in geradlinigen Kompositionen oder in Arabesken meist auch die Kuppeln überzieht. In dieser Ornamentik zeigt sich jene Kraft, die auf die Individualitäten der Totenstädte in dem Sinne wirkte, daß sie in der geistigen Sphäre des arabeskenhaften Denkens festgehalten wurden. Es ist diese Sphäre eine geistige Realität, von der Rudolf Steiner gesprochen hat. Er verglich dieses geistig-formale Element, das sich seiner übersinnlichen Wahrnehmung zeigte, mit einem Spinnengewebe, das heute über der Erde liegt und sie gleichsam einspinnt. Es ist ein geistig-wirkliches Spinnengewebe, das von den arabistischen Individualitäten im Laufe der Zeiten gesponnen worden ist, und es war die Zeit, da es sich anspann, als man die Arabeskenkunst in die Architektur einführte.

Welch ein Kontrast bietet sich doch der Anschauung, wenn wir uns die wunderbar reine, lichthafte Dreieckskonfiguration der altägyptischen Pharaonengräber in den Pyramiden neben der Totenstadt von Kairo im Geiste vergegenwärtigen?

Nun aber enthüllt sich uns der Sinn der arabistischen Architektur auch noch durch einen anderen Sachverhalt. Sie hat nämlich ihr getreues Spiegelbild im Tierreich. Da haben wir die vorwiegende Wirkung der Erden-Mondkräfte im wäßrigen Element des Meeres mit seinem hohen Gehalt an gelösten Mineralsalzen und mit seiner außerordentlichen Üppigkeit des niederen, mondhaften, vegetativen Wachstums zu suchen. Und da finden wir nun in den höheren Typen des ungeheuer formenreichen Tierstammes der Hohltiere ein Geometrisieren, das in den Prinzipien der arabistischen Architektur auf das vollkommenste entspricht. Wir haben da gegen oben gerichtet eine ursprünglich kugelige Blase, die sich in den verschiedenen Arten mannigfach variiert. Unter dieser folgt eine streng tetramere Organisation, in der das Quadrat grundlegend ist. Dieses bildet oft sogar den Grundriß eines genau kubischen Hohlraumes. In einem vielfältigen geometrischen Formenspiel, das aus der Tetramerie hervorgeht, treten dann am unteren Blasenrand auch Achteck und Sechzehneck auf. So sehen wir die Erden-Mondenkräfte in ihrem Elemente wirken, das als Flüssiges in der Tropfenform die kugelige Gestalt annimmt und dessen gelöste Salze (Kochsalz) in der Form des Kubus kristallisieren. Und wir sehen, wie dieselben Kräfte in der gleichen Weise im geistigen Element der Menschen wirken, die sie in sich zur Entfaltung bringen. Wir sehen diese Menschen aus diesen Kräften heraus dasselbe in der äußeren architektonischen Form aus sich heraussetzen, wie es die Natur tut. Es zeigt uns dieses Beispiel ganz konkret die Identität der innermenschlichen und der außermenschlichen schaffenden Kräfte, diese Identität, die wir einem großen Zusammenhang zugrundegelegt haben. Es sind nun aber für das volle Verständnis der islamischen Architektur noch weitere geisteswissenschaftliche Zusammenhänge in Betracht zu ziehen. Es ist, wie wir sahen, diese Architektur viel älteren Ursprungs als die islamische Lehre. Diese hat dasjenige kulturell verwirklicht, was in der Architektur schon in alleráltesten Zeiten veranlagt worden war, sie hat es im Geistesleben der Menschen entwickelt.

Die Forschung ergibt zunächst, daß die architektonische Kombination Raumwürfel-Kuppel in Persien altheimisch ist. Der Ursprung ist unbekannt und geht in vorgeschichtliche Zeit zurück. Der architektonische Raumwürfel wird in Vorderasien überhaupt als Kaaba bezeichnet, welches Wort einfach Würfel bedeutet. Bezüglich der Kaaba in Mekka steht somit fest, daß sie ursprünglich als geometrischer Kubus konzipiert war. Heute weicht sie von dieser Form etwas ab, was wohl darauf zurückzuführen ist, daß sie in historischer Zeit mehrmals durch Naturkatastrophen zerstört worden ist und daß beim Wiederaufbau nicht mehr auf die genaue kubische Form Rücksicht genommen wurde, da deren geheimer Sinn nicht mehr bekannt war.

In der urpersischen Kulturepoche, in welcher ohne Zweifel die architektonische Kombination Raumwürfel-Kuppel vorherrschend war, hat sich nach der Geisteswissenschaft Rudolf Steiners die Menschheit mit der physischen Erde verbunden, um sie zu erkennen und zu beherrschen. Die entsprechende architektonische Form war der Kubus. Es ist klar, daß diese Kultur in einem weiten Umkreis wirkte und der Menschheit Vorderasiens ihre Signatur aufprägte.

Weiter müssen wir nun die Tatsache in Betracht ziehen, daß der Grundriß der Kaaba von Mekka so in das Kreuz der Himmelsrichtungen hineingestellt ist, daß dessen Arme durch die Ecken des Quadrats laufen. Diese Einordnung in den Raum ist bemerkenswert. Im Gegensatz zu ihr laufen z. B. die Seiten der quadratischen Grundrisse der ägyptischen Pyramiden mit den Armen des Himmelsrichtungskreuzes parallel. Der Grundriß der Kaaba von Mekka

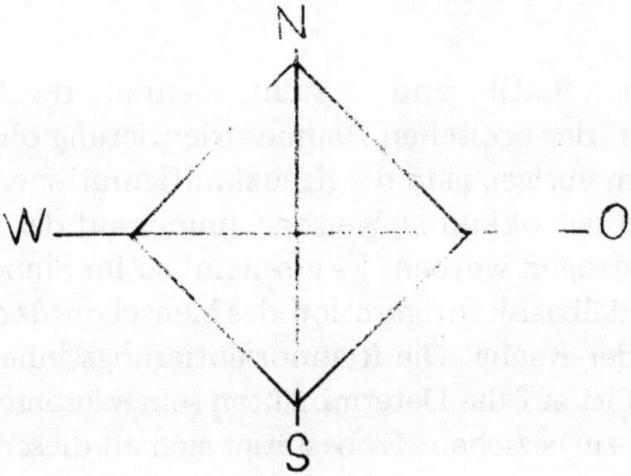

Abb. 1

nun (siehe Abb. 1) ist darum für uns von besonderem Interesse, weil er offenbar in einer Beziehung zur menschlichen Organisation in der Ebene der Schädelbasis steht, die der Verfasser in seiner Arbeit ‚Über das Geometrische im menschlichen Skelett' (Heft 3, Verlag Freies Geistesleben, Stuttgart) dargestellt hat. Das Kreuz der Himmelsrichtungen entspricht dort dem Kreuz von Medianlinie und transversaler Achse, und das Quadrat ist dasjenige, welches durch die Bogengänge und das Chiasma des Sehnervs bestimmt ist. Die Konfiguration stellt sich so dar wie in Abb. 2.

Es enthüllen sich nun die geheimen Zusammenhänge. Die Sinnesorganisation der Bogengänge ist diejenige der Orientierung im

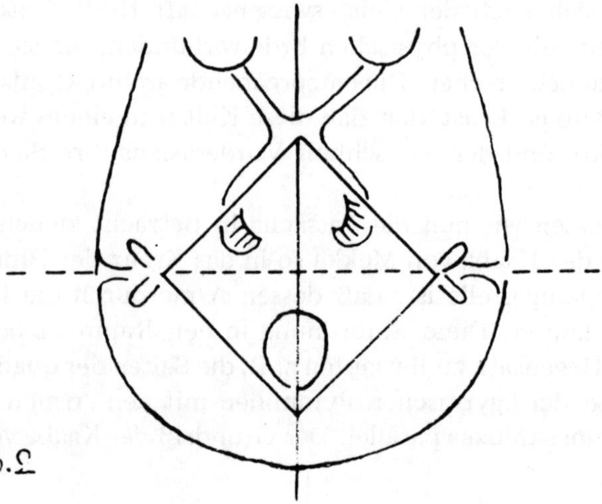

Raum und der Statik, und es steht ebenfalls die Kreuzung der Sehnerven mit der optischen Raumesorientierung ohne Zweifel in Beziehung. Im übrigen sind die Kreuzkonfigurationen in der lebendigen Welt in der okkulten Weisheit immer auf das Himmelsrichtungskreuz bezogen worden. Es erscheint so im Sinne dieser Weisheit die Schädelbasiskonfiguration des Menschen als das Urbild des Grundrisses der Kaaba. Die Raumorientierungssinnesorganisation im Menschen ist auf die Determinanten seiner äußeren räumlichen Orientierung zu beziehen. Es bestätigt sich an diesem Beispiel die alte Überlieferung, die durch Vitruv auf uns gekommen ist, daß in den alten Architekturen der Mensch das architektonische Urbild war. Und es bestätigt sich weiter, daß in der urpersischen Architektur, der die Kaaba in Mekka zuzurechnen ist, die Orientierung des Menschen im irdischen Raume vollzogen wurde, daß der Mensch in dieser Epoche im eigentlichen Sinne Erdenbürger wurde. Wenn wir im architektonischen Grundriß der altpersischen Kultbauten das Quadrat der menschlichen Schädelbasis haben, das Quadrat der Raumorientierungssinnesorganisation, so tritt uns in der Kuppel das Bild der Schädelwölbung entgegen.
Hier haben wir nun aber im Auge zu behalten, daß in der Kaaba von Mekka der Raumwürfel für sich allein dasteht, es fehlt die Kuppel.

Gerade diese Tatsache weist auf die urbildliche Bedeutung des Baues hin. Es ist im Menschen die Organisation der Schädelbasis und der Bogengänge entwicklungsgeschichtlich viel älter als das Großhirn und die diesem zuzuordnende Schädelwölbung. Wir haben in dem beschriebenen Quadrat der Schädelbasis das Urbild des Grundrisses der Kaaba, und da muß uns nun interessieren, daß in der arabischen Legende gerade auf die besondere Bedeutung dieses Grundrisses hingewiesen wird. Es wurde nach der Legende das Fundament der Kaaba in der Zeit vor der Sintflut durch den Erzengel Gabriel gelegt. Es ist klar: Es war nicht das Fundament des steinernen Baues in Mekka, das durch den Erzengel gelegt wurde, sondern es war das Fundament von dessen Urbild, von der menschlichen Raumorientierungssinnesorganisation. Dieses Fundament wurde wirklich schon sehr lange vor der Katastrophe der Sintflut gelegt. Die Legende berichtet weiter, daß das Fundament der Kaaba für den Menschen, für ‚Adam', gelegt worden war. Nach dieser Überlieferung zu schließen, war es also der Erzengel Gabriel, der im Menschen die Grundlage schuf für seine Entwicklung zum Erdenbürger, für seine Orientierung im irdischen Raum. Und was war nun in der späteren Zeit das Wirken dieses Erzengels innerhalb der Menschheitsentwicklung? Nach den Darstellungen Rudolf Steiners war es die Führung des Menschen in das wissenschaftliche Denken des westlichen Arabismus hinein. In der jüngst vergangenen Zeit, deren Lenker Gabriel war, erstand die moderne Wissenschaft der physikalischen Welt, die im eminentesten Sinne eine Wissenschaft auch der räumlichen Messung, der räumlichen Verhältnisse ist. Auf dieser Grundlage der umfassenden Raumorientierung steht das intellektuelle Denken der Großhirnfunktion wie die Kuppel der Schädelwölbung über dem Fundament der Schädelbasis, der Raumorientierungssinnesorganisation.
Die Fundamentlegung in der inneren Organisation des ‚ersten Menschen', des ‚Adam', durch göttliche Macht führt uns in entwicklungsgeschichtliche Zusammenhänge hinein, in denen wir nun auch die Beziehung zur Tierwelt der Quallen finden, welche letztere, wie es dargestellt worden ist, in ihrer geometrischen Organisation mit derjenigen der persisch-arabischen Architektur übereinstimmt. Wir

sehen nun ebenfalls die Übereinstimmung der Architektur der Kubomedusen (Quallen) mit derjenigen des menschlichen Schädels. Wir finden bei diesen Tieren im Grundriß in ganz gleicher Weise das Quadrat mit dem Achsenkreuz im Kreise stehend, und wir sehen das Quadrat von der kugeligen Kuppel überwölbt. Es sind die Zusammenhänge in der Evolution im 3. Heft der Skelettgeometrie des Verfassers dargestellt worden. Es wirkten zur Zeit der Schöpfung des ‚ersten Menschen' dessen Gestaltungsprinzipien in der ganzen Welt der niederen Tiere, die ihn umgab.
Es tritt uns also in dem urtümlich einfachen, im Himmelsrichtungskreuz stehenden Grundriß der Kaaba von Mekka altatlantische Architektur entgegen, die zugleich Architektur der menschlichen Organisation ist. Es wurde in den Mysterienstätten der alten Atlantis dasjenige in der architektonischen Form hingestellt, was durch die Mysterien im Menschen entwickelt werden sollte. Nach der Überlieferung der Araber stand die Kaaba von Mekka schon zur atlantischen Zeit, d. h. vor der Sintflut, durch welche sie dann zerstört wurde. Sie wurde dann durch den Patriarchen Ibrahim, der ein Zeitgenosse Abrahams war, auf göttliches Geheiß wieder aufgebaut. Ein Bote Gottes führte Ibrahim an die heilige Stätte und zeigte ihm das in der Erde verborgene Fundament. Die arabische Legende, von deren Reichtum wir hier gar keinen Begriff vermitteln können, berichtet weiter von der Überreichung des heiligen Steins an die Menschen durch Gabriel. In diesem Stein befand sich die Schrift des Bundes, den Gott mit den Menschen geschlossen hatte. Er war ursprünglich weiß gewesen und dann durch die Sünde der Menschen schwarz geworden. — Nun, an dieser Stelle können wir nur den Stein als solchen betrachten, der das tote Mineral repräsentiert und damit die Welt des Physikalisch-Toten, wie sie sich in der atlantischen Zeit entwickelt hatte und wie sie der Mensch durch die geistige Gabe Gabriels, die abstrakte Intellektualität, erkennen und beherrschen lernen sollte. Daß es sich um den Stein als solchen handelt, geht auch daraus hervor, daß die Semiten überhaupt Steinanbeter waren. Der Stein der Kaaba war der heiligste unter den heiligen Steinen. Auch vom Patriarchen Jakob berichtet die biblische Überlieferung, wie er in der Wüste einen Stein „zu seinen

Häupten legte" und dann mit der geistigen Welt verbunden wurde. Auf das eigentliche Geheimnis des Steins können wir erst in späteren Zusammenhängen eintreten, hier können wir nur feststellen, daß im Zusammenhang mit dem Steinkult in Vorderasien die Entwicklung jener Denkart des Menschen begann, die den ‚Stein' enträtseln und sein Geheimnis lüften sollte. Dies war zur Zeit des Patriarchen Ibrahim, nach welchem ebenfalls ein heiliger Stein benannt ist, und des Abraham, der in der geheimen Überlieferung als der erste Arithmetiker bezeichnet wird. Wie in den beiden Namen nur der Vokal ausgewechselt ist, während das Konsonantische gleich ist, so haben die beiden ihnen entsprechenden Völker, das arabische und das israelitische, jedes in seiner eigenen Art, aber in gleicher Richtung, in der Evolution der Menschheit bis in unsere Zeit hinein gewirkt.

Ibrahim war es, der die Kaaba in Mekka wieder aufbaute und damit die Mysterien der alten Atlantis wieder aufnahm, und zwar diejenigen, die in der Art durch die Jahrtausende fortgesetzt werden sollten, wie es hier dargestellt worden ist. Dies ist der Sinn der Legende, die berichtet, daß Ibrahim seinen Bau auf dem Fundament errichtete, das aus der Zeit vor der atlantischen Katastrophe stammte. Wir können wirklich in der arabistischen Wissenschaft unserer Zeit die letzten Mysterien im altatlantischen Sinne sehen, sie umgreifen die Epoche von der Setzung des Fundaments in der Organisation der menschlichen Schädelbasis bis zur Vollendung des ‚Baues' in der Großhirnfunktion der vollkommen entwickelten Intellektualität. Es war der Mensch am Ende der atlantischen Zeit als ‚Krone der Schöpfung' vollendet, indem er in seinem Haupte wirklich gekrönt war mit demjenigen, was in den physisch-materiellen Kronen, welche die alte Goldschmiedekunst, die aus spiritueller Erkenntnis heraus arbeitete, im Bilde dargestellt ist. Und es war die wirkliche Krone im menschlichen Haupt, die geistig-schöpferische Intelligenz im Irdischen, in der physischen Organgrundlage im Kreuze der irdischen Raumorientierung gegründet, welches das Kreuz der Schädelarchitektur ist. So trat der Mensch im Zeichen von ‚Kreuz und Krone' in die nachatlantische Evolutionsepoche ein.

Es wurde dann in dieser Epoche im Bau der Architektur der Bau des

Menschen wiedergegeben. Wir finden noch manche anderen altorientalischen Bauwerke, bei denen das Quadrat so in das Kreuz der Himmelsrichtungen hineingestellt ist, wie bei der Kaaba von Mekka. Es ist auch klar, daß die altatlantische Überlieferung schon in der ersten nachatlantischen Kultur, in der altindischen, eine Rolle spielen mußte. In den bekannten geometrischen Mandalafiguren tritt als alte Grundform auch das dem Kreise eingeschriebene Quadrat mit dem Achsenkreuz auf. Nach der Überlieferung ist das Achsenkreuz mit dem Himmelsrichtungskreuz zu identifizieren.

Wir finden die alte Raumorientierungsform auch noch in viel späteren Zeiten im Bewußtsein der Menschen lebendig. Bekannt ist die Überlieferung von der Gründung Roms, die einerseits von der Zeremonie der im Kreise gezogenen Pflugfurche und andererseits von der quadratischen Anlage der Stadt berichtet. Neuere Forschung hat ergeben, daß zu jener Zeit auch noch andere Städte im Mittelmeerraum in dieser Weise gegründet wurden. In unserem Zusammenhang ist endlich auch noch von Interesse, daß das Neue Jerusalem der Apokalypse des Johannes mit dem Grundriß des Quadrats, das im Himmelsrichtungskreuz im zwölfgeteilten Tierkreis steht, beschrieben wird.

Es war also das geometrische Urbild der Organisation des menschlichen Schädels die Uridee alles Bauens des Menschen im Orient und damit das Mittel seiner Orientierung in den Verhältnissen des physischen Raums. In der arabisch-islamischen Kultur entwickelte sich aus diesem Urbild heraus in außerordentlichem Maße eine Baukunst von höchster Vollendung, und es knüpfte sich an diese Entwicklung dann die beschriebene Entwicklung des menschlichen Denkens zur Erkenntnis des Wesens der mineralisch-physikalischen Welt. Es war nun in der Verfolgung dieses Menschheitsziels, wie sie sich in den folgenden Jahrtausenden abspielen sollte, die Hinwendung des Menschen zum Mineralisch-Physikalischen, die sich ja auch in der Steinanbetung dokumentierte, eine so intensive, daß sie, wie wir sahen, über die Inkarnationen hin wirksam war.

Es war an dieser Entwicklung, wie die Überlieferung und die spirituelle Forschung zeigen, die Wesenheit beteiligt, die in der christlichen und in der vorderasiatischen Mystik als der Erzengel Gabriel bezeichnet wird. Er führte die göttlichen Intentionen zur Verwirklichung und wirkte in diesem Sinne bis in die jüngstvergangene Zeit, nämlich bis in die Mitte der zweiten Hälfte des 19. Jahrhunderts, in einer maßgebenden Weise. Er wirkte, wie wir sahen, auch im westlichen Arabismus. Aber es trat nun seinem Wirken eine andere Macht entgegen, eine Macht, die ebenfalls eine geistige war, aber eine widergöttliche. Von ihrem Eingreifen in die Evolution des Menschen und in seine Schicksale berichtet zuerst die urpersische Überlieferung. Als der Mensch in der urpersischen Kulturepoche sich den irdisch-physischen Verhältnissen zuwandte, was sich auch in den Bauformen ausdrückte, da trat er in Beziehung zu der geistigen Macht, die als Ahriman bezeichnet wurde. Ahriman war der Gott der Finsternis, der Widersacher des Lichtgottes Ahura mazdao. In der Geisteswissenschaft Rudolf Steiners ist der Name Ahriman für diese Macht der Finsternis, die, wie wir noch sehen werden, eben in der physischen Substanz als solcher wirkt, beibehalten worden. In der urpersischen Epoche erkannte der Mensch Ahriman und mußte ihn erkennen, da er sich dem Sein im physischen Stoffe zuwandte, denn er konnte damals noch mit den abklingenden alten Fähigkeiten der übersinnlichen Schau in die geistige Welt hineinsehen. Da schaute er nun also den Gott Ahriman, den Herrscher im Reiche der Finsternis, mit den Scharen der geistigen Wesen von seiner Art, und er sah diese geistige Welt in der physischen Materie als den Gegenpol zu derjenigen des geistigen Lichtes. Es mußte der Mensch in der urpersischen Epoche unter den Einfluß der ahrimanischen Geister kommen, und es war seit dem Beginn dieser Entwicklung dieser Einfluß vor allem im arabistischen Denken, das in die Verhältnisse der mineralisch-physikalischen Welt eindrang, ein mächtiger. Es liegt also in der Natur des Arabismus, daß hier die ahrimanische Macht besondere Möglichkeiten hat, um einzugreifen und die Entwicklung der Menschheit im Sinne ihrer Tendenz abzubiegen, und es kann kein Zweifel darüber bestehen, daß dieses Einwirken ein sehr reales ist und seine Folgen hat. Es sollen die geistigen Fähigkeiten von ‚Kreuz und Krone', die den Menschen durch göttliche Schöpfermacht eingebildet wurden, ihrer Bestimmung entfremdet und in den Dienst des Widergöttlichen gestellt werden. Mit dieser entwendeten Götterkraft will die ahrimanische Macht auf der Erde dasjenige erreichen, was sie eben nur durch sie und nicht aus eigener Kraft auf der Erde zu erreichen imstande ist. Es sollen darum die Menschen in den niederen Sphären festgehalten werden, um für immer da zu bleiben. Im modernen Materialismus wirkt diese Tendenz. Es zeigt sich aber aus unseren Zusammenhängen, daß ein Träger und Meister des arabistischen Denkens nicht zugleich ein dem Materialismus verfallener Mensch sein muß. Auf der anderen Seite gibt es Propagandisten und tatsächliche Vertreter des Materialismus, die vielleicht nur auf der untersten Stufe des modernen wissenschaftlichen Denkens stehen oder dieses überhaupt nicht kennen. Es ist viel mehr das Ergebnis des Arabismus in der modernen Kultur, als das arabistische Denken selbst, das die Menschen gefährdet. Es war ja der Einfluß Ahrimans in den irdischen Verhältnissen nicht etwa auf die arabistische Kultur beschränkt, sondern er war ein umfassender, der in den mannigfachsten Wirkensformen in allen Kulturen aufgetreten ist. Und so treffen wir heute Menschen der verschiedensten Herkunft, der verschiedensten Vergangenheit in bezug auf ihre früheren Erdenleben, die nun dem durch den Arabismus heraufgeführten Zugriff der ahrimanischen Mächte zum Opfer zu fallen drohen.

Es ist der Arabismus von Menschen und aus tiefsten menschlichen Impulsen heraus geschaffen worden, aber er ist durch das Außermenschliche durchkraftet. Und diese Kräfte wirken so gewaltig, daß sie nicht nur den Menschen, die durch den Arabismus hindurch gegangen sind, das Bewußtsein für die höhere Erkenntnis verdunkelt und dem Irdisch-Materiellen zugewandt haben — dem ‚schwarzen Stein' —, sondern der Menschheit ganz allgemein. So steht diese heute als ganze im Zeichen des Materialismus, dessen Vertreter allem spirituell orientierten Streben eine unerschütterliche Indifferenz und Ruhe entgegentragen, eine Ruhe, die der Nachklang der tiefen Seelenruhe des gläubigen Moslems zu sein scheint. Wird dieser Friede Allahs für sie ein endgültiger und letzter Friede sein? Wird ihre geistige Heimat für alle Zeiten die Sphäre des rationalistischen ‚Spinnengewebes' und der befriedigten niederen Wunschnatur des Menschen sein? Wird dem schlafenden Keim des Geistig-Lebendigen auf dem Grunde ihrer Seele noch ein Erwachen vergönnt sein oder wird er hinüberschlafen in den Schlaf des Todes? Wird Ahriman die Gefolgschaft zufallen, um die sein Kampf heute geht?

Um die Bedeutung dieser Fragen ermessen zu können, müssen wir uns noch in einem weiteren Umfange mit dem Wesen der ahrimanischen Gefahr auseinandersetzen. Außer der Tatsache der Entbindung ungeheurer physikalischer Energien ergab die Atomforschung noch etwas anderes von nicht minder schwerwiegender Bedeutung. Es ergab sich, daß die Lüftung des Geheimnisses der toten Substanz zugleich an die Grundlagen des Organisch-Lebendigen und deren Auflösung heranführt. Es können die neu erschlossenen Kräfte nicht nur das Leben zerstören, sondern sie können es unter bestimmten Bedingungen auch steigern. Sie können es zu üppigerer vegetativer Entfaltung und zu gesteigerter Reproduktion in der Fortpflanzung bringen. Die Grundlage alles Lebendigen, die Vererbungsgesetzmäßigkeit, kann gelockert werden, so daß die Persistenz der Erbmerkmale schwindet, daß Veränderung der Erbmasse mit unberechenbarer Mutation, d. h. Neugestaltung in der Nachkommenschaft eintritt. Was sich schon alter Mysterienweisheit ergeben mußte, die Verknüpfung der Elemente der toten Substanz mit denjenigen der lebendigen im tiefsten Seinsgrunde, wurde durch die Erfahrung bestätigt.

Der Zerfall der Elemente der toten physischen Substanz, der Atome, entbindet also Kräfte, die auch gewisse Elemente im Lebendigen auflösen, nämlich diejenigen, in welchen die artgemäße Prägung verankert ist. Wir werden darauf noch zurückkommen. Das Nämliche, welches das Leben zerstört oder wenigstens schwer schädigt, die sogenannte Strahlung, wirkt also in ganz bestimmter, feinerer Dosierung zuvor in dem gekennzeichneten Sinne auflösend, so daß sich hier ganz neue Möglichkeiten und Perspektiven ergeben für die Forschung der kommenden Zeit. Wirklich, es wird sehr vieles in die Hand des Menschen gelegt werden. Und doch nicht alles und bei weitem nicht soviel, wie der arabistische Denker heute anzunehmen geneigt ist. Es wird nämlich gerade in diesem Bereich, in dem des Lebendigen, die arabistische Forschung an ihre unüberschreitbare Grenze kommen. Es sind ja die ‚Strahlungen', die beim Atomzerfall eintreten, mit denjenigen wesensverwandt, die man als ‚kosmische Strahlen' von unbekannter Herkunft aus dem Weltenraum kennt. Es gehen Strahlungsforschung und Atomphysik Hand in Hand. Und es wird sich die Wahrheit der spirituellen Erkenntnis der äußeren Forschung ergeben, daß das Lebendige in seiner artgemäßen Prägung von kosmisch-geistigen Kräften geschaffen ist und auch von ihnen erhalten wird, wenn nicht Gegenkräfte aus dem irdischen Bereich wirken. Über das Spezielle der Möglichkeiten, die sich auf diesem Gebiet ergeben werden, etwas aussagen zu wollen, hat wohl heute noch keinen Sinn. Daß aber die Möglichkeiten da sind, darüber kann kein Zweifel bestehen. Es wird nun aber der Mensch auf diesem Gebiet des Lebendigen aus dem arabistischen Denken heraus ebenso blind sein, wie er aus diesem Denken heraus auf dem Gebiet des Toten sehend geworden ist. Er wird da nichts in seinem Wesen erkennen, er wird nichts aufbauen, nichts schaffen, er wird nur auflösen, zerstören können. Er wird nichts Höheres, wohl aber vielleicht etwas Tieferes, etwas Primitiveres, das aus der rückschreitenden Mutation hervorgehen kann, zum lebendigen Dasein bringen. So wird das arabistische Denken hier seine Grenzen finden, und es werden Experiment und Erfahrung für sich allein ins Chaos führen. Und es wird die Zeit kommen, da die wahre Wissenschaft des Lebendigen und damit diejenige des Übersinnlichen und der geistigen Welt allein die Menschheit werden weiterführen können.

Hier müssen wir nun nochmals einen Blick in die Vorgänge der Evolution während der Zeit der alten Atlantis werfen. Wir können nämlich darüber ins Klare kommen, daß die alten Eingeweihten jener Zeit das Wissen haben konnten von den Zusammenhängen, die bestehen zwischen den Auflösungskräften der physischen Substanz und den Grundlagen der lebendigen Organisation. Die letztere war noch in der atlantischen Zeit keineswegs in so starren Gesetzmäßigkeiten der Vererbung festgelegt, wie dies heute der Fall ist. Es geht aus den Schilderungen Rudolf Steiners hervor, daß da vieles noch im Flusse des schöpferischen Werdens war, wie es übrigens auch die äußere Forschung für die Epoche der Tertiärzeit, die der atlantischen Zeit entspricht, bestätigt. Es entfaltete sich da der Stamm der Säugetiere in großer Variationsbreite. Viele der einzelnen Arten jener Zeit des Werdens sind heute wieder verschwunden. Auch im übrigen Tierreich und in der Pflanzenwelt gestaltete sich noch sehr vieles in lebendigen Metamorphosen aus dem vorher Bestehenden heraus. Im Menschen waren, wie die ältesten Knochenfunde zeigen, vor allem das Zentralnervensystem und der Schädel noch in Entwicklung begriffen, und es gingen aus den atlantischen Mysterien, wie bereits erwähnt worden ist, die Hauptrassen des Menschen als dessen letzte artgemäße Prägung hervor. Gleichzeitig war in der umgebenden Natur dasjenige, was man im okkulten Sinne die Elemente nennt und was in der äußeren Wissenschaft als die Aggregatzustände bezeichnet wird, noch nicht so geschieden, wie in unserer Zeit. ‚Feuer', ‚Luft', ‚Wasser' und ‚Erde' gingen noch in Zwischenzuständen ineinander über. Es war diese Welt auch noch gar nicht in dem Grade eine physikalisch-tote, wie es heute der Fall ist, sondern sie war noch viel mehr von Ätherisch-Lebendigem durchzogen, das die reine physikalische Gesetzmäßigkeit noch nicht zur Geltung kommen ließ. Dieses Lebendige wirkte noch in der physikalischen Substanz als solcher, d. h. in demjenigen, was man heute als ihre Elemente im chemisch-physikalischen Sinne bezeichnet. Es waren diese Elemente ebensowenig wie die übrige Natur in dem Grade veränderlich, wie heute, sondern es war auch hier der Fluß des Geschehens und Werdens noch nicht abgeschlossen. Es konnte noch wirklich dasjenige geschehen, was man heute wieder herbeiführen kann und was die Alchimisten des Mittelalters wie aus einer Mysterienerinnerung heraus noch für möglich hielten, die Umwandlung von Elementen, und es konnte der Mensch in diese Vorgänge bestimmend hineinwirken, wie die Alchimisten es wollten. Ihre Weisheit war eine uralte Überlieferung aus der Zeit der atlantischen Mysterien.

Es entstanden damals in einer gewissen Entsprechung:

1. In der äußeren Welt: Die endgültig bestimmten physikalischen Zustände der Substanz (chem. Elemente, Aggregatzustände),

die ins Unbelebte übergeht und den physikalischen Gesetzmäßigkeiten gehorcht.

2. Im Menschen: Das mineralische Knochensystem und das Großhirn mit der Fähigkeit der Intellektualität, dessen Denken, wie aus der Skelettgeometrie hervorgeht, mit dem Skelett in Beziehung steht.
3. In der Welt des Lebendigen: Die feste, abgeschlossene artgemäße Prägung in der Vererbungsgesetzmäßigkeit.

Am Ende der atlantischen Epoche ergab sich also den Menschen, die die Vorgänge verfolgten, die Tatsache, daß dem Verfestigungs- und Absterbeprozeß in der physischen Natur die Verfestigung in der artgemäßen Prägung und das Absterben der schöpferischen Kräfte entsprach und daß sich darin ein tiefer innerer Zusammenhang zwischen den Elementen der toten und denjenigen der lebendigen Substanz kundtat. Es schritten nun die Individualitäten, die dies erkannten, in den späteren Zeiten zur Planung der menschlichen Erforschung der neuen physikalisch-mineralischen Welt durch die wesensgleiche neue menschliche Fähigkeit der reinen Intellektualität. Da konnten sie nun wissen, daß am Ende dieser Forschung mit der Lüftung des Geheimnisses der physischen Substanz und deren Auflösung auch die Auflösung der artgemäßen Prägung des Lebendigen gegeben sein mußte. Verfestigung im Mineral und Verfestigung in der artgemäßen Prägung gingen einst parallel, also mußte auch in der Umkehrung die Verlebendigung parallel gehen.

DER ARABISMUS, SEINE SPIRITUELLEN HINTERGRÜNDE UND DIE IN IHM WIRKENDEN INDIVIDUALITÄTEN

Wir beschrieben bereits die Wirkung, welche die bei der Atomspaltung frei werdenden Kräfte auf das Lebendige ausüben können. Wie in der Atomphysik die feste Bestimmung der chemischen Elemente wieder aufgehoben wird, so wird durch die beschriebene Wirkung auch die feste Bestimmtheit der Arten im Reich des Lebendigen wieder aufgehoben. Es sahen auch die alten Alchimisten in diese Zusammenhänge zwischen dem Reich des Mineralischen und dem des Lebendigen hinein. Sie sahen in jenem Urzustand der Materie, aus welchem die verschiedenen physischen Substanzen hervorgehen sollten, zugleich das ‚Lebenselixier', d. h. jenen Urzustand des Lebendigen, der die Kraft zu dessen Erneuerung enthalten sollte. In diesen Anschauungen lebte altes Mysterienwissen, aber es waren die alten Methoden des Wirkens den neuen Zuständen auf der Erde nicht mehr angemessen.

Es wird nun die moderne Wissenschaft in ihren neuen Mysterien aus den aufgedeckten letzten Prinzipien heraus zu immer weiteren Ergebnissen fortschreiten. Wir müssen uns noch etwas eingehender mit dem, was da vorgeht, befassen. Es kommt hier dasjenige in Betracht, was man in der Vererbungslehre als die einzelnen Erbmerkmale der Art erforscht und kennengelernt hat. Es setzt sich die ‚Erbmasse' aus solchen einzelnen Erbmerkmalen zusammen, deren physische Träger die Bestandteile der Chromosomen sind, die man als die Gene bezeichnet. In diesen Bestandteilen in den Zellen der lebendigen Wesen und in ihrer Zusammenordnung ist also die artgemäße Prägung physisch verankert. Und hier wirken nun tatsächlich Gesetzmäßigkeiten physikalischer Art in der nämlichen Weise, wie in der anorganischen Substanz. Dies darf nicht mißverstanden werden: Es schaffen diese Gesetzmäßigkeiten in keiner Weise das Leben als solches, noch seine Form und Organisation, sondern, was sie bewirken, ist einzig und allein die Festlegung einer ganz bestimmten Form und Organisation in der Vererbungsgesetzmäßigkeit. Dieselben Kräfte, welche die physische Substanz als solche in ihrem Wesen festlegen, legen auch die artgemäße Prägung des Lebendigen fest. Dies hat die Wissenschaft heute als ernst zu nehmende Theorie schon hingestellt und ausgesprochen. In dem Werk von Schrödinger, ‚Was ist Leben? ', wird die Festigkeit des Moleküls, die der Festigkeit des Kristalls wesensgleich ist, zugleich als die Festigkeit hingestellt, die der Persistenz der Erbmerkmale zugrundeliegt. Weiter werden geradezu die Vererbungsträger, die Gene und die Chromosomen, als aperiodische Kristalle aufgefaßt. Wirklich, es liegt hier eine merkwürdige Übereinstimmung vor mit demjenigen, was sich aus der Betrachtung der Evolution vom geisteswissenschaftlichen Gesichtspunkt aus ergibt. Und eine weitere Übereinstimmung ergibt sich sogleich. Wie mechanistische Gesetzmäßigkeit in der anorganischen Welt herrscht, so herrscht sie auch in der Vererbung. Die Vererbungsgesetzmäßigkeiten, die ja seit Mendel in ihren Grundzügen bekannt sind, sind rein mechanistischer Natur und ihre Wissenschaft ist eine typisch arabistische und sehr komplizierte Zahlen- und Formelwissenschaft. Ihre Geltung im Reich des Lebendigen ist über jeden Zweifel erhaben. In ihr wirken also Gesetzmäßigkeiten, die denen der physikalischen Welt wesensgleich sind. Die Vererbungswissenschaft ist heute sehr viel weiter fortgeschritten, aber der hier dargestellte Aspekt hat immer noch seine Gültigkeit (s. v. Verf. ‚Biologie an der Grenze', Verlag Die Kommenden).

Es hat keinen Sinn, wenn wir heute im geisteswissenschaftlichen Denken die Augen vor den Möglichkeiten der physikalischen Wissenschaft und Forschung auch im Reiche des Lebendigen verschließen, daß wir uns gegen Ergebnisse wenden, wie sie in dem genannten Werk von Schrödinger niedergelegt sind. Es wird ohne Zweifel manches aus der ahrimanischen Blendung heraus falsch verstanden, wie dies übrigens gerade der zitierte Titel verrät, die Ergebnisse als solche sind doch da und sind ernst zu nehmen. Sonst werden wir plötzlich vor den vollendeten Tatsachen stehen, wie dies in bezug auf die Atomforschung der Fall gewesen ist. Wir müssen die Schärfe und Wirkung der ahrimanischen Waffen, die wahrhaftig heute unter Beweis gestellt ist wie noch nie, erkennen, wenn wir mehr wollen wirken können, als nur etwas, das den Spott der ahrimanischen Welt erregt. Gegen die Tatsache, die Schrödinger darstellt, daß bestimmte Gesetzmäßigkeiten der physikalischen Welt gerade in den stofflichen Elementen der artgemäßen Prägung wirken und mit dieser in bestimmtem Zusammenhang stehen, ist von den Gesichtspunkten der Geisteswissenschaft aus nicht nur nichts einzuwenden, sondern sie ist zu bestätigen. Sie ergibt sich aus der Betrachtung der Evolution. Wir können nur feststellen, in welcher Weise hier ein Mißverständnis vorliegt, wenn gesagt wird, „das ist das Leben", und wir können dieses Mißverständnis in der großartigsten Weise durch den Goetheanismus illustrieren. Unsere Aufgabe ist, diesen Goetheanismus im Sinne der Geisteswissenschaft Rudolf Steiners so auszubauen, daß er einmal, wenn der Welt des Lebendigen das Chaos der Auflösung droht, in voller Wirkensmöglichkeit da ist, um dann da einsetzen zu können, wo der Arabismus notwendigerweise aufhören muß.

Es greifen die Mysterien des Toten in den Bereich des Lebendigen hinein, und es wirken ahrimanische Kräfte auch hier sowohl im physischen Stoff an sich, als auch in der artgemäßen Prägung, die mechanistische Prinzipien vielfacher Art beinhaltet. Ahrimanische Triebe und Bildformen sind dem Tierreich in allen ihren Abwandlungen eingeprägt. So muß auch die ahrimanische Wissenschaft ihren Bereich im Lebendigen finden, und sie findet ihn heute in der Vererbungswissenschaft und in anderen Teilgebieten der Biologie. Sie kommt damit dazu, ihren ganzen Bereich in der Welt des physischen Seins zu umgreifen, und sie wird damit zu einem Umfassenden, das demjenigen in vollem Maße gerecht werden wird, was im Geistigen als Weltprinzip hinter ihr steht.

Wenn nun dieser Bereich innerhalb der Schöpfung derjenige des Toten ist, der dem Prinzip des Lebendig-Schöpferischen entgegen-

steht, so finden wir nun den Arabismus in seiner Art schöpferisch, ahrimanisch schöpferisch in demjenigen, was er innerhalb der menschlichen Kultur durch den modernen, im Wesen umgeprägten Menschen in unerhörter, dämonischer Kraft hervorgebracht hat. Der aktive, der schöpferische Arabismus schuf aus dem mechanistischen Denken heraus die moderne mechanistische Kultur. Und nicht nur in den physischen Mechanismen und Dynamismen der Technik besteht ja diese Kultur, sondern vor allem auch in den feineren geistigen der Organisation auf wirtschaftlichem, gesellschaftlichem und politischem Gebiet, welche wiederum vielfach auf Physisch-Mechanistischem beruht und sich seiner bedient. Dies alles hat sich so weitgehend entwickelt, daß es heute keinen Einzelmenschen mehr gibt, der es auch nur annähernd überschauen kann, ebensowenig wie es einen gibt, der noch ermessen kann, was die arabistische Wissenschaft alles hervorgebracht hat. Wissenschaft und Technik zeugen sich wie zwei zyklopische Zwillingswesenheiten gegenseitig immer neu, indem einerseits das wissenschaftlich Ergründete sogleich zur technischen Neuschöpfung führt und indem andererseits die technische Errungenschaft sogleich neue Möglichkeiten für das Experiment und die Forschung eröffnet.
Diese Zeugung in der Selbstbefruchtung der Zwillingswesenheit kommt nun in gewissem Sinne zu einem Abschluß. Es kommen die letzten prinzipiell neuen großen Entdeckungen im physikalischen Bereich, die auch der Technik die letzten neuen Möglichkeiten eröffnen werden. Alles Weitere wird dann nicht mehr ein weiteres Vordringen in die Tiefen neuer Prinzipien sein, sondern nur noch ein gewissermaßen horizontales Ausbreiten in den Möglichkeiten, deren Voraussetzungen nun endgültig vorliegen. Da wird mechanistisches Denken ein praktisch unendliches Feld der Betätigung finden.
Was wird nun geschehen, wenn dieses Denken seine Methoden im Bereich des Lebendigen anwendet? Wenn es auch hier seiner Zwillingsnatur gemäß von der Forschung zur Tat, vom Experiment zur Schöpfung fortschreitet? Es sind nicht nur die physikalischen Möglichkeiten allein die Ursache dafür, daß die Forschungen auf dem Gebiet der Atomenergie in einer so beispiellosen Weise vom

Geheimnis umgeben sind. Was wird geschehen, wenn die Tat im Bereich des Lebendigen, der den physischen Menschen einschließt, im Zeichen des Dämonischen, im Zeichen Ahrimans stehen wird? Wenn die guten Mächte den Menschen vor dem Abgrund des Mißbrauchs der physikalischen Kräfte der physischen Substanz bewahren, so tut sich hier ein Abgrund auf, dessen Grauen dasjenige des ersten übersteigt. Es gibt heute die Tendenz und die Illusion, den Menschen selbst in das dämonische Experiment hineinzustellen.

Wir wissen aus den Mitteilungen Rudolf Steiners aus der spirituellen Forschung, daß gegen das Ende unseres Jahrhunderts der Geisteskampf ausgetragen wird, in welchem es sich um die grundsätzliche Entscheidung über die geistigen Grundlagen für den Fortgang der Entwicklung der Menschheit handeln wird. Was die Zeitgenossen Rudolf Steiners noch nicht konnten, das können wir heute: Wir können die Bedeutung dieser Auseinandersetzung ermessen, und wir können durchschauen, daß es gerade dieser Zeitabschnitt sein muß, in welchem die Auseinandersetzung stattfinden muß. Es wird dann die Mission des Arabismus erfüllt sein, und es wird die Zeit gekommen sein, zum Widerstand gegen das ihn durchkraftende Außermenschliche anzutreten. Der Mensch soll sich selbst zurückgegeben werden, und es sollen seine Errungenschaften ihm selbst dienen. Wird sich dies erfüllen? — Oder wird sich etwas anderes erfüllen? Wir können nichts wissen, wir können nur das Unsere tun.

Es bereitet sich heute vieles vor auf beiden Seiten. Das Bild der beiden äußeren gegensätzlichen Kräfteballungen ist nicht das Bild der geistigen Gegensätzlichkeiten, es sind auf beiden Seiten beide am Werk. Und nun, da die Mittel des Menschen zur Machtentfaltung eine ungeheure Steigerung erfahren, wird die Auseinandersetzung kommen müssen, von der Rudolf Steiner gesprochen hat. Es ist das Bevorstehende in der geistigen Welt vorbereitet worden. Nach dem, was Rudolf Steiner vor einem Vierteljahrhundert mitgeteilt hat, waren es die großen Individualitäten der Schule von Chartres und ihre Geistverwandten, die sich für die Inkarnation vorbereiteten, um zur gegebenen Zeit wieder als Menschen in den irdischen Verhältnissen in die Geschicke der Menschheit einzugreifen. Es kann kein Zweifel darüber bestehen, sie kannten die Bedeutung des Zeitabschnitts der zweiten Hälfte unseres Jahrhunderts. Ihre Wiederverkörperung war auf diese Zeit vorgesehen, lange bevor die Menschen deren Ereignisse und Möglichkeiten aus den äußeren Verhältnissen heraus auch nur ahnen konnten. Es kannten diese Individualitäten ebensogut wie diejenigen, die die Lenker des Arabismus waren, den notwendigen Ablauf der Dinge bis zur vollständigen Beherrschung der physikalischen Welt und der Auflösung der Grundlagen des Lebendigen. Es waren die Initiatoren beider Richtungen im Laufe der Durchführung der großen Planung miteinander in Verbindung gestanden und waren sich auch in den irdischen Verhältnissen gegenübergetreten. Zur Zeit der Schule von Chartres ging der Spannungsbogen der geistigen Polarität von dort über den Kanal nach England, wo der Doctor mirabilis, Roger Bacon, als Physiker und Philosoph wirkte. In Chartres wurde nach der Darstellung Rudolf Steiners der Platonismus in der neuen, der Zeit angemessenen Form gelehrt, und er verbreitete sich von hier aus über ganz Europa. Es sind die Individualitäten von Chartres in den Bildwerken der Dome dargestellt, wo sie — wunderbare, durchgeistigte Gestalten — die Tierwesen, Untermenschen und Ungeheuer des ahrimanisierten Arabismus mit Füßen treten. Im Süden Europas wirkte damals der berühmte Raimundus Lullus, der die geistige Methode der Lullischen Kunst begründete, in der man durch bestimmte Ordnung und weite Überschau im Reich der spirituellen Begriffe und Ideen zu den höchsten Erkenntnissen aufstieg. Er beherrschte die spirituelle Sprache der geometrischen Formen und wurde im Mittelalter mit dem Insignum des geometrischen Sechssterns dargestellt. Er machte ein Unmögliches zur Aufgabe seines Lebens, nämlich die Mohammedaner zum Christentum zurückzuführen. Aus diesem Grunde war er offenbar in Spanien in das physische Dasein eingetreten, wo die maurische Kultur noch stark nachwirkte und von wo aus er seine Beziehungen zu den Individualitäten der arabisch-islamischen Kultur anknüpfen konnte. Er führte Missionsreisen aus nach Afrika und Vorderasien. Sein Wirken war nicht von äußerem Erfolg begleitet, aber es war ohne Zweifel von einer solchen Art, daß es, die Jahrhunderte und Jahrtau-

sende der Bewußtseinsentwicklung des Menschen überschauend, Keime ausstreuen konnte für die Fortsetzung des Wirkens in den späteren Zeiten. Nach den Mitteilungen Rudolf Steiners wird Raimundus Lullus unter denjenigen sein, die nun wiederkommen, und da wird er nun seine alten Partner wiederfinden, so daß sich dasjenige vollziehen kann, was vorbereitet worden war. Es werden die Arabisten zum Vollmenschlichen, zum Geistig-Lebendigen zurückgeführt werden, denn es ist die Zeit nun reif geworden. Sie werden den Übergang vollziehen vom umfassenden Durchdenken des gesamten Bereichs des Physikalisch-Toten, des ahrimanischen Prinzips in der Welt, zu dessen Überschau vom übergeordneten, vollmenschlichen Denken aus.
Rudolf Steiner erzählt aus der spirituellen Schau, wie die Individualität des Francis Bacon in ihrer früheren Verkörperung als mächtiger Herrscher und Inspirator in der Epoche der arabischen Hochkultur von Bagdad wirkte und wie er später mit den Seinen in der geistigen Welt mit einem Kreis von christlichen Individualitäten um Aristoteles zusammentraf, um über die kommenden Zeiten zu bestimmen. Es waren aber die Arabisten nicht gewillt zu einer Vereinigung des Wirkens im Sinne des Christentums. Man mag sich nun zu solchen Schauungen eines Sehers stellen, wie man will, so wird man doch anerkennen müssen, daß das von Rudolf Steiner Erzählte sich in unseren Zusammenhängen als höchst sinnvoll darstellt. Das Nein der Arabisten gegenüber Aristoteles war damals ein Noch-nicht, denn es war noch nicht an der Zeit. Heute erst können wir ermessen, was in diesem Noch-nicht beschlossen war, was noch kommen mußte, bevor die Zeit reif werden konnte.
Es sind für uns die Schilderungen Rudolf Steiners aus seiner Schau nicht Glaubensgut, das wir zum Ausgangspunkt unserer Betrachtung nehmen, sondern sie werden hier wiedergegeben, um dasjenige zu illustrieren, was sich aus der kulturgeschichtlichen Überschau ergibt, wobei sich für ein vorurteilsloses Denken die innere Wahrheit nach beiden Seiten hin aufzeigt. In diesem Sinne sei hier weiter erwähnt, daß Rudolf Steiner ebenfalls geschildert hat, daß eine große Zahl von hochstehenden menschlichen Individualitäten in einer geistigen Gemeinschaft eine Entwicklung außerhalb des

grundlegenden christlichen Impulses im Arabismus durchmachen mußte, um eine Menschheitsaufgabe durch die Jahrhunderte und die Inkarnationen hindurch fortzuführen, ohne vom Christentum beeinflußt zu sein. Es bestand nach dieser Darstellung die Notwendigkeit, nach dem Mysterium von Golgatha in der Erdentwicklung vorchristliche Impulse allerdings nicht in einem antichristlichen, aber doch in einem nichtchristlichen Geiste weiterzuentwickeln. Es stand also ein großer Geistverband von Individualitäten im Dienste dieser Aufgabe, an der die Einzelnen innerhalb des Verbandes auch in den Zeiten zwischen Tod und Geburt weiter beteiligt waren. Wir betrachteten diese Verhältnisse in unseren Zusammenhängen. Nach Rudolf Steiner war die Planung in der Evolution so, daß in einer späteren Epoche, nach Erfüllung der Aufgabe, die Vereinigung der an dieser vom Christentum abgesonderten Strömung beteiligten Individualitäten mit dem christlichen Zentralimpuls der Evolution stattfinden sollte. Rudolf Steiner weist auf das Erschütternd-Großartige dieses ganzen Aspektes hin, dessen Bedeutung wir nun heute, ein Vierteljahrhundert nach seinem Tode, ermessen können.

Wir stehen heute unmittelbar vor der Zeit, in welcher die Wiedervereinigung der beiden Hauptentwicklungsströmungen der Menschheit vollzogen werden soll, unmittelbar vor der Zeit der großen Auseinandersetzung, in welcher die Menschheit als ganze sich durch das Eingreifen großer Individualitäten des Christentums gegenüber der ahrimanischen Tendenz behaupten wird. Es werden Arabisten der Vergangenheit Schüler und Hörer der großen Platoniker werden oder sind es heute schon geworden, und es werden in diesen Kreisen Kräfte wirken, die den Ausgleich herbeiführen können. Und wie im Arabismus, so werden es auch hier übermenschliche Kräfte sein, die hineinwirken, Kräfte der Wärme und des Vertrauens in die Realität der höheren geistigen Welt, der Welt des Sonnenhaft-Schöpferischen. So wird der schlafende Keim des Geistig-Schöpferischen in diesen Menschen erwachen und sich neu entfalten in höherer Bewußtseinsklarheit und im Lichte des neuen Denkens.

Es werden in der kommenden Auseinandersetzung die Menschen zur Einsicht kommen müssen, daß sie in demselben Maße, wie sie nun in den unter ihnen liegenden Reichen der Natur zum Herrschen fortschreiten, gegenüber der über ihnen wirkenden geistig-moralischen Welt zum Gehorchen gelangen müssen. Denn es ist der Mensch ein Glied des Kosmos, wie der Finger an seiner Hand ein Glied seines Organismus ist, das ihm gehorcht. Und wie er in der kommenden Zeit in durchdringender Erkenntnis nach unten hin herrschen wird, so wird er in Erkenntnis gegenüber der hohen kosmischen Welt, die das Lebendige hält und trägt, gehorchen müssen, in Erkenntnis, in Freiheit und Liebe. Es war ja die Verheißung der Schlange im Paradies, als der Mensch seine Auseinandersetzung mit der Erde antrat, diese: Ihr sollt sein wie Gott und wissen, was gut und böse ist. Es sprach die Schlange aus dem Baum der Erkenntnis, und es sollte der Mensch in Ungehorsam und Übertretung von diesem Baum essen. Die Erkenntnis aber, um deretwillen er in die Übertretung verfiel, muß ihn zuletzt wieder zum Gehorsam zurückführen, denn sonst wäre sie als Erkenntnis nicht vollkommen. Es erkannte die Schlange im Menschen ein höher veranlagtes Wesen, dem etwas beschieden war, das ihr selbst verschlossen bleiben mußte.

Es muß sich die Verheißung der Schlange zur nämlichen Zeit erfüllen, da die andere Verheißung, die göttliche, in Erfüllung geht, nach welcher der Mensch sich die Erde untertan machen wird. Da der Mensch wird wie Gott in seiner Macht über die Erde, so muß er es auch werden in seinem geistig-moralischen Wesen.

Dies wird also vor allem innerhalb der Forschung über das Lebendige, die den Menschen in sich begreift, die Forderung sein, die gestellt ist.

Wie wir sahen, wird auf diesem Gebiet, wo sich physische und geistige Welt in einer ganz anderen Weise durchdringen, als im Mineralischen, die arabistische Wissenschaft an ihre Grenze kommen. Es wird dann dasjenige Wissen und Können, das die Menschen sich in den Mysterien des Lebendigen in der atlantischen Zeit angeeignet hatten, wieder auferstehen, es wird sich das ‚versiegelte Buch' in der Tiefe des menschlichen Wesens öffnen. Es werden diese Mysterien

des Lebendigen zu den neuen, sich nun restlos enthüllenden Mysterien des Toten hinzutreten müssen. Die Betrachtung der Entwicklung seit den Anfängen des Arabismus zeigt, daß die Auseinandersetzung mit dem Toten ein so gewaltiges Unterfangen war, daß die Fähigkeiten des Menschen der Atlantis zunächst in den keimhaften Zustand zurückgebildet werden mußten, um der Entfaltung der intellektuellen Fähigkeit Platz zu machen. Als die Menschen nach der atlantischen Katastrophe nach Osten wanderten, da fanden sie sich hinausgeworfen aus der Welt des Lebendigen, in der sie nun nichts mehr wirken konnten, nachdem sie ihre Macht mißbraucht hatten, und sie fanden sich der neu erstandenen Welt des Toten gegenüber, mit der sie sich von der urpersischen Zeit an auseinanderzusetzen begannen. Und da stellten sie in jener Gegend, in der ihnen das Tote in der Natur in Fels und Wüste am eindrücklichsten entgegentrat, jenes Symbol hin, den schwarzen Stein mit der ihn umgebenden kristallinischen Form des Kubus. Heute ist die Zeitepoche, die mit der Setzung dieses Marksteins eingeleitet wurde, abgelaufen, die Fähigkeit der reinen Intellektualität ist im Menschen Wirklichkeit geworden und mit ihr auch alles dasjenige, was sie wirken konnte. Es führt der Intellekt selbst wieder zurück in das Reich des Lebendigen, aus dem er einst herausgeführt hatte, und er schließt damit den Kreis, den er durchmessen sollte.
Es ist ausgeführt worden, daß das Ahrimanische in die Welt des Lebendigen hineinreicht und daß sich dies in der Vererbungswissenschaft zeigt, die eine Wissenschaft der Zahlen, der Formeln und der mechanistischen Gesetzmäßigkeit ist. Daß das Reich des Physikalisch-Toten mit demjenigen des Lebendigen im letzten Seinsgrunde verknüpft sein muß, hat sich uns auch aus entwicklungsgeschichtlichen Zusammenhängen ergeben. Es ist ja die Kraft der Festigkeit der mineralischen Substanz dieselbe, die die Festigkeit der artgemäßen Prägung des Lebendigen bewirkt. Dies ist heute schon Erkenntnis der äußeren Forschung geworden. Es wäre nun zu zeigen, wie im umgekehrten Sinne hinter dem Reich des Physikalisch-Mineralischen auch wiederum die Welt des Geistig-Lebendigen steht, wie sie da wirkt hinter der Welt der Metalle, hinter der Welt der Mineralien und ihrer Kristalle, hinter der Welt

des physischen Lichts und der Farben und hinter der Welt der Schallschwingungen. Es wäre im Konkreten zu zeigen, wie im Mineralischen in die Welt der mechanistisch-ahrimanischen Naturgesetzlichkeit die Welt geistiger Ordnungsprinzipien von ‚oben' her in ähnlicher Weise hineinwirkt, wie das ahrimanisch-mechanistische Prinzip in die Welt des Lebendigen von ‚unten' her. Es wird dies alles in späteren Zusammenhängen aus erweiterten Grundlagen heraus dargestellt werden, und es wird im Konkreten und im einzelnen gezeigt werden, wie die Bereiche abzugrenzen sind.

Es hat die Wissenschaft heute den Kreis der reinen Intellektualität im ganzen Seinsbereich durchmessen, ihre Mission im toten Denken ist erfüllt. Sie wird aber darum nicht als solche nun aus der höheren Entwicklung des Erkennens herausfallen, es wird nicht das alte Denken der atlantischen Zeit neben dem neuen der nachatlantischen wieder aufleben, wenn die neuen Mysterien des Lebendigen kommen, sondern es wird sich beides zum höheren Bewußtsein vereinigen. Und da wird nun die Intellektualität eine Wandlung erfahren.

Hier kommen wir mit unserer Betrachtung wiederum an einen Punkt, wo uns die Enthüllungen Rudolf Steiners aus der spirituellen Schau tiefe Zusammenhänge eröffnen. Nach diesen ist die übermenschliche Kraft, die sich nun als Gegenkraft zur ahrimanischen in den Dienst der Menschheitsentwicklung stellt, diejenige der Wesenheit aus der Hierarchie der Archangeloi, die Michael genannt wird. Michael will in unserer Zeit im Menschen dasjenige fördern, was eintreten muß, wenn die Entwicklung nicht ins Chaos und ins Untermenschliche hineinführen soll, er will die Intellektualität vergeistigen, er will sie spiritualisieren. Er will sie dahin entwickeln, daß sie in richtiger Weise innerhalb des spirituellen, des geistig-schöpferischen Denkens wirken kann. Er steht damit im Dienste der hohen Wesenheit, die sich der Erde geweiht hat, denn es wird die sonnenhaft-schöpferische Erkenntniskraft des Menschen der Zukunft von der spiritualisierten Intellektualität Michaels durchdrungen sein. Damit wird der Mensch in eine höhere Bewußtseinsform eintreten. Dies zu bewirken ist also nach der spirituellen Forschung Rudolf Steiners die Aufgabe, die sich die Wesenheit Michael gestellt hat, deren Wirkensepoche in der 2. Hälfte des 19. Jahrhunderts diejenige der Wesenheit Gabriel ablöste. Wie wir schon sahen, war Gabriel der Lenker der Entwicklung des Menschen zur reinen Intellektualität, deren Fundament er in der menschlichen Organisation angelegt hatte. Michael nun will, nachdem das Ziel Gabriels erreicht ist, den Menschen in die nächste Stufe seiner in der geistigen Welt vorgesehenen Entwicklung hineinführen, in die Stufe der spiritualisierten, der geistig-schöpferischen und universellen Intellektualität. Michaelisch sind die modernen Impulse, die den Menschen im vollbewußten, intellektuellen Denken über die Grenzen des Rationalen hinausführen wollen. In der kommenden Bewußtseinsform des Menschen wird sein Denken in allen den Formen, wie sie wesensgleich mit den Naturreichen der Umgebung in ihm entstanden sind, inbegriffen sein, und in ihr werden einmal auch die großen Individualitäten, von denen Rudolf Steiner berichtet, sich die Hand reichen zum gemeinsamen Wirken. Da wird der Mensch zur vollen Universalität des Geistes zurückkehren, die er im Arabismus verlassen hat, und er wird in dieser Universalität alle Formen des Seins mit dem wesensgleichen Denken umgreifen: die physikalisch-tote Form mit dem reinen Intellekt, die lebendige und die beseelte mit dem wachstümlichen und dem geistig-bildhaften, und es wird die geistige Form im eigentlichen Sinne das Ganze umfassen.

Wenn man ermißt, in welchem Maße heute das intellektuelle Denken über die ganze Menschheit hin vom Ahrimanischen bestimmt und durchkraftet ist, so wird man auch die Größe der Aufgabe Michaels ermessen. Und dennoch: Es hätte die Menschheit ihre Bestimmung ohne die ahrimanische Kraft nicht erreicht. Es mußte dieses Erreichnis durch die Opfer erkauft werden, die der ahrimanischen Macht zugefallen sind, durch die Opfer an Menschen, in denen der Keim des Geistig-Lebendigen in eine Erstarrung gesunken ist. Geistig-seelisches Lebensblut mußte vergossen werden, mußte versiegen in der Verhärtung, und dies war mehr als all das physisch-leibliche Blut, das schon fließen mußte und das noch weiter wird fließen müssen infolge der Vernichtung oder Verzerrung des Geistig-Moralischen im ahrimanisierten Denken.

Es wird der Kampf Michaels um diese Menschen gehen, die ihr Lebensblut vergossen und die nach ihm rufen, wie es in den Worten, die Maxim Gorki aus dem Russischen überliefert hat, zum Ausdruck kommt, die tönen, als ob sie heute für den russischen Kulturkreis geschrieben worden wären:

„Die blutigen Weiser stehn auf dem Plan,
Und was sie weisen, das ist Gram und Scham,
Und der sie aufgericht't und hingestellt,
Auf den weist jetzt die ganze Geisterwelt.
Und immer neue baut er Tag und Nacht
Und hat des Wegs und hat des Ziels nicht acht.
O Michael! Michael! Michael!"

Wenn man die okkulte Bedeutung des Blutes in Betracht zieht, so versteht man auch den Sinn dieser Worte in richtiger Weise. Es ist ja das Blut „ein ganz besondrer Saft", und zwar darum, weil es der organische Träger des Ichs ist. Dies versteht man, sobald man die Rolle des Blutes in den imaginativen Bildern kennt. Solche Bilder treten heute bei sehr vielen Menschen auf, leider meist, ohne daß sie verstanden werden. Der Schauder, der da oft vor dem Blutigen empfunden wird, ist der Schauder, oftmals die Furcht des Ichs vor dem Angriff auf seine Integrität, denn es ist vergossenes Blut das imaginative Bild der Verletzung dieser Integrität, der Verwundung des Ichs, die die Lähmung seiner Kräfte innerhalb des seelischen Bereichs zur Folge hat. In unserer Zeit der ahrimanisierten Kultur, die so stark zur Mißachtung der Menschenwürde verleitet, stehen wahrlich blutige Weiser auf dem Plan, und zwar auch da, wo nicht zum physischen Blutvergießen geschritten wird. ‚Gram und Scham' ist das innere Erlebnis aller derjenigen, die am Blutvergießen im übertragenen, spirituellen Sinne beteiligt sind, nicht nur derjenigen, die es erleiden müssen, sondern nicht minder auch derjenigen, die als Aktive in geistig illegitimem Einwirken auf die Mitmenschen die Grenzen ihres Handelns überschritten.
Es zeigt sich uns durch die umfassende geistige Schau Rudolf Steiners, wie hohe geistige Mächte in und mit dem Geisteskampf

der Menschen sich miteinander auseinandersetzen und um die Zukunft der Erde und ihrer Prinzipien ringen. Es entstammt die Menschheit als die 4. Hierarchie der oberen geistigen Welt, aber sie konnte ihre Mission nicht ohne die ahrimanischen Kräfte erfüllen, sie konnte die Herrschaft über die tote Substanz nicht ohne die Mitwirkung derjenigen geistigen Kraft erringen, die in dieser Substanz selbst wirkt. Dieselbe geistige Kraft der ‚Abgefallenen Engel', welche die tote Substanz als solche und ihre physikalisch-toten Kräfte hervorgebracht hat, durchkraftet auch das Denken, welches das Physikalisch-Tote ergründete.

Nach der Geisteswissenschaft Rudolf Steiners ist die tote Substanz aus einer Resignation der abgefallenen Wesenheiten heraus zu verstehen, aus einem geistigen Verzicht. Rudolf Steiner beschreibt diesen Vorgang der Resignation in der geistigen Welt in dem Vortragszyklus ‚Die Evolution vom Gesichtspunkte des Wahrhaftigen'. Er schildert, wie gewisse Wesenheiten ihr Opfer den höchsten Hierarchien nicht darbringen konnten, wie es zurückgewiesen wurde und wie daraus der ‚Abfall', der Verzicht hervorging. Aus der Zusammenziehung dieser Wesenheiten in sich selbst ging die Verdichtung der physischen Substanz hervor. Sie hatten sich dieses Elementes bemächtigt. In der Mystik des Neuplatonismus wird in der Darstellung dieser Vorgänge der Evolution schon der Begriff der Konzentration, im Sinne der Zusammenziehung, gebraucht. Der Konzentration der Wesenheiten in einem niederen Selbst ging eine Konzentration in der physischen Stofflichkeit parallel. Es zeigt nun die physikalische Forschung heute wirklich, in welch einem unvorstellbaren Maße Energie in der physischen Substanz konzentriert ist.

Hier sei erwähnt, was Rudolf Steiner über das Wesen der Atome in dem Zyklus ‚Das Karma des Materialismus' ausgeführt hat: „. . . das ist nämlich die Substanz des Ahriman, da steckt er drinnen, da ist er eigentlich in seinen einzelnen Teilen drinnen, Ahriman. Das ganze Atomsystem ist ahrimanische Substantialität."

Wie in den ahrimanischen Wesenheiten, so ist auch in den Menschen, die im toten Denken die ahrimanische Kraft in sich herrschen lassen, Opfer, Verzicht und Verhärtung. Durch dieses Opfer

aber ist die Macht des Menschen über den ahrimanischen Bereich des Physikalischen erkauft worden.
Die gleiche Polarität, wie sie in der geistigen Welt besteht zwischen dem Prinzip des Sonnenhaft-Schöpferischen und dem des Abfalls und des Verzichts, sehen wir im Menschenreich nun sich abzeichnen, und in diese Polarität sehen wir die geistigen Mächte hereinwirken und um den Menschen ringen. Wir stehen erst am Anfang der Epoche des Wirkens Michaels, und es bereitet sich erst vor, was als Spiritualisierung der Intellektualität kommen wird. Wir sehen noch die breiten Schichten der Menschheit, obgleich vom bewußten Erleben der geistigen Welt ausgeschlossen und dem materialistischen Einfluß mehr oder weniger hingegeben, doch im Grunde des Wesens noch unentschieden. Wir sehen ein unermeßliches Feld des Wirkens vor uns, des Wirkens im Verein mit den geistigen Mächten, das nun durch die kommenden Zeiten hingehen wird, und wir können aus diesem Aspekt den Impuls schöpfen, an unserer Stelle das Unsere zu tun.
Ein geistiges Gegengewicht, ein geistig-dynamischer Ausgleich zur Einseitigkeit des materialistischen Arabismus, der unsere Zeit nach außen hin noch kennzeichnet, soll erstehen, wenn die großen Individualitäten des Platonismus eingreifen werden in der vor uns liegenden Zeit. Das dämonische Zwillingsungeheuer, das sich aus der Wechselbefruchtung zwischen arabistischer Forschung und mechanistischer Schöpfung gebar und das heute als Wissenschaft, Technik und Organisation nicht dem Menschen dient, sondern diesen zu seinem blinden Sklaven zu machen droht, ihm als Vampir sein Lebensblut aussaugt oder ihn zwischen seinen Pranken zermalmt, dieses die Erde umklammernde Ungeheuer wird im Zeichen einer höheren Macht dem Menschen dienen müssen. Michael wird den ‚Drachen' besiegen.
In der geisteswissenschaftlich orientierten Naturwissenschaft wird durch die paulinisch-christliche Erkenntnisfähigkeit, welche durch Rudolf Steiner in der unserer Zeit angemessenen Weise entwickelt worden ist, das geistige Auge des Forschers geöffnet werden. Er wird nach außen blickend die sinnliche Welt in ihrem Wesen erkennen, und er wird nach innen blickend sich sagen:

Ich wende vom All
Zurück den Blick in mich selbst,
Ergründe das Wesen des Wissens in mir
Und finde mich eins mit den Wesen im Geiste.

So wird er bewußt in sich tragen
die Weltgedanken im eigenen Denken,
das Weltenfühlen im eigenen Fühlen
und das Weltenwollen im eigenen Wollen.

Wird sich auch der materialistische Arabist dessen bewußt werden, daß er in seinem Denken real das Denken der Weltverhärtung denkt und in seinem Wollen den Willen des Weltverhärters verwirklicht? Oder wird er blindes Werkzeug sein? Wenn wir dieses nicht wissen, so wissen wir jedenfalls ein anderes sicher: Je mehr er sich entscheidet für die Macht, der er dient, desto mehr werden ihm auch deren übermenschliche Kräfte der Konzentration und der Verhärtung zufließen. Und aus dieser Konzentration wird ihm nun eine neue Fähigkeit erwachsen, diejenige der übermenschlich-virtuosen Kunst der Verstellung, der Täuschung und der Lüge. Ahriman ist der Vater der Lüge im Gewande der toten, virtuos-formalistischen Moralität. Es spielt sich heute vieles ab, was aus dieser neuen Fähigkeit heraus zu verstehen ist. Ahriman geht um, und es gleißen seine Blicke. Ihm stellt sich entgegen die Kraft des Moralisch-Lebendigen, die Kraft des Vertrauens und der Liebe in der Sphäre der moralischen Phantasie.

Wie war es doch damals, als die Fanfare des Baco von Verulam ertönte und mit ihrem Saxophonklang des Nihilismus den Triumphzug der arabistischen Wissenschaft eröffnete? Erklangen da nicht fast gleichzeitig, nur ganz wenig später, noch andere, uns heute nicht weniger vertraute Töne vom anderen Ende Europas herüber? Flötete da nicht ein gewisser Amos Comenius in Böhmen eine damals neue Melodie vom kommenden irdischen Paradies der Menschen in Geborgenheit, Wohlergehen, Frieden und Glückseligkeit?

Es ist durch Rudolf Steiner ausgeführt worden, daß nach seiner geistigen Forschung dieser Amos Comenius in seiner letzten Inkarnation im östlichen Arabismus der Helfer, Diener und Ratgeber jener mächtigen Individualität war, die in der Kultur von Bagdad maßgebend wirkte und die dann als Francis Bacon wiederkam und in England den westlichen Arabismus weltanschaulich begründete (s. Vorträge v. Rudolf Steiner, ‚Karmische Zusammenhänge'). Der Diener war mit seinem Meister wiedergekommen, er war ihm in die Wiederverkörperung gefolgt, um in demjenigen, was nun im christlichen Westen sich entwickeln sollte, mit ihm zusammenzuwirken. Während der Meister im Westen die europäische Wissenschaft inaugurierte, verkündete der Diener etwas weiter gegen Osten zu das Urbild der heutigen europäisch-östlichen Ideologie vom irdischen Paradies. Wahrlich, der Diener war seines Meisters würdig, denn der Wellenschlag, in welchem seine Hand wirkte, brandet nicht minder gewaltig in unsere Zeit hinein. Wir sehen auch hier wieder, in welchem Grade die Mitteilungen Rudolf Steiners aus seiner Schau geeignet sind, das Geschehen, das sich der äußeren Betrachtung darstellt, sinnvoll zu illustrieren und wie sie wirklich in die konkreten Hintergründe dieses Geschehens hineinführen. In diesem Sinne muß heute eben vom Inhalt der Schau eines großen Geistesforschers Kenntnis genommen werden.

In der zweiten, der westlichen Epoche des Arabismus also, soll das islamische Paradies der Mondensphäre auf die Erde hinuntergeholt werden. Nur in der Verwirklichung dieses Paradieses kann das materialistische Denken folgerichtigerweise den Sinn der technischen und organisatorischen Entwicklung der neuen Zeit sehen. Das tote Denken kann einen Sinn des Daseins nur in der Befriedigung der Wunschnatur des Menschen erkennen. In diesem Sinne ist der Islam in die Kultur der Neuzeit eingeflossen. Sein Paradies soll nicht etwa ein Wahn sein, nicht ein Phantom, dazu bestimmt, daß die Menschen ihm nachjagen, ohne es zu erreichen, sondern es soll Wirklichkeit werden. Und es soll zu diesem Ende in Fortsetzung der islamischen Seelenalchimie der Mensch so präpariert werden, daß er dieses irdische Paradies wirklich findet, wie er sein Mondparadies in der islamischen Zeit wirklich gefunden hatte. In diesem Sinne werden heute Erziehung und Kultur in allen Bereichen konsequent und zielbewußt beeinflußt und gelenkt. Das Zyklopenungeheuer der modernen Technik will wohl dem Menschen dienen, aber nur dem, der aus seinem Geiste heraus geprägt ist und der durch diese Prägung auch wieder ihm selbst mit Notwendigkeit hörig sein muß. Mit der Prägung des Menschen in diesem Sinne begann nun Amos Comenius selbst, indem er die Prinzipien der modernen Erziehung aufstellte, die noch heute Geltung haben. Es sind in westlicher Tarnung und in modernerer Aufmachung die nämlichen, die im östlichen Arabismus den Menschen prägten und die nun, im Westen weiterwirkend, ihn noch einmal um eine Stufe weiter von der geistigen Welt entfernen sollen. Es ist heute im Westen und im Osten als Idee und als unbewußte Tendenz im europäischen Menschen das Ideal des irdischen Paradieses mächtig und bestimmend.

Um dies zu durchschauen, müssen wir uns zuerst vergegenwärtigen, was vorher in Europa in bezug auf die Erziehung des Kindes da war. Das Prinzipielle zeigt sich an einem einzigen Beispiel. Es wuchs da das Kind in der Welt der Märchen, Mythen und Sagen auf, in welcher alle Dinge seiner Umgebung, Mineral, Pflanze, Tier und Mensch, dazu Licht, Finsternis, Wärme und Kälte, kurz alle Dinge des sinnlichen Erlebnisbereiches in die tiefsten spirituellen Zusammenhänge hineingestellt waren. Diese wurden vom Kind nicht erkannt, aber in der geistigen Lebensluft des Geheimnisses erlebt. So gab es nichts im Erlebnisbereich des Kindes, hinter dem es nicht das Geheimnis der geistigen Welt ahnte, das ihm nicht im Lichte einer höheren Bedeutung entgegentrat, das es nicht weiterführen konnte vom sinnlichen Erleben zum höheren Schauen.

Was schuf nun Amos Comenius in seinem Erziehungswerk, dem Orbis pictus? In diesem Bilderbuch sind — dem Prinzip nach — alle Dinge der sinnlichen Welt in figürlicher Darstellung nebeneinander gestellt, und da soll sie das Kind nun im sinnlich-formalen Bilde kennen lernen, unterscheiden, genau betrachten, nach ihren äußeren Merkmalen und Eigenschaften beschreiben und in ganz abstrakter Weise mit den geltenden Namen benennen. Die nach dem Prinzip der konzentrischen Kreise sich immer weiter bis ins Unendliche vermehrende Menge der äußeren Dinge, die aber nur mit abstrakten Begriffen behängte leere und vielleicht schlechte Bildformen sind, lenken das Kind mit absoluter Konsequenz vom Spirituellen ab und machen es zum — Nominalisten. Nichts ist mehr da von geheimnisvoller Bedeutung. Im rein formalen Unterscheiden nach abstrakten und konkreten Determinanten sollte sich wiederum die reale Extraktion des Geistes aus dem Denken des Menschen vollziehen. Und sie vollzog sich auch und vollzieht sich weiter bis in unsere Tage. Es liegen hier prinzipieller Empirismus, also konsequente Hinwendung zur reinen äußeren Erfahrung und Beobachtung, und ebenso prinzipielle Abkehr vom Geistigen in ganz gleicher Weise vor, wie im Bereiche der arabistischen Wissenschaft, für die das Kind also in der Erziehung nach Comenius vorbereitet wird. Heute werden überdies zur Befriedigung des kindlichen Gemüts Tiere, Pflanzen und auch noch Phantasiewesen vermenschlicht und entweder in humoristischer oder in sentimentaler Weise in die Trivialitäten der menschlichen Alltäglichkeit oder in die Banalität phantastischer Abenteuerlichkeit eingewickelt.

Aus dieser Abwendung vom Geistigen in der Erziehung, die dann in der höheren wissenschaftlichen Schulung im Geiste Bacons bis zur letzten Konsequenz gesteigert wird, ergibt sich heute eine Hinwendung zur niederen Wunschnatur des Menschen, die von ebensolcher Konsequenz ist. Demzufolge wird das Paradies nicht mehr in die geistige Welt verlegt, sondern es ist Ideal und Zukunftsbild für die Gestaltung der Verhältnisse auf der Erde. Für viele ist es im Begriff, Wirklichkeit zu werden. In Unzähligen wirkt es in instinkthafter Weise als Tendenz. Es würde dieses irdische Paradies, wenn es Wirklichkeit würde, ein mechanistisches Paradies sein. Der Menschentypus, der da entstehen würde — und der vielleicht bis zu einem gewissen Grade auch entstehen wird —, ist von Rudolf Steiner charakterisiert worden: Es wäre ein Typus von menschlichen Larven, die von einer niederen Geistwelt aus gelenkt würden.

Wir sehen, wie die beiden großen Individualitäten, die uns durch die spirituelle Forschung Rudolf Steiners nähergebracht worden sind, im Strom des Geschehens drinnenstanden, das sich in der nachatlantischen Epoche abspielen mußte, in der Epoche, in welcher sich ebenfalls die Herrschaft des Menschen über die Erde vollenden wird. Meister und Diener hatten sich in die Aufgabe geteilt. Der letztere hatte die Vorbereitung, der erstere die Durchführung des letzten Aktes von dem übernommen, das in umfassender Planung vorauskonzipiert war, das Bestimmung der Menschheit und Geschick der Erde ist und dessen Vollendung wir heute sich anbahnen sehen. Und wir sehen in der Vollendung dieses Geschicks gewaltig dasjenige hereinwirken, was untermenschlichen Ursprungs ist und was die Entwicklung in seinem Sinne abbiegen möchte, die ahrimanische Tendenz zum irdischen Paradiese.

Wir sehen die beiden großen Verheißungen sich erfüllen, die dem Menschen mit auf den Weg gegeben wurden, als er seine Auseinandersetzung mit der Erde und damit den Weg seiner eigenen Evolution im Bereich des physischen Stoffes antrat. Die Verheißung, die die erste war, diejenige der umfassenden, bis in die Höhen des Geistig-Moralischen hinaufführenden Erkenntnis, muß auch zuerst ihre Erfüllung finden, soll nicht die Wirklichkeit der zweiten, derjenigen der Herrschaft im irdisch-physischen Bereich, den Menschen zur geistigen Selbstvernichtung führen, die ihn der widergöttlichen Gewalt ausliefern würde. Es erfüllen sich die Geschicke in diesem Sinne: Die umfassende Erkenntnis, die der absoluten Herrschaft vorangehen muß, ist im Kommen, sie ist mit dem Namen Rudolf Steiners verbunden.

Und auf diese Geisteswissenschaft werden die Arabisten der Vergangenheit, die sich dem michaelischen Impuls zur Spiritualisierung ihrer hochentwickelten Intellektualität nicht verschließen, nun eintreten, wenn sie nach dem Westen kommen, um hier den Anschluß an das Universell-Menschliche wiederzufinden. In der kommenden prinzipiellen Auseinandersetzung, die sich heute schon anspinnt, harren ihrer Aufgaben, die nur sie durchführen können und die sie auch durchführen werden, wenn sie den langen und schweren Übergang aus der extremen Einseitigkeit ihrer seelisch-geistigen Wesensprägung zum Vollmenschlichen vollziehen. Sie, die das Wesen und die Schärfe der ahrimanischen Waffen kennen, werden ihnen auch mit zureichenden Mitteln entgegentreten können.

Heute, da die Ereignisse auf dem Felde der Forschung sich überstürzen, liegt für das geisteswissenschaftliche Denken die Gefahr vor, gerade auf Gebieten von zentraler Bedeutung hinter den Ereignissen zurückzubleiben. Es wird das Ziel der folgenden Betrachtungen sein, zu zeigen, wie die unerhörten Forschungsergebnisse und wissenschaftlichen Erkenntnisse der Gegenwart nun hinüberweisen in die universelle Erkenntnis der spirituellen Wissenschaft und in ihr aufgenommen werden müssen.

MODERNE ARABISTISCHE WISSENSCHAFT IN SPIRITUELLER SICHT. AHRIMAN UND LUZIFER

Es ist in unseren Tagen erst die Bedeutung der arabistischen Wissenschaft in ihrem ganzen Umfang klar geworden. Es hat sich ein Ungeheures offenbart als der tiefe, durch anderthalb Jahrtausende verborgen gebliebene letzte Sinn der großen Sinnlosigkeit in der Kulturentwicklung der Menschheit, jener Sinnlosigkeit, die darin bestand, ein Denken zur höchsten Entfaltung zu bringen, das in restloser Konsequenz jede Zielsetzung im Sinne einer Idee und damit jeden höheren Sinn seiner Tätigkeit negierte. Das Unerhörte, das sich für die kommenden Zeiten abzeichnet, ist die Herrschaft des Menschen über die Vorgänge zwischen ‚Substanz' und ‚Energie', die Vorgänge der Substanzverwandlung und zudem alles dasjenige, was, damit zusammenhängend, die Grundlage der Prägung der lebendigen Schöpfung unserer Zeit ist. Die bisher unangetastete Domäne des Werkes der göttlichen Mächte im Bereich des Toten und in demjenigen des Lebendigen ist in unseren Tagen vom Menschen angetastet worden. Die Schranke, die bis vor wenigen Jahren noch jedem als eine ewige und unüberschreitbare galt, ist wie in einem prometheischen Frevel niedergerissen worden.
Was sich da abspielt, muß im weltanschaulichen Denken gefaßt und in seiner Bedeutung und in seinem Wesen auf der Grundlage des umfassenden Erkennens, das die spirituelle Geisteswissenschaft vermittelt, verstanden werden, auf der Grundlage dieses universellen Erkennens, das dem universellen Herrschen des Menschen im irdisch-physischen Bereich vorangehen muß, soll nicht das Letztere in unabsehbare Katastrophen hineinführen.

Es ist klar, daß in der Gegenwart von der Seite der arabistischen Wissenschaft, die das Unerhörte zu leisten im Begriff ist, auch in bezug auf das weltanschauliche Denken ein faszinierender, tiefgreifender Einfluß ausgeht. Auf dem Boden der neuen Forschung entwickelt sich ein Schrifttum, nach welchem die Menschen, die noch über das Dasein und das Zeitgeschehen zu denken versuchen, greifen, und in welchem der Geist der Mächte wirkt, die nicht dasjenige wollen, was die wahre Bestimmung des Menschen ist. Es muß diesem Einfluß ein anderer entgegengesetzt werden, in welchem nun das Mögliche getan wird, um das Geschehen der Gegenwart, dessen Eindruck sich kein Denkender entziehen kann, in die Zusammenhänge eines universellen, die totale Wirklichkeit umfassenden Denkens hineinzustellen.
In der umfassenden Planung, in der die Menschheit geführt worden ist, war die strenge, gelöbnishafte und unverbrüchliche Absage des abendländischen Arabismus an alles Ideenhafte und Spirituelle, an alle jene Voraussetzungen, auf denen das weltanschaulich-wissenschaftliche Denken zuvor beruhte, eine Mysterienhandlung in den letzten und schwersten Mysterien, in denen des Toten, eine echte Mysterienhandlung, die Voraussetzung und zugleich Gewährleistung dessen war, was kommen sollte. Durch die Faszination, die von der Gedankenwelt des großen modernen Hierophanten Francis Bacon ausging, wurden für alle seine Schüler in den nachfolgenden Jahrhunderten die alten Ideen zu Idolen, bestimmt, das Denken der Menschen irre zu führen.
Heute, da wir vor den letzten Enthüllungen stehen, die mit der nämlichen Sicherheit eintreten, mit der die forschenden Individualitäten ihren absolut richtigen Weg durchschritten, heute zeichnet sich ein Merkwürdiges ab im naturwissenschaftlichen Denken: eine neue Hinneigung zum Metaphysischen und zum Mystischen. Es ist diese Neigung von einem der bekannten Naturphilosophen unserer Zeit etwa in folgendem Sinn zum Ausdruck gebracht worden: Wenn es eine unabdingbare Voraussetzung der modernen Forschung war, allem Apriorisch-Metaphysischen abzuschwören, so ist es vielleicht eine ebenso unausweichliche Notwendigkeit eines universellen Denkens, nun, da die Forschung zu gewissen umfassen-

den, abgeschlossenen und endgültigen Ergebnissen in einem weiten Bereich gekommen ist, auf eine Metaphysik a posteriori einzutreten.
Es sind diese Ergebnisse, wie wir es im folgenden noch zeigen werden, tatsächlich von einer solchen Art, daß sie geradezu die Fortsetzung des Denkens in den metaphysischen, in den übersinnlichen Bereich hinein verlangen. Die Metaphysik a posteriori, von der Bavink vor einigen wenigen Jahren schrieb, ist heute schon durch Physiker von Rang in Angriff genommen worden. Nun handelt es sich hier allerdings um Versuche, die von einem geisteswissenschaftlichen Denken aus betrachtet, noch sehr problematisch erscheinen, da arabistisches Denken in einen inadäquaten Bereich hineingetragen wird. Aber es können auch hier die Anfänge weiterführen. Die Tendenz dazu zeigt sich darin, daß es in den Kreisen der Hüter der Geheimnisse der neuen Atomphysik solche gibt, die sich als die Hierophanten der neu erstandenen Mysterien bezeichnen. Wenn sie sich in der Literatur über die alten Mysterien schulen, was sie ohne Zweifel zu tun im Begriff sind, so können sie den Zugang finden.
Allerdings hatte der vielgelesene Naturphilosoph Bavink, als er über die Mysterien a posteriori schrieb, keineswegs etwa die Geisteswissenschaft Rudolf Steiners im Auge, über die er in unreifer Art geurteilt hat. Die Tendenz, die er zum Ausdruck bringt und die ohne allen Zweifel besteht, kann aber gleichwohl nach dieser Richtung gehen, wenn die Individualitäten den Zugang finden. Dies und die Tatsache, daß der Zugang zu finden ist, hoffen wir im folgenden aufzeigen zu können.
Wir müssen uns im Sinne dieser Aufgabe vorerst noch in höherem Maße klar werden über das Wesen dieses Denkens ohne Sinn, ohne Idee, das wir in unseren Zusammenhängen als totes, formalistisches Denken charakterisiert haben, als das Denken, das in der Evolution im Menschen als das Geistig-Wesensgleiche zur toten Natur veranlagt wurde, als das Wesensgleiche zum physikalisch-dynamischen Bereich des Seins, den zu enträtseln und zu beherrschen seine Bestimmung war, die zu erfüllen es heute im Begriff ist. Es wird das Wesen dieses Denkens, wenn es nur als ein totes, mechanistisches

angesehen wird, erst an der Oberfläche erfaßt. Es hat seine Intimitäten, die für den Arabisten ein Bezauberndes sind, dem er sich mit einem Gefühl hingibt, das dem des Enthusiasmus in einer anderen Sphäre entspricht. Dieser geheime Reiz, der zu allen Erfolgen geführt hat, liegt einmal darin, daß jede Art naiv-menschlichen, spontanen Urteils als unzuverlässig und irreführend erkannt worden ist. Es gilt nur der strenge Beweis, der in systematisch aufgebauter arabistischer Logik beruhen muß. In sehr vielen Fällen hat diese Logik etwas ergeben, das mit dem naiven Urteil nicht übereinstimmte, ja mit ihm im Gegensatz stand. Dieses allmähliche Sichhineinleben in eine andere Wirklichkeit, als diejenige des naiven Menschen ist, das ist für den arabistisch geprägten Menschen ein Erlebnis von besonderem Reiz.

Es ergab sich in unseren Zusammenhängen die besondere Seelenprägung des Menschen, der durch die arabistisch-islamische Kultur hindurchging. Es ist nun ein Erstaunliches, daß die Art der Beweisführung im Denken des modernen Arabismus schon in den Anfängen der orientalischen Epoche aufzufinden ist. In der Sunna des Islam steht jener Satz, den wir schon zitierten, der den Glauben an die Prädestination, den orientalischen Fatalismus begründete: „Wisse, daß dasjenige, was dich trifft, dich nicht verfehlen könnte, und daß dasjenige, was dich verfehlt, dich nicht treffen könnte." Was hier vorliegt, ist allerdings kein Beweis, aber es ist die Denkart, die Technik des wissenschaftlichen Beweisens unserer Zeit. Es ist eine Feststellung da, die mit ihrer logischen Umkehrung verbunden ist. Beides zusammen genügt erst den Regeln der arabistischen Logik, denn die erste Feststellung für sich allein würde die Frage offen lassen, ob das, was mich verfehlt, mich nicht auch treffen könnte. Dieses Ausschöpfen aller logischen Möglichkeiten liegt der Axiomatik der Mathematik zugrunde und im weiteren Sinne dem arabistischen Denken überhaupt.

Es hat das naive Urteil im Bereich der Mathematik und der Wissenschaft des Physikalisch-Dynamischen keine Geltung. Der Arabismus tilgte es aus seinem Denken aus. Damit wurde auch jenes Geistig-Schöpferische, das zunächst im naiven Urteilen lebt, ausgetilgt. Was trat nun an die Stelle der naiven schöpferischen Tendenz im

Menschen? Was fühlt der Mensch, wenn er lernt, arabistisch-formalistisch zu denken? Worin liegt der Reiz dieser Denkart? Er fühlt sich da in einer ganz eigenen Weise klug. Er fühlt sich in einem Klugheitselement, das ihm das Bewußtsein der Überlegenheit über alles Naiv-Menschliche gibt, und es ist eigentümlich, wie den Menschen da die Gewißheit erfüllt, es in diesem Denken mit etwas Konkret-Wirklichem zu tun zu haben. Es ist die Wirklichkeit des Ahrimanischen in der Seinswelt, deren Wesen sich der naivmenschlichen Urteilskraft, die aus ganz anderen Quellen stammt, entzieht, und es ist die Klugheit Ahrimans, auf deren Wegen sich voranzutasten, den Menschen mit jener eigentümlichen Befriedigung, mit jenem Gefühl der Überlegenheit erfüllt. In seinem eigenen Element fühlt das ahrimanische Geistwesen, das sich vom göttlichen Urgrund der Welt losgesagt hat, sich diesem Urgrund überlegen, und es beseelt den Menschen im ahrimanischen Denken dieses nämliche Gefühl, das ihn ebenfalls dazu verleitet, sich von aller naiv-geistigen Hinneigung zum Göttlichen der Welt loszusagen. Es beseelt ihn ein Überlegenheitsgefühl. So nimmt Ahriman Besitz vom Menschen und reicht mit einem Arm seines Wesens in ihn hinein.

Es ist von Rudolf Steiner geschildert worden, wie sich die ahrimanischen Wesenheiten in der Gegenwart, die z. T. vor noch nicht langer Zeit im Gefolge kosmisch-geistiger Ereignisse auf die Erde herunterkamen, sich der spirituellen Schau zeigen und wie sie da den physiognomischen Ausdruck übermenschlicher Klugheit an sich tragen. Diese Klugheit wirkt nun im Menschen in seiner modernen Schöpfung der arabistischen Wissenschaft, der Technik und der mechanistischen Organisation als ahrimanische Schöpferkraft an der Stelle der göttlich-geistigen. Die Intuition, die sich zum arabistischen Denkmechanismus hinzugesellte, als Wissenschaft und Technik zu ihren großen Errungenschaften emporstiegen, war ahrimanische Klugheit. Das Wesen dieser Klugheit war den in die spirituellen Verhältnisse eingeweihten Menschen immer bekannt und es ist in Märchen und Sagen vielfach dargestellt worden. Immer ist es eine Schwierigkeit der äußeren physischen Verhältnisse, oft eine im eigentlichen Sinne technische, welche die Teufelskunst über-

windet. Klassisch ist hier z. B. die bekannte Sage von der Teufelsbrücke in Uri. Umgekehrt sind es ja in Märchen und Sagen die Toren, die sich den Zugang zur geistigen Welt erringen, die Menschen also, die frei sind von dem Element der Teufelsklugheit. Wenn der Teufel nun trotz seiner Klugheit oft vom Menschen überlistet wird, so kann dies darum geschehen, weil diese Klugheit im Rahmen des Universell-Menschlichen doch immer nur eine Funktion von untergeordneter Art ist.
Es pflegte der Arabismus seit seinem Beginn ganz bestimmte Übungen, um das Klugheitselement an sich im Menschen zu entwickeln. Eine solche — und wohl die bedeutendste und im weitesten Umfange wirsame — war das Kartenspiel, das Spiel, in welchem sich der Mensch nach altem Volksglauben dem Einfluß des Teufels aussetzt. In diesem Spiel ist die Klugheit eine dem reinen kombinatorischen und analytischen, alle logischen Möglichkeiten ausschöpfenden Denken sich überordnende Funktion. Ihr Bereich beginnt da, wo das arabistische Denken an seine Grenze kommt. Es umfaßt das Kartenspiel alle Formen dieses Denkens und führt über dessen Grenzen hinaus. Wir können in Wissenschaft und Technik, wenn wir ihre Entwicklung betrachten, in ganz gleicher Weise die beiden Bereiche, denjenigen des Denkens und denjenigen der Klugheit, gegeneinander abgrenzen. Wir können feststellen, wo Klugheit eingriff und etwas hervorbrachte, was sich dem logischen Denken nicht hätte ergeben können, was aber nachträglich von ihm begriffen werden konnte.
Wir können nun im Menschen selbst, in seiner inneren Organisation, gewisse Bedingungen für die Entwicklung des Klugheitselementes feststellen. Es sind dies die nämlichen physiologischen Bedingungen, die einem umfassenden, objektiven Denken überhaupt zugrunde liegen und die sogar Voraussetzung sind auch für die Entwicklung höherer Fähigkeiten, wie wir durch Rudolf Steiners okkulte Physiologie wissen. — Es zeigt schon die äußere Beobachtung, daß die conditio sine qua non jeder wirklichen, jeder ‚schöpferischen' Klugheit das ist, was man als den kühlen Kopf bezeichnet. Die Fähigkeiten der Menschen sind in dieser Beziehung individuell sehr verschieden: Der eine behält den kühlen Kopf auch

bei größter seelischer Spannung, der andere verliert ihn bei der geringsten Aufregung. Es handelt sich hier um die Beziehung zwischen Nervensubstanz und Blutsubstanz in der Kopforganisation. Wir kennen die wunderbare Organisation im Zentralnervensystem, welche die Nervensubstanz vor dem unmittelbaren Kontakt mit dem Blut schützt und welche jenen gewissen indirekten Kontakt in sehr differenzierter Weise regeln kann (s. den Aufsatz d. Verf. i. d. ‚Gegenwart', März 1947, ‚Geisteswissenschaft und moderne Neurosenlehre'). Auf einer weitgehenden Ausschaltung des Bluteinflusses beruht das, was man als den kühlen Kopf bezeichnet, und es wird diese Ausschaltung durch den ahrimanischen Einfluß begünstigt, der auch schon die Blutsubstanz als solche reduziert. Im Gegensatz zum luziferischen erlaubt der ahrimanische Einfluß dem Menschen, Tendenzen niederer Art in einer solchen Weise auszuleben, daß der Kopf kühl bleibt. Nirgends so, wie im arabistischen Spiel, kann man beobachten, wie ausschlaggebend und überlegen letzten Endes die hintergründige Klugheit des kühlen Kopfes ist. Sie ist es auch im bürgerlichen Leben, das ja heute in seiner materialistischen Prägung nur noch ein arabistisches Spiel ist. Man spricht da nicht umsonst von Spielregeln, wenn man das Moralische außer Betracht fallen lassen will. Gegenüber allem Moralischen, das den Kopf nicht kühl läßt, kann sich das Ahrimanische überlegen fühlen. Aber nicht nur die moralischen, sondern auch die geistigen Impulse anderer Bereiche lassen den Köpf nicht ohne weiteres kühl. Es wirkt hier das Luziferische so, daß das Denken getrübt wird. Da der Mensch diesem Einfluß verfiel, mußte als Ausgleich der ahrimanische kommen. Ohne diesen hätte er nicht mehr zur Sachlichkeit und zur Herrschaft über den ahrimanischen Naturbereich kommen können, er hätte die Klarheit des Denkens des kühlen Kopfes nicht mehr entwickelt, zu der er in der wunderbaren Organisation seines Kopfes ursprünglich veranlagt war. Ein erstes äußeres Zeichen der ahrimanischen Klärung nach der luziferischen Vernebelung war die Säuberung des großen Symbols der Kaaba in Mekka von zahllosen heidnischen Götzenbildern durch Mohammed.

Es ist die Klugheit das Ahrimanisch-Schöpferische. Wir können im arabistischen Denken tüchtige Könner und eigentliche Meister und

Schöpfer unterscheiden. Schöpferische Klugheit waren die Prinzipien des Roger und des Francis Bacon, dasjenige des Experiments und dasjenige der reinen Empirie, denn sie konnten sich gar nicht aus dem logischen Denken allein ergeben. In ihrem Element fühlten sich die Inspiratoren des westlichen Arabismus der scholastischen und der mystischen Weisheit des Mittelalters unendlich überlegen, und es war gerade ihr Geheimnis, dieses Überlegenheitsgefühl in der Klugheit hervorzurufen. Wirklich: Den Teufel spürt das Völkchen nie . . . und wenn er es am Kragen hat, spürt es ihn am allerwenigsten.

Wenn in der großartigen Systematik und überlegenen Klugheit des arabistischen Denkens ahrimanisches Wesen hineinspielt, so finden wir den luziferischen Gegenpol in vielen geistigen Strömungen unserer Zeit, in denen sich eine Selbstüberhebung auf allerlei Schöngeistigkeit und auf vermeintliches Wissen über übersinnliche, esoterische oder magische oder sonst irgendwie jenseitige Sachverhalte gründet. Es ist dies die luziferische Vernebelung der altheidnischen Zeit in neuer Form. Es zeigt sich so in unserer Zeit die Polarität der geistigen Kräfte in der folgenden Weise:

auf der einen Seite	und auf der anderen
Überlegenheitsgefühl	Selbstüberhebung
ahrimanische Klugheit	luziferische Vernebelung in
arabistisches Denken	einem spirituellen Phantasieren
und moderne Wissenschaft	und moderne ‚Geistigkeit'
materialistischer Prägung	

Es ist die Menschheit weitgehend auf die ahrimanische Seite hinübergezogen worden. Ausschlaggebend war dabei nicht etwa das arabistisch-materialistische Philosophieren, wie es seit Bacon immer blühte, sondern ausschlaggebend war bei dieser Lenkung das faszinierende Klugheitselement der ahrimanischen Geistwelt, die sich über die mechanistische Technik und Organisation seit der zweiten Hälfte des 19. Jahrhunderts mit der Menschheit verbunden hat. Es geben sich diesem Klugheitselement im Konkreten ungleich viel mehr Menschen aus unmittelbarer Neigung hin, als etwa den abstrakten philosophischen Gedankengängen.

Es zeigte die übersinnliche Anschauung Rudolf Steiners die reale Tatsache der ahrimanischen Geisterwelt, die mit dem Mechanistisch-Technischen lebt. Es lebt aber diese Geisterwelt auch in der gedanklichen Technik, die der physischen vorangeht, und im Mechanistisch-Toten des arabistischen Denkens überhaupt. So ist sie in allem Toten wirksam, sowohl im substantiellen, als auch im mentalen. Wenn nun in der Gegenwart diesem ganzen physisch und geistig-mechanistischen Todesreich für den Menschen das Scheinleben des irdischen Paradieses der befriedigten niederen Natur gegenübersteht, und wie wir sahen auch gegenüberstehen muß, so gilt es, sich über die wahre Natur dieses Scheinlebens nun klar zu sein. Das ist eine Grundvoraussetzung allen neuen Strebens nach spirituellem Leben, und wir kommen aus diesem Grunde hier noch einmal darauf zurück.

Es ist in der christlichen Mystik des Mittelalters, in welcher — wie ihre Kunstwerke ja so ganz konkret erkennen lassen — noch soviel Geistig-Lebendiges blühte, das Scheinleben der befriedigten Wunschnatur immer mit dem Bilde des Todes zusammengeschaut und vor allem dann auch mit ihm zusammen malerisch dargestellt worden. Nach der Anschauung dieser Maler-Mystiker leben die Menschen in der Region ihrer niederen Wunschnatur mit dem Tode zusammen, es geht dieser unter ihnen um. Die vielen künstlerischen Darstellungen solcher Art sind alles andere, als etwa nur philiströs-moralische Ermahnungen des Betrachters, Ermahnungen, die ihn an das unvermeidliche Ende der irdischen Herrlichkeit im Tode erinnern sollen. Die in solchem Sinne gehaltenen Darstellungen sind als philiströse Abwandlungen des alten Motivs anzusehen. Dieses selbst ist ein echt spirituelles. Es stirbt wirklich etwas im Menschen ab, der sich der Wunschnatur hingibt, er nimmt den Tod in sich auf. Es sahen da die Mystiker den Tod umgehen. Es sterben höhere, wahrmenschliche Organisationen derjenigen Bildekräfte ab, die die Grundlage einer geistigen Entwicklung sein sollten. Es findet ein wirkliches Absterben des geistigen Menschen statt. Es kommt der Mensch dadurch herunter und beginnt dann, dem heruntergekommenen Gott, dem Teufel, in etwas ähnlich zu werden, was diesem natürlich Vergnügen bereitet, wie es der

Mephisto in Goethes ‚Faust' ausspricht: „Hab ich doch meine Freude dran."

Tod und Teufel zeigen sich hier in ihrer inneren Wesensbeziehung: Es ist nämlich der Teufel, der heruntergekommene Gott, eben dadurch heruntergekommen, daß er in einem gewissen Maße abgestorben ist. Er sucht den göttlich veranlagten Menschen durch seine Verführung in dieses Absterben hineinzuführen.

Es liegen nun natürlich auf diesem Gebiet die Dinge durchaus nicht einfach. Es existiert ja auch die göttliche Gnade, die den Menschen wieder herstellen kann, und es muß oftmals ein Geringeres absterben, damit ein Höheres erstehen kann. Die ganze Problematik des Falles der Menschheit in der Erbsünde, der Sinn des Bösen und der Erlösung, stellt sich uns ja hier vor die Seele.

Im arabistisch-ahrimanischen Geist unserer Zeit wird nun, wie es dargestellt worden ist, der Fall des Menschen in seine niedere Natur nicht wie in der Mystik des Mittelalters und im Faustdrama Goethes als ein Durchgang zu höherer Geistigkeit verstanden, sondern er wird prinzipiell bejaht im Sinne des irdischen Paradieses, das die moderne Form des Paradieses der islamischen Menschenprägung ist. Die Rechtfertigung und Legitimierung der Wunschnatur ist im weltanschaulichen und im wissenschaftlichen physiologisch-psychologischen Denken unserer Zeit vollzogen und in zahllosen populär-wissenschaftlichen Schriften bekannt gegeben worden. Es ist für die Vertreter dieser arabistisch-moslemischen Weisheit nur verwunderlich, daß es noch Winkel in der Welt und in den Herzen der Menschen gibt, wo ihre Weisheit noch nicht durchgedrungen ist. In ihrem ahrimanischen Überlegenheits- und Klugheitsgefühl erinnern sie an den Ursprung der Problematik, in welcher sie stehen, in der Evolution, an das Klugwerden des Menschen durch die Verführung im ‚Sündenfall', wie sie im biblischen Text dargestellt ist:

„Und das Weib schaute an, daß von dem Baume gut zu essen wäre, und daß er lieblich anzusehen und ein lustiger Baum wäre, weil er klug machte."

Wenn wir nun nach dieser einleitenden Betrachtung über das arabistische Denken zum Thema übergehen, so führt uns gerade die

Tatsache in unsere Zusammenhänge hinein, daß es nach der okkulten Überlieferung die nämliche widergöttliche Macht war, die den Menschen in den Sündenfall hineinführte, also in den geistigen Tod, in das Absterben hinein, die auch das Tote als physische Substanz in einem Absterbeprozeß in die Welt hineingesetzt hatte. Es war nach dieser Überlieferung ‚Luzifer', welcher der Schöpfer der toten, physischen Substanz war und welcher ebenfalls den Menschen in den Ungehorsam gegen das Göttliche hineinführte. Dieser Ungehorsam war ein Sich-verbinden des Menschen mit der physisch-toten Substanz in einem physischen Leibe und hatte damit auch den physischen Tod zur Folge. Das geistige Absterben im Ungehorsam war die eigentliche Ursache auch des physischen Todes. So war die tote physische Substanz, das geistige Absterben des Menschen und sein physischer Tod die Folge des Einflusses ‚Luzifers'.

Wie wir sehen, ist in dieser Überlieferung im Terminus ‚Luzifer' die Gesamtheit der widergöttlichen Wesenheiten zusammengefaßt. Im Sinne der Geisteswissenschaft Rudolf Steiners unterscheiden wir hier die luziferischen im engeren Sinne und die ahrimanischen.

Der zusammenfassende Terminus ‚Luzifer' wurde auch im Neuplatonismus angewandt, aus welchem Goethe, wie er in ‚Dichtung und Wahrheit' schildert, in der Zeit seiner großen Lebenskrise nach dem Leipziger Aufenthalt seine weltanschauliche Orientierung schöpfte. Dementsprechend zeigt auch sein Mephisto, wie dies ja von Rudolf Steiner ausgeführt worden ist, ein luziferisch-ahrimanisches Doppelgesicht. In diesem Sinne muß also die folgende Stelle in ‚Dichtung und Wahrheit', die auf den Neuplatonismus Bezug hat, verstanden werden:

„. . . Und so ereignete sich das, was uns unter der Form des Abfalls der Engel bezeichnet wird. Ein Teil derselben konzentrierte sich mit Luzifer, der andere wendete sich wieder gegen seinen Ursprung. Aus dieser Konzentration der ganzen Schöpfung, denn sie war von Luzifer ausgegangen und mußte ihm folgen, entsprang nun alles das, was wir unter der Gestalt der Materie gewahr werden, was wir uns als schwer, fest und finster vorstellen, welches aber, indem es, wenn auch nicht unmittelbar, doch durch Filiation vom göttlichen Wesen herstammt, ebenso unbedingt mächtig und ewig ist, als der Vater und die Großeltern."

Zu dieser Darstellung muß diejenige der Alchimisten des Mittelalters hinzugenommen werden – Goethe beschäftigte sich ja in der bezeichneten Epoche seines Lebens vorwiegend mit Alchimie –, nach welcher auch der feinste gasförmige physische Stoff der höheren Anschauung als fest, schwer und finster erscheint. Im alchimistischen Sinne ist also die feste, schwere und finstere Materie die physische Substanz überhaupt.

Ebenfalls müssen wir nun hier die alchimistische Lehre von der Evolution der ‚Elemente' in Betracht ziehen, eine Lehre uralten Ursprungs, die ohne Zweifel auf die ägyptischen Mysterien zurückgeht. Nach dieser war das erste der physischen ‚Elemente' das ‚Feuer', d. h. die Wärme. Aus ihr gingen durch Konzentration aufeinanderfolgend die ‚Luft', d. h. die gasförmige, das ‚Wasser', d. h. die flüssige und die ‚Erde', d. h. die feste Substanz hervor.

An dem Punkte dieser Evolution der Substanz, den Goethe in der zitierten Darstellung festhält, stehen wir also da, wo aus dem ‚Feuer' durch Konzentration von geistigen Wesenheiten die erste physische Substanz im Sinne unserer heutigen Wissenschaft hervorging. Die alte okkulte Wissenschaft sah das physische Dasein vor der Substanzwerdung, und auch diese Substanzwerdung selbst von der geistigen Wesenswelt getragen, die in dem großen Ereignis, das als der Sturz des Luzifer bezeichnet wird, sich von der wahr-göttlichen Wesenswelt getrennt hatte. Die Substanz ging aus dem ‚Feuer' hervor und mit ihr die ganze Schöpfung. Was in der alten okkulten Wissenschaft als ‚Abfall' bezeichnet ist, das hat dann Rudolf Steiner in der großen Darstellung aus seiner spirituellen Schau im Vortragszyklus ‚Die Evolution vom Gesichtspunkte des Wahrhaftigen' als ein Zurückgewiesensein auf sich selbst in der Seelenhaltung der Resignation charakterisiert. Im grundlegenden Werke ‚Die Geheimwissenschaft' wird das Hervorgehen der Schöpfung, des ganzen physischen Seins aus dem geistigen, dann in einer solchen Art dargestellt, daß dasjenige, was in der alten Geheimwissenschaft als der Sturz des Luzifer bezeichnet ist, in einer ganzen Welt geistigen Geschehens im Verlaufe weiter Zeiträume in viele Einzeltatsachen auseinandergelegt ist. Das Zurückbleiben geistiger Wesenheiten im ,Abfall' beginnt nach dieser Darstellung im Übergang von der Epoche des ,Alten Saturn' zu derjenigen der ,Alten Sonne'. Es bestand der Ursprung alles physischen Seins auf dem Alten Saturn in einem Willens-Wärmeelement, das der Ausfluß der hohen Geistwesenheiten war, die als die Geister des Willens oder die Throne bezeichnet werden. Es war geistig-seelische Willenswärme, die sich dem erhabenen Weisheitselement der Cherubim zuneigte. In diesem ersten physischen Sein lebte und webte die ganze Wesenswelt der geistigen Hierarchien und verband sich in ihrer Evolution mit ihm. Im Übergang nun vom Alten Saturn zur Alten Sonne geschah der erste Abfall, das erste Zurückbleiben von Wesenheiten auf früherer Stufe der Entwicklung innerhalb der Gesamtheit des Kosmos. In späteren Epochen wiederholte sich dieser Vorgang, der, wie wir sahen, ein Absterben war, in anderen Wesenswelten in ähnlicher Weise.

Auch im physischen Sein mußte dadurch ein Absterben eintreten, und dies war ohne Zweifel der Übergang vom geistig-lebendigen zum physikalisch-toten Zustand. Es entstand dasjenige, was wir als die Substanz bezeichnen, deren ahrimanische Natur wir bereits kennenlernten, und es wurde aus dem Wärmeelement des Alten Saturn die physikalische Wärmestrahlung oder Wärmewelle, die nicht stoffgebundene und im physikalischen Sinne nicht stoffliche, aber gleichwohl physikalisch-tote Wärme, das physische ,Feuer Luzifers'.

Den Vorgang der Substanzwerdung haben wir im geisteswissenschaftlichen Aspekt in der Epoche der Alten Sonne. Da bildete sich nach der ,Geheimwissenschaft' Rudolf Steiners der Gaszustand, der im Sinne der älteren Schulwissenschaft der feinste Zustand der physischen Substanz ist. In diese Epoche des Evolutionsgeschehens werden wir nun durch die Schilderung Goethes aus dem Neuplatonismus versetzt, die wir aus dem Grunde zitierten, weil sie aus dem universellen Phänomen der Polarität von Expansion und Konzentration heraus verstanden ist und mit der Substanzwerdung den Begriff einer hohen Konzentration verknüpft, die auf der geistigen Seite eine Konzentration von Wesenheiten in sich selbst in der

Abwendung vom geistigen Urgrund war. Dieser Konzentrationsbegriff, den Goethe hervorhebt, ist auch uns von besonderer Bedeutung, weil sich nun in der modernen Wissenschaft seine Geltung nach der physikalischen Seite hin in der Substanzwerdung als Tatsache erweist. Darauf werden wir zurückkommen. Hier können wir nun, da ja die Substanzwerdung sich auf der Alten Sonne abspielte, d. h. da inauguriert und begonnen wurde, weiter schließen, daß der Abfall der ahrimanischen Wesenheiten, deren physisches Sein die abgestorbene, tote physische Substanz ist, in die Epoche der alten Sonne zu verlegen ist. Dies wird von Rudolf Steiner in den Vorträgen ‚Die Offenbarungen des Karma' bestätigt. Innerhalb einer Darstellung von Vorgängen im Bewußtsein von Engelwesen wird da ausgeführt:

„Diese Wesen (Angeloi) waren auf dem Alten Monde der Schauplatz eines Kampfes, der sich abspielte durch jene Wesenheiten, welche auf der Sonne zurückgeblieben waren . . .

Dadurch sind diese Wesenheiten damals etwas geworden, was sie nur werden konnten unter dem Einfluß von anderen Wesenheiten, die zurückgeblieben waren gegenüber der normalen Sonnenentwicklung, und die damals für die Angeloi dieselbe Rolle spielten, wie sie die luziferischen Wesenheiten heute für uns spielen. Und das waren die ahrimanischen Wesenheiten, welche während der Sonnenentwicklung ebenso zurück geblieben sind, wie die luziferischen Wesenheiten während der Mondentwicklung."

Es ist das Wesen des ‚finsteren' Ahriman die Konzentration, und es steht dieses Wesen in polarem Gegensatz zu demjenigen Luzifers, des ‚Lichtträgers', das ein feurig-expansives ist. In der neuplatonistischen Darstellung Goethes steht dieser allerdings auf dem Boden der Polarität von Expansion und Konzentration, aber er bezieht in das Wirken Luzifers auch die Substanzwerdung ein, und wir haben darum in diesem ‚Luzifer' die Gesamtheit der in sich polar gespaltenen abgefallenen luziferisch-ahrimanischen Geisteswelt. Demzufolge zeigt auch der Mephistopheles Goethes das luziferisch-ahrimanische Doppelgesicht. Einerseits hat er sich „die Flamme vorbehalten", d. h. das Feuer Luzifers, und andererseits eignet ihm auch die „kalte Teufelsfaust, die sich vergebens tückisch ballt",

d. h. die zusammenballende Kraft Ahrimans, welche die physische Substanz schuf und sich umsonst gegen das Wirken der göttlichen Schöpferkraft im Reich des Lebendigen wendet. Im gleichen Sinne können wir die Bezeichnung des Mephisto als „Spottgeburt von Dreck und Feuer" verstehen.

Hier stehen wir nun an dem Punkt, wo wir auf die Ergebnisse der modernen Wissenschaft eintreten können. Das grundsätzlich Bedeutende dieser Ergebnisse ist, daß sie bestätigen, daß die Substanzwerdung, welche sich im Gefolge von geistiger Konzentration abspielte, auch ein physischer Konzentrationsvorgang war und daß überhaupt Substanz ganz allgemein aus einem nicht-substantiellen, energetischen Sein hervorgeht. Wellenenergie verdichtet sich zu den kleinsten Bestandteilen der physischen Substanz, zu sog. Korpuskeln, welche dann in weiterer Konzentration und in bestimmter Zusammenordnung das Atom konstituieren. Diese Übereinstimmung zwischen äußerer und okkulter Wissenschaft ist von fundamentaler Bedeutung. Die äußere Wissenschaft sieht auch in den Elementarteilen der physischen Substanz nicht mehr die ‚Materie' der alten Denkart, sondern eben konzentrierte Energie, also immaterielles Sein, so daß sich der alte wissenschaftliche Materialismus nun in einen Dynamismus verwandelt.

Von Vertretern der äußeren Wissenschaft ist heute erkannt worden, daß sie auf dem Punkte steht, wo auf eine Metaphysik a posteriori eingetreten werden kann. Bavink, der dies in seiner Naturphilosophie ausgesprochen hat, hat in diesem Werk bei der Darstellung des grundlegenden Phänomens der Konzentration von Wellenstrahlung zum substantiellen Elementarteil weiter ausgeführt: „Man sieht, daß somit die modernste Physik bemerkenswert nahe an den Satz gewisser mittelalterlicher Mystiker heranrückt, die Welt bestehe aus gefrorenem Licht." Es stellt die modernste Physik auch eine besondere Beziehung zwischen physischem Licht und physischer Substanz fest. Das Licht steht als Wellenenergie dem Zustand der Überganges zum substantiellen Elementarteil nahe, was auch daraus hervorgeht, daß es bei der physikalischen Untersuchung einerseits Wellencharakter und andererseits korpuskulare Eigenschaften zeigt. Schon von Einstein ist ja auch seinerzeit die Hypo-

these aufgestellt worden, daß die Strahlung der Sonne im Weltenraum nicht ins Nichts verschwindet, sondern in die feinsten Bausteine der Substanz übergeht.
Nun, diese Lichttheorie der Substanz steht nicht etwa in einem Widerspruch zur Geisteswissenschaft Rudolf Steiners, wie es nun zunächst scheinen könnte, da ja in unserer Darstellung die Wärme als die Form des physischen Seins hingestellt war, welche der Substanzwerdung vorausging. Nach der Darstellung Rudolf Steiners in seiner ‚Geheimwissenschaft im Umriß' trat auf der Alten Sonne zugleich mit der ersten physischen Substanz auch das Phänomen des physischen Lichts auf. Dieses ist nun physikalisch in seinem Wellencharakter eine Steigerung der Wärmewelle zu höherer Frequenz. Die Gleichzeitigkeit von Licht- und Substanzwerdung legt nun den Gedanken nahe, daß sich die Konzentration zur Substanz in der Lichtwerdung abspielte und daß nun exakt definiert werden muß: Es ist die Substanz verdichtetes Licht, das aus der Wärme hervorging.
Diese Schlußfolgerung, die in der Geheimwissenschaft Rudolf Steiners nicht ausgesprochen ist, ist in späteren Ausführungen des Geistesforschers bestätigt. Diese befinden sich im Vortragszyklus ‚Die Offenbarungen des Karma' im 10. Vortrag. Hier heißt es:
„Es gibt ein Grundwesen unseres materiellen Erdenseins, von dem alles Materielle nur durch Verdichtung zustandegekommen ist. Und auf die Frage: ‚Was ist das für eine Grundmaterie unseres Erdendaseins? ', antwortet die Geisteswissenschaft: ‚Jede Materie auf der Erde ist kondensiertes Licht. Es gibt nichts im materiellen Dasein, was etwas anderes wäre als in irgend einer Form verdichtetes Licht'."
In den Vorträgen ‚Mysterienstätten des Mittelalters' stellt Rudolf Steiner die Dinge von einem anderen Gesichtspunkt aus gesehen dar. Er schildert da das Einwirken der Geister der 2. Hierarchie im Übergang vom Alten Saturn zur Alten Sonne:
„Aber Sie müssen sich jetzt klar vorstellen: in Wirklichkeit dringen Wesenheiten ein. Für ein Wesen mit entsprechender Wahrnehmungsfähigkeit dringt Licht ein. Licht ist dasjenige, was die Wege dieser Wesenheiten bezeichnet. Wenn irgendwo Licht hinkommt,

so entsteht unter gewissen Bedingungen Schatten. Finsternis, finsterer Schatten. Durch das Eindringen der zweiten Hierarchie in Form des Lichtes entstand auch Schatten. Was war dieser Schatten: Die Luft . . . Es ist viel über die Luft gesagt, wenn man weiß: aus dem Kosmos heraus ist die Luft der Schatten des Lichtes."

Im weiteren Fortgang der Darstellung bezeichnet Rudolf Steiner die ,luftige Finsternis' ebenfalls als den ,Gegensatz des Lichtes'. Wir haben in diesen Äußerungen Rudolf Steiners den spirituellen Aspekt zu der realen Beziehung, die zwischen Licht und feinster Substanz besteht und die heute von der Wissenschaft festgestellt ist.

Es ist nun aber in unserer Zeit dieser Vorgang der Substanzwerdung aus einer Art Licht ebenfalls wirklich beobachtet. Es handelte sich dabei zuerst um die sog. kosmische Strahlung, und zwar um diejenige, die die Fortsetzung des Lichtspektrums bildet, die Gamma-Strahlung. Man kann diese sehr energiereichen kosmischen Strahlen, die man auch als Photonen bezeichnet, als eine Art Licht auffassen. Im Zusammenhang mit der Beschreibung der Entdeckung der positiven Elektronen gibt der französische Physiker Prof. P. Auger in seinem Werk ,Die kosmischen Strahlen' folgende Darstellung:

„Um zu untersuchen, woher diese neuen Teilchen stammen, müssen wir uns vorerst mit einem erstaunlichen Problem, nämlich mit der ,Materialisation' einer Strahlung oder mit der ,Elektronisation' des Photons beschäftigen. Es handelt sich vor allem um die ,Schöpfung' von entgegengesetzt geladenen Elektronen aus einem Photon großer Energie . . . Diese Erscheinung, die ursprünglich bei den Photonen der kosmischen Strahlung beobachtet wurde, fand sich bald auch im Falle der Gamma-Strahlen der radioaktiven Kerne und muß als allgemeine Eigenschaft von elektromagnetischen Schwingungen sehr kurzer Wellenlänge angesehen werden, oder, genauer, von Photonen mit einer Energie von mehr als einer Million e V."

Es ist nicht notwendig, näher auf die sehr instruktiven Darstellungen von Auger einzutreten, um erkennen zu können, daß die Physik heute wirklich, wie Bavink es vorsichtig ausdrückte, „bemerkens-

wert nahe" an die alten und neuen okkulten Erkenntnisse über den Zusammenhang zwischen Licht und Substanz herangerückt ist. Wir finden damit auch unsere Auffassung von der Substanzwerdung in der Evolution bestätigt, nach welcher dieser Vorgang sich auf der Alten Sonne im Zusammenhang mit dem Hervorgehen des Lichts aus der früheren Energieform der Wärme abgespielt hat. Wir können sehr wohl unter den Begriff des Lichts auch dessen kurzwellige Form in der kosmischen Strahlung einbeziehen. Es ist in diesem Zusammenhang nun ebenfalls von Interesse, daß nach der Anschauung der Physiker sich die Substanzwerdung im Weltraum immer noch in großem Maßstab abspielt.
Damit haben wir nun den Abschnitt der Evolution vom Werden des physischen Seins bis zur Substanzwerdung soweit überblickt, als es die Ergebnisse der spirituellen und diejenigen der modernen physikalischen Forschung gestatten. Beide Forschungsarten zeigen in bezug auf das Prinzipielle eine sehr weitgehende Übereinstimmung. Es fügt die Geistesforschung Rudolf Steiners zur modernen Physik die Mysterien hinzu, auf welche ihre Vertreter nun a posteriori eintreten können. Es war in der Epoche der Alten Sonne die Substanzwerdung die Tat der ahrimanischen Wesen, der Wesen der Finsternis, die sich der Geburt des Lichtes entgegenstellten, indem sie es zum Teil zur physisch-toten Substanz verdichteten.
Die moderne Physik lehrt den Übergang der Wellenenergie zur Substanz, die keine ‚Materie' im überlieferten Sinne ist, sondern verdichtete Energie. Aus seiner spirituellen Forschung heraus ist Rudolf Steiner schon zur Zeit, als noch lange die ‚Materie-Klötzchen' — wie er sie ironisierend nannte — in der Vorstellung der Menschen bestanden, gegen diese primitive Vorstellung aufgetreten. Auch als dann die Physiker (Rutherford) die für jene Zeit so revolutionäre, unglaubhafte, von allen wissenschaftlich Orientierten mit der größten Skepsis entgegengenommene Feststellung machten, daß die Atome weitgehend leer seien — der vergleichsweise winzige Kern war noch nicht festgestellt, so daß sich das Bild einer hohlen Blase ergab —, sprach sich Rudolf Steiner im gleichen Sinne aus. Er ist im Vortragszyklus ‚Das Karma des Materialismus' ausführlich auf diese Dinge eingegangen.

„Die Stoffler – so nennen wir sie einfach – stellen sich vor, die Welt bestände aus Atomen. Was zeigt uns die Geisteswissenschaft? Gewiß, die Naturerscheinungen führen uns auf solche Atome zurück, aber was sind sie, diese Atome? Sobald die erste Stufe der schauenden Erkenntnis eintritt . . . die imaginative Stufe, da entpuppen sich die Atome als das, was sie sind. Ich habe ja vor vielen Jahren schon in öffentlichen Vorträgen darauf hingewiesen . . . in verschiedenen Zusammenhängen. Sie entpuppen sich nämlich in einer ganz eigentümlichen Weise, diese Atome. Nach den Stofflern ist der Raum leer, und da drinnen, da wackeln die Atome herum. Also sie sind das allerfesteste. Aber so ist es nicht, das ganze beruht auf Täuschung. Die Atome sind nämlich Blasen vor der imaginativen Erkenntnis, und da, wo der leere Raum ist, da ist die Wirklichkeit . . . So sind die Atome Blasen, da ist der Raum hohl, da ist nichts drinnen . . .
. . . Sie sind leer und doch wiederum nicht leer. Es ist doch etwas darinnen in diesen Blasen . . ., das ist nämlich die Substanz des Ahriman, da steckt er drinnen, da ist er eigentlich in seinen einzelnen Teilen drinnen, der Ahriman . . . Denken Sie, zu welcher merkwürdigen Metamorphose der Stoffleridee wir da kommen. Wir müssen an diejenigen Stellen des Raumes, wohin die Stoffler ihren Stoff setzen, den Ahriman setzen."
Im Mysteriendrama ‚Der Seelen Erwachen' läßt Rudolf Steiner den Ahriman sein merkwürdiges Wirken im Stoff, das ein geistig-übersinnliches und dennoch ein geistfeindliches ist, in folgenden Worten aussprechen:

„Doch Strader wird das Geistgewirr, als das
Natur den Menschen gilt, vielleicht noch nicht
als meinen Geistestroß durchschauen können,
und blindes Kraft- und Stoffgespinst vermuten,
wo ich mit Geistverleugnung geistig schaffe."

Das ‚Geistgewirr' Natur ist hier im physikalischen Sinne gemeint, denn Strader ist technischer Denker.
Da haben wir also die moderne erkenntnismäßige Form der alten

geheimen Wissenschaft. Wenn wir die Ergebnisse der modernen Forschung hinzunehmen, so ergibt sich, daß die geistige Konzentration der ahrimanischen Wesenheiten in sich selbst zugleich die Konzentration der Energie zum Urbestandteil der physischen Substanz war.

Es war aber in der Evolution innerhalb des Absterbenden, vom göttlichen Ursprung Abfallenden nicht nur die Konzentration wirksam, sondern es war darin die Ganzheit der Polarität von Konzentration und Expansion enthalten. Wir haben heute im physischen Sein neben dem physisch-toten Stoff die mechanistisch-tote Kraft, die Energie. Diese offenbart ihr expansives Wesen als Wärme, als Strahlung usw. ebenso gewaltig, wie sich in der Substanzstruktur das konzentrative kundtut. Die physikalische Energie, der abgestorbene, tote Wille, ist von Rudolf Steiner ebenfalls in seinem spirituellen Aspekt geschildert worden, und zwar ebenfalls im Zyklus ‚Das Karma des Materialismus':

„Kraft — das ist der andere Begriff, den die Kraftler — wie man sie auch genannt hat — zur Konstitution ihres Weltallbildes aufrufen. Wiederum zeigt die erste Stufe der schauenden Erkenntnis, daß man es bei dem, was als Kraft wirkt, gar nicht zu tun hat mit irgend etwas, sondern da, wo die Kraft nicht ist, außer der Kraft, da wirkt etwas . . . Da, wo die Kraftlinien sind, die man heute zeichnet in der Physik, da ist nichts. Aber rings herum ist — was denn? Das luziferische Element, Luzifer. Wollen wir also irgend etwas vorstellen der Realität gemäß, an den Stellen, wo der Kraft-Stoffler seine Kraft hinsetzt, dann müssen wir uns dort das Luziferische vorstellen . . . Wenn also im 19. Jahrhundert ein Buch geschrieben worden ist, ‚Kraft und Stoff', wo Kraft und Stoff als die das Weltall konstituierenden Dinge dargestellt sind, so muß das 20. Jahrhundert an die Stelle setzen: Luzifer und Ahriman. Denn Kraft und Stoff deckt sich vollständig mit Luzifer und Ahriman."

Nun, man muß natürlich allerlei Ausführungen Rudolf Steiners in ihrem Wortlaut richtig verstehen, d. h. cum grano salis nehmen, dann wird man sich an ihnen nicht stoßen. Für den Physiker, der sinnlich forscht, ist selbstverständlich etwas vorhanden, da, wo die Kraft wirkt, und zwar etwas sehr Reales. Für denjenigen, der über-

sinnlich forscht, liegen die Dinge anders, da ist eine andere Realität wahrzunehmen, eben die geistige, die hinter der sinnlichen steht.
Wir können in einer Art Zusammenfassung des bisher Ausgeführten nun gegenüberstellen:

Konzentration	Expansion
Finsternis	Licht
Kälte	Wärme
Substanz	Energie
Ahriman	Luzifer

Heute sind in der Mikrophysik nun auch die Übergänge von Substanz in Energie und von Energie in Substanz bekannt. Es sind die beiden Seinsformen der physikalischen Welt in ihrem toten Aspekt auf dem Grunde des Seins miteinander verbunden. Dieses Sein hat für den wissenschaftlichen Aspekt den Charakter des Materiellen im alten Sinne verloren. Der letzte Rest der alten ‚Materie-Klötzchen-Theorie' bestand noch bis vor kurzem, indem die kleinsten Korpuskel, die Elektronen, Positronen usw. noch als ‚Materie-Klötzchen' verstanden wurden. Nach Bavinks Naturphilosophie ist an die Stelle des Korpuskels heute der Schrödingersche Begriff des ‚Wellenpaketes' zu setzen, ein Begriff, der allerdings nur einem Denken von wissenschaftlicher Schulung zugänglich ist. Auf jeden Fall aber ist der Unterschied zum alten Materiebegriff evident. Es existiert in der Forschung heute ein breites ‚Zwischenreich', in welchem Wellencharakter und korpuskulare Natur des Seins ineinander übergehen.
Wir müssen nun die Mikrophysik im Hinblick auf die spirituellen Gesichtspunkte noch von einer anderen Seite betrachten. Es ging der Weg zur Erforschung des neu erschlossenen Sachgebietes über die Beobachtung der elektrischen Phänomene, und es ist die Mikrophysik zugleich Elektrizitätswissenschaft. Es sind die Elementarteile der physischen Substanz die Träger elektrischer ‚Ladungen'. Jordan stellt in dem erwähnten Werk ‚Das Bild der neuen Physik' den Sachverhalt folgendermaßen dar:
„Deutlichere Vorstellungen von den Struktur- und Reaktions-

gesetzen dieser Atome ergaben sich im Zusammenhange der Erkenntnis von der Universalität der Elektrizität: Konnte die Vakuumphysik feststellen, daß das Licht nichts anderes als eine elektrische Erscheinung sei, so ergab die Erforschung der Materie die Gewißheit ihres Aufbaues aus elektrischen Elementarteilchen. Dabei besteht eine seltsame (bis heute noch nicht voll verständlich gewordene) Unsymmetrie zwischen positiver und negativer Elektrizität. Das negativ elektrische Elektron ... ist Träger der metallischen Leitung, Träger der Lichtreaktion der Atome und Träger ihrer chemischen Wechselwirkungen. Aber im Innern jedes Atoms sitzt fast seine ganze Masse zusammengeballt in einem Kern, dessen Durchmesser weniger als ein Zehntausendstel des Atomdurchmessers beträgt. Dieser besteht seinerseits aus elektrisch positiven Protonen ... und elektrisch neutralen Neutronen."

Wenn wir das Phänomen der Elektrizität entsprechend seiner grundlegenden physikalischen Bedeutung in unsere Betrachtung einbeziehen wollen, so wird uns vor allem die Beziehung zum Licht auffallen, auf welche Jordan hinweist. Es erscheint das Licht der neuen Physik als ein elektrisches Phänomen, d. h. es wird die Lichtwelle als eine solche elektromagnetischer Natur angesehen. Danach wäre die Elektrizität als das Primäre und das Licht als ein Sekundäres anzusehen. Im Sinne der Geisteswissenschaft Rudolf Steiners liegen die Dinge gerade umgekehrt: Es war das Licht in der Evolution das Primäre und es ging die Elektrizität aus ihm hervor, und zwar unter dem Einfluß der ahrimanischen Geisteswelt. Es ist die Elektrizität von Rudolf Steiner als ahrimanisiertes Licht bezeichnet worden. Heute steht eine intime Beziehung zwischen Licht und Elektrizität also wissenschaftlich fest. Ebenfalls steht fest die Beziehung der Elementarteile der Substanz zum Licht, wie das bereits ausgeführt worden ist. Wir sehen nun physikalisch die Elementarteile der Substanz, die ‚Elektronen', auch als elektrische Urelemente, und es ist geisteswissenschaftlich gesehen klar, daß die Entstehung der Substanz im ahrimanischen Konzentrationsvorgang des Lichtelementes zugleich die Entstehung der elektrischen Spannungen bedeutete. Die Beziehung Ursubstanz — Elektrizität — Licht tritt in folgendem physikalischem Sachverhalt

deutlich hervor, den Jordan in dem oben genannten Werk anführt:
„Betreffs des Elektrons wissen wir immerhin . . ., daß es grundsätzlich ebensowohl positive als negative Elektronen gibt. Während aber die negativen in der Hauptsache stets an die positiven Kernladungen gebunden sind und damit die Materie bilden, pflegen positive Elektronen, sobald sie auftreten, rasch wieder zu verschwinden, indem sie sich mit negativen ‚neutralisieren': Dabei verschwindet je ein positives und negatives Elektron, und nur ein gewisser Betrag an Energie bleibt übrig, meist in Form von Licht."
Wir können diesen konkreten physikalischen Vorgang als die Umkehrung des Vorgangs in der Evolution betrachten, bei welchem nach dem geisteswissenschaftlichen Aspekt in der Geburt des Lichtes aus dessen Element zugleich die Ursubstanz mit ihren elektrischen Eigenschaften hervorging. Wir haben diesen Vorgang als die Antwort der ahrimanischen Geisteswelt auf die Geburt des Lichts bezeichnet. Der von Jordan beschriebene Vorgang ist ebenfalls als ein Übergang von Substanz in Wellenenergie für unsere Betrachtung von speziellem Interesse, und er erscheint auch von diesem Gesichtspunkt aus gesehen als die Umkehrung des Vorgangs in der Evolution.
Bei der Betrachtung der physischen Wärme fanden wir als Entsprechung im Ursprung eine höhere, geistig-seelische Wirklichkeit. Beim Phänomen der Elektrizität können wir ein Analoges feststellen. Es erscheinen die physikalischen elektrischen Kräfte als Kräfte der Sympathie und Antipathie. Wenn uns die Ursubstanz im Sinne der urpersischen Weisheit in ihrer ‚Finsternis' die ahrimanische Leiblichkeit darstellt, so sehen wir nun in den elektrischen Kräften der Urbestandteile die entsprechende Seelenhaftigkeit. Es scheint das Ahrimanisch-Leibliche mit einem entsprechenden nach Sympathie und Antipathie polarisierten Seelischen verbunden zu sein. Es wurde bereits ausgeführt, daß es keinen Widerspruch in sich birgt, wenn in der Geisteswissenschaft die Entstehung der Substanz einmal auf die Wärme, wie z. B. in der alten Lehre von den vier ‚Elementen', und ein andermal wieder auf das Licht zurückgeführt wird. Wir befinden uns mit dieser Gleichsetzung von Wärme und

Licht in vollem Einklang mit der modernen Physik. Diese bezeichnet nämlich nach Jordan die gesamte Strahlung von der eigentlichen Wärme über das sichtbare Licht bis zum unsichtbaren (ultravioletten) als Wärmestrahlung im weitesten Sinne des Wortes. Die Wellenskala zeigt ein stetiges Bild, und es ist die qualitative Differenzierung, die uns die Sinneswahrnehmung bietet, nicht festzustellen. Wenn nun auch in den okkulten Überlieferungen Wärme und Licht in der bezeichneten Art gleichgesetzt werden, so beweist dies, daß es sich bei der Substanzwerdung eben um das nämliche physische Wellenelement handelt, das man auch physikalisch gleichsetzt, obgleich es nach der qualitativen Seite hin sowohl als Wärme als auch als Licht erscheinen kann. Da man nun in der Physik den zusammenfassenden Terminus ‚Wärmestrahlung' gewählt hat, kann man auch in der spirituellen Betrachtung die erste physische Seinsform zusammenfassend als ‚Wärme' bezeichnen.
Im Sinne dieser Auseinandersetzung können wir nun noch weitergehen. In der oben skizzierten okkulten Anschauung von den vier Elementen Feuer, Luft, Wasser und Erde erscheint das ‚Feuer' im Sinne von Wärme als die erste Form der Substanz, die man in der Wissenschaft bis vor kurzem auch als ‚Materie' bezeichnete. Es war nach dieser Anschauung die erste Form der Substanz zugleich die feinste, die im Verlauf der Evolution sich von Epoche zu Epoche verdichtete, in der Weise, daß in jeder der großen Epochen zu den vorhergehenden Zuständen der Substanz jeweils ein neuer als eine höhere Verdichtung hinzukam. Diese Verhältnisse sind von Rudolf Steiner in seiner ‚Geheimwissenschaft' aus eigener spiritueller Forschung heraus bestätigt und dargestellt worden. Es ordnen sich nach den überlieferten Bezeichnungen die Evolutionsepochen und die Substanzzustände in folgender Weise zusammen:

Epochen: Substanzzustände:
,Alter Saturn' . . . . ,Wärme'
,Alte Sonne' . . . . ,Wärme' und ,Luft' (Gaszustand)
,Alter Mond' . ,Wärme' und ,Luft' und ,Wasser' (flüssiger Zustand)
,Erde' . . . . . ,Wärme' und ,Luft' und ,Wasser' und ,Erde' (fest)
Übergänge: . . . . ,Wärme' in ,Luft',
. . . . ,Luft' in ,Wasser',
. . . . ,Wasser' in ,Erde'

Damals, als die alte spirituelle Wissenschaft von Rudolf Steiner in seiner ,Geheimwissenschaft' in diesem Sinne erneuert wurde, stand man damit in einem unüberbrückbaren Widerspruch mit der Forschung in der äußeren Wissenschaft. Diese unterschied damals in Energie und Substanz (Stoff, Materie) zwei grundsätzlich ganz verschiedene Formen des physischen Seins, von denen keine irgendwie in die andere übergehen konnte. Die geisteswissenschaftliche Auffassung, nach welcher die Energieform der Wärme die feinste Form der Substanz sein sollte, erschien als reiner Unsinn. Es wurde damals auf geisteswissenschaftlich orientierter Seite viel an diesem Widerspruch herumgerätselt, ohne daß natürlich dabei irgend etwas Befriedigendes herauskommen konnte. Erstaunlich und unbegreiflich war für den Beobachter aber vor allem die Tatsache, daß Rudolf Steiner als naturwissenschaftlich vollkommen orientierte und urteilsfähige Persönlichkeit die okkulte Auffassung vertreten konnte.
Heute liegen nun die Dinge anders. Okkultistisch haben wir immer noch die ,Wärme' als feinste Substanz, aber wissenschaftlich haben wir nun die Substanz als verdichtete Energie. Beides kommt natürlich auf dasselbe heraus, besonders, da wir auf beiden Seiten auch die Übergänge haben. Okkultistische und wissenschaftliche Anschauung stimmen also nun in dieser Beziehung vollständig überein. Eine solche Entwicklung der Dinge konnte vor 40 Jahren, als Rudolf Steiner mit seiner Geheimwissenschaft hervortrat, niemand voraussehen. Heute erscheint die Sicherheit erstaunlich, mit der Rudolf Steiner seine Anschauung vor einem wissenschaftlich urteilsfähigen Publikum vertreten konnte. Ein Unterschied zwischen seiner

Anschauung und der wissenschaftlichen besteht also heute sachlich gesehen nicht mehr, wohl aber in bezug auf die Blickrichtung des Betrachters. Wenn man von der geistigen Welt herkommt, stellt sich das physische Sein in seiner Gesamtheit als ‚Substanz' dar, kommt man dagegen von der Substanzwelt her, so löst sich diese der wissenschaftlichen Betrachtung in Energie auf. Wir sahen, daß im spirituellen Aspekt der Abfall vom geistigen Urgrund und Wesen das Tote, die Substanzwelt hervorbrachte. Insofern ist uns also auch der tote, blinde Wille, die Energie, eine Form der Substanz. Im Interesse einer Bereinigung der Ausdrucksweise wird es aber von Vorteil sein, den Ausdruck Substanz oder Stoff künftig im Sinne der Wissenschaft für dasjenige physische Sein zu reservieren, das wägbar ist und mit der physikalischen Eigenschaft der Masse verbunden auftritt. Es besteht dann eine prinzipielle Übereinstimmung zwischen okkulter und äußerer arabistischer Wissenschaft, deren Bedeutung für das weltanschauliche Denken unserer Zeit offensichtlich ist.
Die neuen Anschauungen der Physik konnten bis vor kurzem dem Laien noch sehr leicht als wissenschaftliche Begriffsakrobatik ohne reale Bedeutung erscheinen. Selbst in der Fachwissenschaft wurde bis weit in unser Jahrhundert hinein von vielen Forschern die Auffassung vertreten, daß die Vorstellungen von Molekül und Atom nur als Hilfsvorstellungen für unbekannte Realitäten zu betrachten seien, deren Verhalten und Wirken man sich an Hand dieser Vorstellungen veranschaulichen könne. Es wurde lange Zeit die Atomhypothese gerade von den maßgebenden Vertretern der Wissenschaft nicht ernst genommen. Heute sind Molekül und Atom mit Sicherheit als räumlich-physische Realitäten erkannt, darüber bestehen keine Meinungsverschiedenheiten mehr, gleichwohl aber liegen ihnen noch unbekannte, tiefere Realitäten zugrunde, an die nur die Geisteswissenschaft heranführen kann.
Dem Laien schwinden die Zweifel an den Ergebnissen der Fachwissenschaft weitgehend, wenn er sich deren Erfolge vergegenwärtigt. Dabei muß man sich immer der Tatsache bewußt sein, daß die Physiker das Kommende voraussahen und voraussagten, daß sie die Konzentration der Energie in der Substanz und ihre mögliche

Befreiung theoretisch postulierten, bevor sie die entsprechenden Experimente ausführen konnten. Das Experiment, das schon unzählige Male dem arabistischen Denken recht gegeben hat, bestätigte es auch in diesem Falle wieder. Es setzte wiederum die Sprache des Denkens in diejenige der Realität um, und zwar diesmal in einer unerhörten Art. Es wurde die Konzentration der Energie in der physischen ‚Substanz' aufgehoben, und es zeigte sich die ungeheure Wirkung dieser befreiten Energie. Diese geht in die Form über, die man physikalisch als ‚Strahlung' bezeichnet. In Wärme-, Licht- und radioaktive Strahlung verwandelt sich die aufgelöste Substanz. In dieser ‚Strahlung' haben wir ohne Zweifel dasjenige vor uns, was der Substanz in der Evolution voranging, also etwas dem Wärme-Willenselement des alten Saturn Entsprechendes. Nach den Ergebnissen der Beobachtung ist auch bei der Atomexplosion die Wärme die überwiegende Energieform. Es kann dieser Vorgang als die Umkehrung, die Rückgängigmachung des Konzentrationsvorganges der Evolution angesehen werden.
Es können also diese heute allgemein bekannten Ergebnisse der Forschung mit der geisteswissenschaftlichen Erkenntnis der Evolution konfrontiert werden. Weniger bekannt, aber für die Zusammenschau mit den okkulten Tatsachen von nicht geringerer Bedeutung sind andere Ergebnisse der modernen Wissenschaft. Sie sind so bedeutend, daß es für den geisteswissenschaftlich orientierten Naturwissenschafter eine absolute Notwendigkeit ist, sich mit ihnen auseinanderzusetzen.

ALTEUROPÄISCHER GEIST UND DAS SPIRITUELLE BILD DER NEUEN PHYSIK

Es hat die moderne mathematisch-physikalische Naturwissenschaft die Voraussetzungen geschaffen für die systematische und zielstrebige Entwicklung, welche die Technik in der neuesten Zeit eingeschlagen hat. Das wissenschaftlich-rechnerische Vorausbestimmen aller Verhältnisse in der algebraisch-arabistischen Denkkunst war die Voraussetzung, und es ergab sich damit jene Zwillingsnatur der modernen arabistischen Kultur, auf die hingewiesen worden ist, jenes wechselseitige Sich-befruchten von Wissenschaft und Technik, das eine gegenseitige, sich immer weiter fortsetzende Steigerung war.

Es lagen diesem Vorgang die Prinzipien des großen Hierophanten der modernen Mysterien, des Francis Bacon, zugrunde, also der reine irdische Verstand in seiner arabistischen Verfeinerung und die voraussetzungslose äußere Erfahrung. Diese Prinzipien haben heute in den letzten Errungenschaften der Physik, zu Ergebnissen geführt, die paradoxerweise zu ihrem Gegenpol hinführen, zum Irrationalen und zu einer neuen Metaphysik. Wir werden dies in einem noch viel weiteren Umfang, als es bereits geschah, zu zeigen haben. Vorerst aber werfen wir noch einen Blick auf jenes so bemerkenswerte Schauspiel in der spirituellen Geschichte unseres Erdteils, das uns das Auseinanderfallen des Denkens in die beiden gegensätzlichen Pole des spirituell-irrational und des arabistisch-rational gerichteten zeigt. Wir sehen schon vor der Wende des ersten Jahrtausends n. Chr. den arabistischen Einfluß von Spanien her trotz der Schranken, welche ihm nach außen hin die Macht der Franken

setzte, geistig in Westeuropa eindringen. Über die Pyrenäen, die natürliche Burg Klingsors hinüber, wirkte er zuerst nach Südfrankreich und dann, das christliche Bollwerk der Franken überspringend, nach England hinüber, um dort jenes westliche Zentrum und jenen neuen großen Ausgangspunkt zu schaffen, der mit den Namen der beiden Bacon verknüpft ist. Es war dies ein neuer Keim, der, sich zum westlichen Arabismus entwickelnd, hoch über dasjenige hinauswachsen sollte, was im östlichen als Vorstufe noch unvollkommen und doch in seiner Art schon fertig da war und was nun zum allmählichen Absterben bestimmt war. Wir sehen dann den Niedergang im Osten, wir sehen endlich Bagdad in Trümmern im Wüstensande versinken, und wir sehen im Westen den neuen Aufstieg durch die nämlichen menschlichen Individualitäten getragen, die im Osten gewirkt hatten und deren Denken nun in der arabistischen Schulung den höheren Grad erreicht, der zu seinem letzten Ziele führt.
Wir sehen im frühen Mittelalter im räumlichen Machtbereich der Franken, die, nach außen hin den Arabismus in seine Schranken weisend, die Mauren über die Pyrenäen hinüber zurückgeworfen hatten, in den späteren Jahrhunderten die Baukunst der Gotik erstehen, in deren Bildwerken die Eingeweihten der spirituell-christlichen Wahrheit dargestellt sind, wie sie sich über die Untermenschen des arabistischen Formalismus erheben, und wir sehen wiederum Jahrhunderte später den Francis Bacon in seinem philosophischen Werk über die Idole alles Spirituelle und Ideelle als wesenlos und nur zur Verführung des menschlichen Denkens und zu dessen Ablenkung von seinem Ziele bestimmt, hinstellen.
Wenn wir uns den Geist der Gotik und denjenigen der beiden Bacon vergegenwärtigen, so verstehen wir ebenfalls, was an der Schwelle der neuen Zeit nachfolgte. Wer sich in die organisch-lebendigen Formmetamorphosen der gotischen Fenstermaßwerke und ornamentalen Skulpturen, in die wunderbare Steigerung und Konzentration des formal fließenden und schwingenden Elementes zum gesammelten, radial geordneten und in vollkommener Harmonie in sich ruhenden der großen Rosetten vertieft, der erkennt hier eine künstlerisch-imaginative Vorstufe dessen, was Goethe in seiner

Metamorphosenlehre ins Licht der Erkenntnis erhob. Und was folgte in der Gotik auf das Metamorphosenspiel und die Steigerungen des architektonischen Formelementes? Es folgte die höhere Kunst des Gestaltens im Reiche des Helldunkels und der Farben, es folgte die mystisch-christliche Bildnerei in der Farbenkunst der Glasmalerei, mit denen man das Brokat der Maßwerke und Rosetten in einer solchen Weise erfüllte, daß im Innern der hohen Räume aus der überwältigenden Sprache der Formen, des Helldunkels und der Farben heraus jene Stimmung erstand, die noch heute den Besucher so tief ergreift, indem sie ihn ins mystische Empfinden hinüberführt. Es wurde in der Schöpfungsepoche der gotischen Kunst im Farben- und Lichterleben im Innern der Dome dasjenige empfunden, was wiederum von Goethe als Farbenlehre ins Licht des Erkenntnismäßigen heraufgehoben wurde. Wir erkennen so den Geist der Gotik als eine Vorstufe des Goetheanismus der gegenwärtigen und der kommenden Zeit, und wir erkennen in jenem frühen und nie übertroffenen Meisterwerk der gotischen Kunst, im Dom von Chartres mit seinen Farbenwundern, das Werk jener großen Individualitäten der gleichnamigen mystischen Schule, in welcher nach der Darstellung Rudolf Steiners der Geist Platos in der christianisierten Form durch den Zeitenlauf weitergetragen wurde. Wir erkennen den Zusammenhang der für die Gotik grundlegenden Kunst von Chartres mit dem Erkenntnismäßigen des naturwissenschaftlichen Werkes von Goethe, wir erkennen die christliche Mystik der Gotik wieder in derjenigen der Faustdichtung, und wir sehen mehr als eine Laune der Historie in der Tatsache, daß Goethe, der Repräsentant des Platonismus der neuen Zeit, sich mit dem Inaugurator der klassischen algebraisch-formalistischen Physik — mit Isaac Newton — in der nämlichen leidenschaftlichen Weise auseinandersetzte, wie es die Platoniker der Schule von Chartres mit dem Doctor mirabilis und physikalischen Zauberkünstler, dem Arabisten Roger Bacon und den Seinigen jenseits des Kanals getan hatten.

Wir finden in Goethe nicht nur den griechischen Geist, sondern in einer Wandlung zum Höheren ebenfalls denjenigen der Mystik und der Kunst des Mittelalters, in welchen er als platonistisch geprägte

Individualität von der griechischen Klassik herkommend ohne Zweifel in einer Inkarnation eingetaucht war. Wir können ja die Kunst der architektonischen Skulpturen und der ornamentalen Bildnereien des Mittelalters überhaupt geradezu als durch das Erleben des Metamorphosischen im Lebendigen bestimmt charakterisieren, und wir können dieses Erleben bei Goethe zum exakten Erkennen gesteigert wiederfinden. Dabei können wir aber nicht an den phantastisch-naturalistischen Überschwang des dekorativen Barock anknüpfen, sondern es weist uns die Strenge und Ausgewogenheit der Gedankenführung und der Sprache bei Goethe auf die wunderbar einfache und den Metamorphosegedanken an sich im formalen Linienelement so rein aussprechende gotische Ornamentkunst zurück. Seit der Zeit, da der tote Formalismus im arabistischen Denken in die abendländische Menschheit hineingekommen war, stand die Individualität, die wir Goethe nennen, auch als Kämpfer für das Geistig-Lebendige auf der anderen Seite, auf der Seite derjenigen, die verhinderten, was nicht sein durfte, die verhinderten, daß die denkende westliche Menschheit ganz dem Arabismus verfiel. Wie einst den Mystikern von Chartres der Arabist Roger Bacon gegenübergestanden hatte — der Physiker, den sie in so treffender Weise mit dem Insignum des schwarzen, feurig-glühenden Salamanders darstellten, mit dem Bilde jenes Menschen der Vorzeit, der in seinem Fall in die Welt der physischen Materie und der physikalischen Naturgesetzlichkeit das Strahlend-Lichthafte des sonnenhaften ‚Ersten Adam' in das glühende Feuer Luzifers verwandelt hatte —, so stand der geistig-lebendigen Gedankenwelt Goethes an der Schwelle der neuen Zeit die mechanistisch-tote des Isaac Newton gegenüber.

Wir sehen Individualitäten und mit ihnen verbundene Geistgemeinschaften den großen Gegensatz der Anschauungen durch das 2. christliche Jahrtausend hindurchtragen, den Gegensatz, in welchem von jeder der beiden Seiten her gesehen die andere als die Verführung und die Ablenkung des Menschen von seiner Bestimmung erscheinen mußte, den Gegensatz der Anschauungen, in welchem beide in ihrer Art richtig waren und in welchem beide in der Verurteilung der Gegenseite Wahrheit verkündeten. Es bestand wirklich dieses Paradoxon, denn es war die Verkündung des Francis Bacon, daß das menschliche Denken im Verharren in der spirituellen Richtung sein Ziel nicht erreichen könne, ebenso wahr, wie die Erkenntnis der Gegenseite von den dämonischen Mächten, die innerhalb des Arabismus wirksam waren.

Wir werden nun weiter betrachten, in welcher Weise der Arabismus heute, am Ende des 2. christlichen Jahrtausends, an die Grenze führt, wo er die Prinzipien seiner großen Hierophanten allerdings nicht aufhebt, aber doch sie ihres absoluten Charakters entkleidet und über ihren bestimmten und umrissenen Geltungsbereich hinausweist in den universelleren seiner einstigen Widersacher, der christlichen Mystiker. Wenn wir diesen Zusammenhängen nachgehen, so arbeiten wir im Geiste derjenigen, die nun noch vor dem Ende dieses Jahrtausends kommen sollen, um die Führung der Menschheit an sich zu nehmen, nachdem die Epoche der Vorherrschaft des Arabismus abgelaufen ist.

Es handelt sich um dasjenige, was sich aus der Grundlage der kinetischen Wärmetheorie und der Quantentheorie heraus in der Physik entwickelt hat und was eine totale Umgestaltung ihrer theoretischen Grundlagen bedeutet. Es würde hier zu weit führen, eine Darstellung der bezüglichen Forschungsergebnisse versuchen zu wollen. Dieses könnte in legitimer und zureichender Weise auch nur durch den fachlich Gebildeten geschehen. Es ist aber auch dem Laien, dem das physikalische und das mathematische Denken nicht fremd ist, möglich, sich einen Einblick in die Theorie und ihre Begründung zu verschaffen und sich an Hand der vorliegenden Literatur ein Urteil zu bilden. Und da muß man nun den Physikern zugeben, daß man da vor einem großartigen und völlig neuen und unerwarteten Ergebnis des Forschens und Denkens steht.

Es wird die neue Grundlegung der Physik mit einer Art Enthusiasmus verkündet, und es ist erkennbar, daß sie die Geister tiefer ergreift als die äußeren Ereignisse der Atomexperimente, die die Laienwelt erschüttern.

Es sei nun versucht, vorerst in aphoristischer Weise auf dieses Neue hinzudeuten, um das es sich hier handelt. Manches Ergänzende wird sich dann in den weiteren Ausführungen ergeben. Die neue

Physik wird als die akausale oder als die statistische bezeichnet. Damit ist festgestellt, daß sie im Gegensatz steht zur alten klassischen, wie sie heute noch an den Schulen gelehrt wird. In dieser ist der Begriff des Naturgesetzes grundlegend, der auf dem Prinzip — der Kantischen ‚Kategorie' — der Kausalität beruht. Die Kausalität sollte Naturprinzip und Denkprinzip zugleich sein. Man sah die Natur durch die in der Kausalität beruhenden ‚Gesetze' determiniert, man sah ihr Geschehen im Aspekt der kausalistischen Notwendigkeit. Es ging eine mächtige arabistisch-ahrimanische Faszination von diesem Begriff des Naturgesetzes aus, das man in der Klugheit der arabistischen Formelsprache erfassen, darstellen und verstehen konnte. So entwickelte sich in arabistischer Denkleidenschaft die mechanistische Grundauffassung allen Naturgeschehens, die Auffassung, nach welcher dieses Geschehen restlos gesetzmäßig bestimmt sein sollte, und zwar gesetzmäßig im Sinne der Kausalität. Diese Auffassung tilgte im Laufe des 19. Jahrhunderts die altüberlieferte und die neue, durch Goethe begründete Spiritualität in den Anschauungen aus. Sie entwickelte sich von Newton über Kant bis zu Laplace, der sie klassisch formulierte, und wurde zu einem Faktor von unerhörter Tiefenwirkung im Denken der westlichen Menschheit.

Und was ist nun die Erkenntnis der neuen Physik? Diese stellt fest: Es gibt keine Kausalität und es gibt keine Naturgesetze im alten Sinne im Naturgeschehen! Diese Erkenntnis wird mit einem Pathos verkündet, das echt ist. Sie schlägt eine Welt in Trümmer.

Laplace, der große Theoretiker der alten Physik, der ihr Prinzip des Mechanismus klassisch formulierte — er war übrigens nach Rudolf Steiners spiritueller Forschung einer der wiedergekommenen Araber —, hatte das Programm der auf seine Zeit folgenden Naturwissenschaft so verstanden, daß diese Wissenschaft in der immer weiter fortschreitenden Vervollkommnung und Verfeinerung ihrer Forschungsmethoden notwendig zu einer immer schärferen und vollkommeneren Bestimmung, Erkenntnis und Formulierung der mechanistischen Naturgesetze kommen müsse und daß sich endlich die restlose Erkenntnis des umfassenden, auf der Kausalität beruhenden Mechanismus des Naturgeschehens ergeben müsse.

In ungeahntem Ausmaß stellte sich wirklich die Verfeinerung und Vervollkommnung der Forschungsmethoden ein. Aber was sich ergab, war das Gegenteil von dem, was zu Laplaces Zeit noch erwartet wurde, es ergab sich nicht, daß die Naturgesetze feiner, schärfer hervortraten, wenn man mit den vervollkommneten Forschungsmethoden in die Welt des Mikrophysikalischen eindrang, sondern es ergab sich, daß sie verschwanden, und zwar vollkommen verschwanden. In der Welt, die allem Großmaßstäblichen, das uns die Sinne zeigen zugrunde liegt, existieren die bekannten Naturgesetze der Physik nicht mehr. Dem, was in den großmaßstäblichen Verhältnissen als physikalisches Naturgesetz hervortritt, liegt etwas ganz anderes zugrunde als Kausalität und Gesetz, nämlich das polare Gegenteil: das Chaos und der Zufall. Dies ist im wörtlichsten Sinne zu nehmen. Es zeigt die Physik auf das genaueste, in welchen Verhältnissen das Chaos und in welchen der Zufall den Erscheinungen zugrunde liegt, und wie diese beiden — die wahren ‚Kategorien' des physikalischen Geschehens — zusammenwirken. Es lohnt sich für den nach sachlich begründeter weltanschaulicher Orientierung Strebenden, sich an Hand der allgemeinverständlichen Darstellungen bei Bavink, Schrödinger, Jordan usw. einen Einblick in die konkreten Verhältnisse zu verschaffen, ja, es ist dies eine absolute Notwendigkeit. Ohne diesen Einblick ist in diesen Dingen kein Urteil und kein Mitreden möglich. Es müssen die Grundtatsachen der kinetischen Wärmetheorie, der Quantentheorie und der Strahlungserscheinungen gekannt werden. — Es ergibt sich nun die Frage nach der Entstehung der Regelmäßigkeiten, die wir als physikalische Naturgesetze kennen. In einem bestimmten physikalischen Zusammenhang, einem ‚System', ergeben sich durch das Wirken der Energien ganz automatisch solche Regelmäßigkeiten aus der Summierung der Zufälle. Die Verhältnisse liegen ähnlich wie etwa bei einem Glücksspiel: Wenn der Vorgang des Spielablaufes sich einmal abspielt, so ist er ganz unberechenbar. Wenn er sich 1000mal wiederholt — und dies kann im Nacheinander oder gleichzeitig geschehen —, so läßt sich die Häufigkeit bestimmter Situationen annähernd berechnen. Spielt er sich 100000mal ab, so ist die Annäherung an die Wirklichkeit, welche sich aus der Wahrscheinlichkeitsrechnung für die Häufigkeit der bestimmten Situationen ergibt, schon eine sehr große. Denken wir uns als einfachstes Beispiel das eine Million mal wiederholte gleichzeitige Werfen von drei Würfeln. Es ergibt da die Wahrscheinlichkeitsrechnung eine bestimmte Zahl für die Häufigkeit des gleichzeitigen Auftretens jeder der sechs verschiedenen Punktzahlen der drei Würfel. Hätte man in den Spielablauf keinen Einblick, so könnte man da ein ‚Naturgesetz' formulieren. Der Spielablauf zeigt aber, daß dieser Regelmäßigkeit keine Kausalität zugrunde liegt, sondern Zufall und Wahrscheinlichkeit. Eine Ursache hat aber die Regelmäßigkeit gleichwohl, und diese liegt in der Raumgestalt und der Zahlenordnung des einzelnen Würfels, sowie in der gleichbleibenden Zahl der beteiligten Würfel. Wir haben also als Ursache für unser ‚Naturgesetz' Ordnung in Raum und Zahl. Darauf werden wir später zurückkommen. Hier wenden wir uns nochmals dem Wesen des Naturgesetzes selbst zu. Dieses ist also in der Physik als auf der Wahrscheinlichkeit beruhend erkannt. Es ist, wie dies ausgedrückt wird, statistischer Natur. Dies kann die moderne Physik hundertfältig belegen, beweisen und experimentell demonstrieren. Es kommt darum den Naturgesetzen auch nicht eine absolute Genauigkeit zu, sondern sie sind Grenzgesetze von einem bestimmten Gültigkeitsbereich, und es ist ihre Ungenauigkeit, die man früher der Ungenauigkeit der Meß- und Forschungsmethoden zuschrieb, in ihrer Natur begründet. Sie lassen sich alle aus der Grundlage der Statistik, der Wahrscheinlichkeitsrechnung heraus entwickeln. Es hat sich das Universalgesetz der klassischen Physik, das sog. Kausalgesetz, als ein Irrtum erwiesen. An seine Stelle tritt das sog. ‚Gesetz der großen Zahlen', d. h., wie Bavink schreibt, „die ganz allgemeine Tatsache, daß die mittels der Wahrscheinlichkeitstheorie errechneten Häufigkeiten sich praktisch um so exakter einstellen, je größer die Anzahl der Elemente des betrachteten ‚Kollektivs' ist." So mußte sich gerade in der Astronomie die scheinbar exakte Geltung der Gesetzmäßigkeiten der klassischen Mechanik ergeben. Es macht aber auch das Newtonsche Gravitationsgesetz natürlich von der allgemeinen Regel keine Ausnahme.

Da die Verhältnisse das Kausalitätsgesetz betreffend, für das weltanschauliche Denken von grundlegender Bedeutung sind, sei hier die Darstellung eingefügt, die von einem der maßgebenden Physiker unserer Zeit, P. Jordan, in seinem Werk ‚Das Bild der neuen Physik' gegeben worden ist:

„Die geistige Revolution, welche durch die modernen Physiker vollbracht wurde, indem sie die Unterwelt der Mikrophysik unseren staunenden Blicken erschlossen und in der Erfassung ihrer Gesetze Denkmöglichkeiten ganz neuer Art entwickelten, führte zur Entthronung eines Hauptbegriffes der Makrophysik: Des Begriffes der Kausalität, der lückenlos geschlossenen Ursächlichkeit. Im Bereiche der Makrophysik sind alle Vorgänge gemäß ihrer lückenlosen ursächlichen Bestimmtheit voraus-berechenbar wie der Gang eines Uhrwerkes oder einer Maschine, oder die Bewegungen des Planetensystems. Es galt bis zur Aufstellung der Quantenmechanik (oder ‚Wellenmechanik') als Selbstverständlichkeit, daß diese ursächliche Vorherbestimmung die gesamte Natur durchgängig beherrschen müsse. Aber die Quantenphysik hat uns gelehrt, daß diese geschlossene Kausalität in Wahrheit gar nicht ein ursprüngliches Naturgesetz ist, — daß sie vielmehr erst nachträglich sich ergibt und nur in beschränktem Umfange überhaupt zustande kommt. Das Ursprüngliche, im Reiche der Mikrophysik Herrschende, sind statistische, also Wahrscheinlichkeitsgesetze."

„Eben in der mathematischen Klarheit, mit welcher die Quantenmechanik die mikrophysikalischen Naturgesetze zu formulieren vermochte, liegt die Gewähr für eine erschöpfende Erfassung dieser Gesetze, sie gibt uns die Möglichkeit, uns davon zu überzeugen, daß für eine spätere Ergänzung der Theorie im Sinne der Wiederherstellung der lückenlosen Ursächlichkeit einfach kein Platz mehr vorhanden ist. Im Gegenteil haben wir umgekehrt die durchgängige Gültigkeit des Kausalprinzips in der Makrophysik als eine Folge, einen Ausfluß der statistischen mikrophysikalischen Gesetzlichkeit anzusehen."

Die Sprache der Tatsachen der neuen Physik war eindeutig, dagegen war nicht aufzukommen. Es konnte nur noch versucht werden, auf allerlei Umwegen irgendwie das Prinzip der Kausalität zu retten. Aber auch dies erweist sich dem unvoreingenommenen

Denken als aussichtslos. Es sind wohl in Wirklichkeit die Akten über diese Frage geschlossen, und es ist die neue Erkenntnis eine endgültige und abgeschlossene. Wenn auch das Kausalgesetz in irgend einer Form existiert, so ist es jedenfalls nicht ein Gesetz des physikalisch-dynamischen Seinsbereiches. Damit ist auch das mechanistische Prinzip, das ja von diesem Seinsbereich her dann auf andere übertragen worden ist, als Prinzip eines weltanschaulichen Denkens endgültig ab und tot. Es kann ihm keine absolute Geltung mehr zugeschrieben werden, sondern nur noch eine relative als ‚Grenzprinzip' in einem bestimmten Bereich.

Gewiß, derjenige, dem die Welt des Mechanistischen nicht Sinn, sondern Sinnlosigkeit, nicht Leben, sondern Tod bedeutete, lebt auf im Gefühl des Enthusiasmus, wenn diese Welt der blinden Notwendigkeit, obgleich sie in den konkreten Abläufen eines gewissen Bereichs ja da ist, sich ihm doch als ein Wahn enthüllt, wenn sich ihm zeigt, daß sie keine geistige, sondern nur eine äußere Realität ist.

Aber ist die wahre Grundlage dieser äußeren Realität, sind Chaos und Zufall nicht noch viel blinder und toter als die mechanistische Kausalität? Ist diese Grundlage nicht die vollkommene Sinnlosigkeit? Das ist sie. Sie ist Blindheit und Sinnlosigkeit im Absoluten, im Prinzip. Dagegen wehrten sich die alten Aprioristen der Physik mit allen Kräften ihrer mechanistischen Seele. Mit diesem Prinzip der Sinnlosigkeit, mit der Sinnlosigkeit an sich, ist aber die Wissenschaft des Toten auf den Grund des ihr zugeordneten Seinsbereichs gelangt und hat dessen Wesen enthüllt. Die Mysterien Ahrimans sind da, und ahrimanische Klugheit ist es, die den Schleier vor ihnen gelüftet hat. Dies zeigt sich dem, der den Werdegang der neuen Erkenntnis betrachtet. Es ist diese Erkenntnis eine umfassende in ihrem Bereich, der die ganze Chemie als Mikrophysik in sich begreift, und sie ist nach dem Urteil aller in diesem Bereich Urteilsfähigen eine endgültige und abschließende. Dieses Urteil kann von dem geisteswissenschaftlich orientierten Denken aus nur bestätigt werden.

Daß der Physiker der alten Schule es in seiner mechanistischen Welt mit der Äußerung der widergöttlichen Mächte im physischen Sein

zu tun hatte, das mußte sich einem spirituell orientierten Denken schon immer ergeben. Es war dies ohne Zweifel schon eine Erkenntnis der großen Platoniker des Mittelalters, der Gegenspieler des Physikers Roger Bacon, und es war auch eine Erkenntnis des Repräsentanten des zum christlichen Aristotelismus vertieften Platonismus in der neueren Zeit, Goethes, der nämlich seinen Mephisto im 2. Teil des Faustdramas ursprünglich als Physikus des kaiserlichen Hofes auftreten lassen wollte. Es offenbaren sich hier gewisse tiefere Zusammenhänge.
Welch ein Bild stellt sich uns doch vor die Seele, wenn uns die Repräsentanten des Geistig- und Physisch-Toten, der Mephisto Goethes und der Ahriman Rudolf Steiners, in ihren imaginativen Bildern auf der Bühne entgegentreten! Wie können wir da durch diese Gestalten von herabgekommenen, abgestorbenen Göttern hindurch das gewaltige Geschehen in der Evolution erschauen!
Das ahrimanische Prinzip ist das Chaos und die ahrimanische Wesenheit ist, wie es Goethe aus seinen okkulten Hintergründen heraus ausgedrückt hat, „des Chaos wunderlicher Sohn". In dem Zusammenhang, in welchem der Faust den Mephisto mit diesen Worten anspricht, zeigt sich dieser von seiner ahrimanischen Seite, indem er sich als das aller göttlichen Ordnung in der Natur widerstrebende Prinzip zu erkennen gibt:

Mephisto:
„Was sich dem Nichts entgegenstellt,
Das Etwas, diese plumpe Welt,
Soviel als ich schon unternommen,
Ich wußte ihr nicht beizukommen.

Und dem verdammten Zeug, der Tier- und Menschenbrut,
Dem ist nun gar nichts anzuhaben:
Wie viele hab ich schon begraben!
Und immer zirkuliert ein neues, frisches Blut.
So geht es fort, man möchte rasend werden,
Der Luft, dem Wasser und der Erden
Entwinden tausend Keime sich

Im Trocknen, Feuchten, Warmen, Kalten!
Hätt ich mir nicht die Flamme vorbehalten,
Ich hätte nichts Aparts für mich.

Faust:
So setzest du der ewig regen,
Der heilsam schaffenden Gewalt
Die kalte Teufelsfaust entgegen,
Die sich vergebens tückisch ballt.
Was andres suche zu beginnen,
Des Chaos wunderlicher Sohn!"

Diese Worte Goethes, deren ganze Bedeutung für unsere Betrachtung sich erst in späteren Zusammenhängen ergeben wird, führen uns aus dem Reich des Toten, Chaotischen hinüber in dasjenige der göttlichen Gestaltungs- und Ordnungskräfte, die in das Chaos hineinwirken und in ihm das im Schmuck der göttlichen Ordnung Prangende, den Kosmos gestalten. Und diese Polarität des physischen Seins in Chaos und Kosmos ist es, die uns nun weiter beschäftigen wird.
Es tritt das göttlich Geordnete und Gestaltete gerade durch die neue Erkenntnis der Physik im Lichte eines Prinzips hervor, eines neuen, selbständigen Prinzips, das sich demjenigen des Chaos entgegenstellt. Es kann dieses Prinzip nicht das physikalisch-dynamische Naturgesetz in sich begreifen, das automatisch aus dem Chaos hervorgeht.
Es wird ja eine gewisse Zeit der Besinnung vergehen, bis die weltanschaulichen Konsequenzen aus den Ergebnissen der Forschung richtig gezogen werden. Wenn dies aber geschieht, dann wird sich für viele der Zugang zur denkenden Erkenntnis der geistigen Welt eröffnen, und es kann dies gerade bei der mathematisch-physikalischen Schulung eintreten, wo man erleben kann, in welchem konkreten Sinne das Chaos die Grundlage der mechanistischen Naturgesetzlichkeit ist. Durch dieses Erleben des Toten wird sich auch das neue Erleben des Lebendigen und der in der Natur waltenden Ordnungskräfte überhaupt ergeben. Auf dem Grunde, auf dem man

nun angelangt ist, wird man entweder aufhören müssen, über die Dinge zu denken, oder aber man wird das Denken in den geistig-übersinnlichen Bereich hinein ausdehnen müssen. Nachdem der Gedanke immer subtilerer und komplizierterer Mechanismen endgültig ab und tot ist und fachwissenschaftlich außer Betracht fällt, müssen gerade für die Betrachtung des Lebendigen andere Gesichtspunkte herangezogen werden. So ist es denn einer der großen Physiker unserer Zeit, Schrödinger, der die Erkenntnis des Lebendigen unter den Aspekt der polaren Prinzipien von Entropie, was physikalisch Chaos ist, und Ordnung gestellt hat. Statt Entropie und Ordnung können wir in — allerdings laienhafter und wenig genauer Weise — sagen Chaos und Organisation oder Materie und Geist. Diese Anschauung ist als solche keineswegs neu, sie bestätigt nur das Wissen über diese Dinge, das sich zu allen Zeiten dem unvoreingenommenen Denken ergeben hat. Neu aber ist die konkrete und genaue Einsicht und Erkenntnis in bezug auf Materie und Chaos. Ihr wird sich eine ebenso konkrete Einsicht und Erkenntnis des anderen Pols, des übersinnlich-geistigen, an die Seite stellen können.

Da in unserer Zeit der Mensch so organisiert ist, daß er zunächst ausschließlich auf die geistige Fähigkeit der Intellektualität verwiesen ist, so mußte er auch den entsprechenden Seinsbereich, den physikalisch-dynamischen, bis auf sein Grundprinzip erkennen, bevor er zu einer Erweiterung der geistigen Fähigkeiten und zur Erkenntnis der den höheren Fähigkeiten zugeordneten Seinsbereiche fortschreiten konnte. Darüber, daß die Zeit für das rechtmäßige Fortschreiten der menschlichen Fähigkeiten und Erkenntnisse nun gekommen ist, kann kein Zweifel mehr bestehen. Es entspricht dies dem Plan der Evolution, den wir in früheren Zusammenhängen zeichneten. Und es wird das Fortschreiten nun zur Notwendigkeit, denn das Stehenbleiben des Denkens auf der arabistischen Stufe würde dem Stehenbleiben im abgründigsten, im absoluten Nihilismus gleichkommen.

Wenn wir in früheren Zusammenhängen in den praktischen Erfolgen der Atomforschung die Lüftung der letzten Geheimnisse des Physikalisch-Dynamischen sahen, wenn sich uns darin die Erfüllung der Aufgabe des toten Denkens im Reich des Toten ankündigte, so sehen wir nun im Erkenntnismäßigen die nämliche Situation sich abzeichnen. Es sind die Erkenntnisse der akausalen Physik genau so wirklich und genau so endgültig, wie ihre praktischen Ergebnisse, und es sind die Wirkungen dieser Erkenntnisse im Geistigen nicht minder erschütternd.

Es wird das arabistische Denken nun nicht mehr weiter in die Tiefe neuer Prinzipien führen, sondern es wird sich nun im praktischen Wirkungsfeld des durchmessenen Bereichs in unendlicher Vielfalt ausleben. Und es wird dasjenige hervorbringen, dem sich die spirituelle Geisteswissenschaft an die Seite stellen muß, wenn die Menschheit es ertragen soll. Nachdem das ,Chaos' erkannt ist, muß die Erkenntnis des Kosmos sich hinzugesellen. Dies geschieht durch die goetheanistische und durch die geisteswissenschaftliche Denk-, Forschungs- und Erkenntnisart, die die Entwicklung anderer Fähigkeiten im Menschen zur Voraussetzung hat, als es die arabistischen sind, und die der Beurteilung durch das arabistische Denken nicht untersteht. Die Geisteswissenschaft Rudolf Steiners führt aus dem absoluten Nihilismus zur Universalität des menschlichen Denkens und Erlebens zurück, wenn sie dasjenige in sich begreift, was der Arabismus an Erkenntnis gebracht hat.

Nachdem wir nun den Urgegensatz des physischen Seins, die Polarität von Chaos und Kosmos ins Auge gefaßt und zugleich als den Ausgangspunkt erkannt haben, von dem aus das moderne wissenschaftliche Denken in folgerichtiger und befriedigender Weise wiederum zu einem universellen wird werden können, können wir gleichwohl noch nicht auf die Betrachtung des Kosmos in den einzelnen Aspekten eingehen, sondern wir müssen nun vom übergeordneten Gesichtspunkt aus nochmals auf den wissenschaftlichen Aspekt des Chaos zurückkommen. Es sei aber ausdrücklich bemerkt, daß dieser wissenschaftliche Aspekt über die mikrophysikalische Welt nicht etwa derjenige ist, den wir als den heute zeitgemäßen anerkennen können, daß wir im Gegenteil nach der Schaffung der Voraussetzungen versuchen werden, über diesen Aspekt hinauszukommen.

Mikrophysikalisch müssen wir uns nun zunächst eine prinzipielle

Unterscheidung in den wirkenden Kräften vergegenwärtigen. Es betrifft dies einerseits diejenigen, welche die Elementarkonzentrationen schufen, also die ahrimanischen, und andererseits diejenigen, welche in der Organisation der Elementarteile zu höheren Ordnungen wirkten und welche ebenfalls Konzentrationskräfte sind, die aber nicht nur zusammenziehend, sondern auch organisierend wirkten. Diese Unterscheidung ist nun von grundsätzlicher Bedeutung. Es sind die beiden Kräfte verschiedener Art und verschiedenen Ursprungs. Darauf werden wir zurückkommen. Hier sehen wir uns zunächst die Situation in der äußeren Forschung an. Bavink schreibt über dieses Problem der zusammenhaltenden Kräfte in seiner Naturphilosophie (Ausg. 1945) das folgende:
„In der Schrödingerschen Wellenmechanik bildet eines der schwierigsten Probleme die Frage, warum die fraglichen ‚Wellenpakete', die nach ihr das Wesen der materiellen Korpuskel ausmachen, nicht auseinanderlaufen. Sie wird sicherlich endgültig nur im Zusammenhang mit der am Schluß des vorigen Kapitels erörterten Frage des Übergangs zwischen Korpuskel und Lichtquant gelöst werden können. In der modernen Kerntheorie tritt weiter die ungelöste Frage nach den die Atomkerne zusammenhaltenden Kräften auf, wie wir oben sahen. Wir müssen diese, wie die vorige und noch manche andere, einstweilen der Zukunft überlassen, und wenn wir soeben bereits von einem einheitlichen physikalischen Weltbild gesprochen haben, so bedeutet das, wie man sieht, noch lange nicht, daß wir dieses bereits fertig vor uns hätten."
Hier sind also ebenfalls die beiden Kräfte, die wir unterschieden haben, auseinandergehalten. Beide sind der Physik unbekannt, und sie werden es auch bleiben, denn sie entstammen der Sphäre jenseits des Physikalischen. Sie sind einfach da, und die Wissenschaft muß sie als physikalisches Urphänomen hinnehmen, das nicht auf irgend etwas anderes Physikalisches zurückzuführen ist, sowenig wie die Wellenenergie selbst, nach deren Herkunft zu fragen keinem Physiker mehr einfällt, nachdem sie als die Urform allen physischen Seins erkannt ist. Wir sehen hier die äußere Forschung an ihrer endgültigen Grenze angelangt, und wir sehen unmittelbar jenseits dieser Schwelle die Wirklichkeit der geistigen Welt. Hinter der

Energie sehen wir das Willenselement der einen geistigen Wesenswelt, und hinter den Zusammenhaltskräften der Urkonzentration dasjenige einer anderen, die nicht selbst schöpferisch ist, sondern in die Substanz der ersten hineinwirkt. Auf die anderen Zusammenhaltskräfte, diejenigen des Atoms, werden wir zurückkommen.
Hier werfen wir nun noch einen Blick auf den inneren Bau des Atoms, der durch die Zusammenhaltekräfte festgehalten wird. Da haben wir Hülle und Kern zu unterscheiden. Die Hülle besteht aus ein bis vielen Elementarteilen, die man Elektronen nennt, die sich von innen nach außen in verschiedenen in sich abgeschlossenen ‚Schalen' anordnen. Die äußersten dieser Schalen enthalten die sog. Valenzelektronen, d. h. diejenigen, die bei den chemischen Prozessen zwischen den Atomen der verschiedenen Elemente in Wechselbeziehung treten. Diese Beziehungen hat die neue Physik restlos mathematisch erfaßt, und es ist die gesamte Chemie Mikrophysik geworden. Diese chemische Physik betrifft also das Kräftespiel, das zwischen den Hüllen der Atome stattfindet und das die Kerne nicht berührt. Die Kerne nun hat man sich als realtiv sehr klein vorzustellen. Sie sollen nur etwa den zehntausendsten Teil des Atomdurchmessers einnehmen. Gleichwohl kommt ihnen fast die ganze Masse des Atoms zu. Jordan schildert die Verhältnisse, die sich dadurch ergeben, folgendermaßen:
„Diese Erkenntnis (nämlich die Erkenntnis, daß die Masse eine Erscheinungsform der Energie ist) hat seit Beginn der modernen Kernphysik die Physiker voraussehen lassen, daß eine technische Erschließung und Beherrschung von Kernumwandlungen ungeheuerliche Wirkungen ermöglichen würde — wie wir ja nun zu erleben begonnen haben. Die Zusammenballung fast der ganzen Masse des Atoms in seinem Kern bedeutet, daß hier auch ungeheure Energiebeträge zusammengeballt sind; und Reaktionen, bei denen die Kerne selbst Umwandlungen erleiden, verlaufen unter durchschnittlich Millionen mal größeren Energieumsetzungen, als die gewöhnlichen chemischen Reaktionen . . ., bei denen nur die ‚Elektronenhüllen' der Atome mitspielen, während die Kerne unverändert bleiben."
Wie wir oben sahen, hat die Physik auch nach den Kräften gefragt,

welche die unglaubliche Organisation des Atoms eigentlich tragen und zusammenhalten. Es wird zweifellos die Kernphysik noch vieles ergründen, aber die letzten Fragen in diesem Zusammenhang werden von anderer Seite her in Angriff genommen werden müssen. Hier wenden wir uns nun dem geisteswissenschaftlichen Aspekt der Epoche der Evolution zu, in welcher erst die elementaren Konzentrationen im Werden waren, wo jener Zustand durch diese Teilchen und die wirkende Wärme eintrat, den wir als das Chaos bezeichnen können. Die Wärme dieses Zustandes wurde nun dadurch die physische Wärme, daß sie auf Substanz wirken und diese in schwingende Bewegung versetzen konnte. In der kinetischen Wärmetheorie erscheint die Wärme als die chaotisierende Macht innerhalb der Substanzwelt. Wir können mit dem gleichen Recht den Sachverhalt umkehren und die Existenz der Substanz als die Ur-Sache des Chaos betrachten. Dies entspricht dem geisteswissenschaftlichen Aspekt, es erzeugt sich das Chaos an der Substanz durch die Wärme. Der geisteswissenschaftliche Aspekt dieser Epoche des Chaos ist von Rudolf Steiner in den Vorträgen über die Geheimnisse der biblischen Schöpfungsgeschichte geschildert worden. In diesen Vorträgen stehen die grandiosen unmittelbaren Schilderungen aus der spirituellen Schau, die nun für unsere weitere Betrachtung grundlegend sein werden und in denen wir das Werden des Kosmos im Chaos erkennend erleben können. Und dieses Erkennen ist darum möglich, weil uns die arabistische Wissenschaft die Voraussetzungen gibt, die zu vermitteln bisher versucht worden ist.
Die biblische Schöpfungsgeschichte setzt beim Zustand des Chaos ein, und es führt uns Rudolf Steiner in seinen gewaltigen Schauungen an Hand der hebräischen Urworte, die zugleich Urklänge der Schöpfermächte sind, den Gang durch das Wirken der göttlichen Ordnungs- und Gestaltungskräfte im Lauf der Zeiten. Und so sehen wir vor dem geistigen Auge den Kosmos aus dem Wirken dieser Kräfte erstehen. Es müssen diese Schilderungen im Zusammenhang gelesen werden. Hier können wir nur einige Stellen wiedergeben, die zum Studium des Ganzen anregen können, zu einem Studium, das wahrlich geeignet sein kann, den Arabisten unserer Zeit dazu zu führen, das All wiederzufinden.

Rudolf Steiner schilderte das Einwirken geistiger Mächte in jenen Urzustand der Materie, den wir als das Chaos bezeichnen, indem er an das entsprechende hebräische Wort tohu-wa-bohu anknüpfte:
„Also, Sie denken sich dieses Bild: Einen Punkt inmitten des Raumes, von da aus Kräfte nach allen Richtungen des Raumes ausstrahlend: ‚tohu', diese Strahlen sich gleichsam an einem äußeren Kugelgehäuse verfangend, zurückstrahlend in sich selber von allen Richtungen des Raumes wieder zurück, dann haben Sie das ‚bohu'. . . . Wenn Sie sich diese Kraftstrahlen denken . . ., dann haben Sie die Charakteristik dessen, was das innerlich Regsame ist. So also wird uns durch diese Lautzusammenstellung die Art angedeutet, wie das elementarische Dasein dirigiert wird durch die Elohim."
Da haben wir das großartige spirituelle Bild des Eingreifens geistiger Ordnungsmächte im Chaos, die als ein ‚innerlich Regsames' in das innerlich Erstarrende des ahrimanischen Elementes eingreifen und als erstes das konzentrisch-radiäre Urbild eines kosmischen Systems schaffen, die Raumordnung, die dem kosmischen Werden zugrunde liegt. Es war das Werden der Erde, das durch die biblische Schöpfungsgeschichte dargestellt ist. Diese geht also nicht auf die Zeit des Alten Saturn und der Alten Sonne zurück, sondern sie bezieht sich auf die Wiederholung der entsprechenden Zustände in der Erdentwicklung.
Diese Unterscheidung ist für den gegenwärtigen Zusammenhang nicht wesentlich. Es ist aber die Beziehung auf den Alten Saturn darum von Bedeutung, weil sich dadurch ergibt, daß wir es bei den radiär strahlenden Kräften, die Rudolf Steiner beschreibt, mit den Wärme-Willenskräften des Uranfangs zu tun haben und ebenfalls mit dem Urzustand der Substanz, den ersten Konzentrationen der Energie. Wie wir sahen, wurde das göttliche Willenselement durch den Abfall der Wesenheiten, die in ihm lebten, und durch ihr Absterben zum Dämonischen zu einem physisch-toten und blinden. Im imaginativen Bilde Rudolf Steiners ist nun von Bedeutung, daß eine Bewegung dargestellt ist. Es entstand also mechanistische Bewegung in der Schwingung, die physikalisch als ‚Welle' bezeichnet wird. Wille ist Bewegungstendenz, will Bewegung werden, und

es setzte sich der Ur-Wille, der von der spirituellen Forschung als Ursprung allen physischen Seins festgestellt worden ist, im Physischwerden in die Bewegungsform der physikalischen Schwingung, der Wellenenergie um. So müssen wir die Zusammenhänge konkret und genau denkend feststellen und erkennen, die weder von der spirituellen, noch von der äußeren Forschung für sich allein festgestellt und erkannt werden können. Es ergeben sich diese Zusammenhänge dem Denken, das beide Bereiche in die Betrachtung einbezieht, in vollbefriedigender Weise. Bei dem heutigen Stand der äußeren Forschung geht es nicht mehr an, daß man im geisteswissenschaftlichen Denken hier immer noch die Zwischenräume leer läßt, indem man vor ihnen einfach die Augen schließt. Wir können diese Zusammenhänge nun auch noch weiter verfolgen. Für die Zusammenschau mit der neuen Physik von außerordentlicher Bedeutung sind weitere Ergebnisse der spirituellen Schau, wie sie Rudolf Steiner mitgeteilt hat. Das Willenselement der ‚Throne' entfaltete sich im glühend-enthusiastischen Hinschauen auf das Weisheitselement der Geisterwelt der Cherubim. Dies ist der Aspekt der ‚Evolution vom Gesichtspunkte des Wahrhaftigen', wie ihn Rudolf Steiner im so benannten Vortragszyklus geschildert hat. Der Ur-Wille war zugleich Seelenwärme in enthusiastisch-feuriger Verehrung. Er wurde im ‚Abfall', im Verlassen der Sphäre des Geistig-Lebendigen zum Toten der physikalischen Wärme, zum Feuer Luzifers. Der Wille war also zugleich Wärme, Wille und Wärme waren dasselbe. Dies war das Wärme-Willenselement des Alten Saturn, das zum Teil auch noch in das physische Sein unserer Zeit übergegangen ist. Hier bringt nun die neue Physik in der kinetischen Wärmetheorie den physikalischen Nachweis für die Richtigkeit der geisteswissenschaftlichen Erkenntnis der Identität von Wille und Wärme. Ein gewisser, mathematisch genau definierbarer Bereich der Wellenstrahlung, also des toten Willens, ist Wärme. Umgekehrt kann man sagen: Wärme ist physikalisch identisch mit Bewegung. Dies gilt nicht nur in bezug auf die Wärmestrahlung, sondern ebenfalls in bezug auf die Wärme in der Substanz, die schwingende Bewegung der Teilchen ist. Diese Erkenntnis der Physik, die so fundamental bedeutend war, entspricht vollkommen der spirituellen Erkenntnis. Aber nun ergibt sich uns ein Weiteres: Wenn Wärme also gewissermaßen physikalisch gar nicht existiert, sondern eine Form der Bewegung ist, so existiert sie doch in unserer Empfindung, in dem, was wir durch unsere Sinnesorgane an der Außenwelt innerlich erleben. Da unterscheiden wir die Wärme als ein Qualitatives deutlich und genau von allem, was sonst physikalisch Bewegung ist, ebenso deutlich, wie wir im Seelisch-Geistigen die Wärme vom bloßen Willen unterscheiden können. Dies können wir nämlich heute, da durch den ahrimanischen Einschlag in der Evolution der kalt-egoistische Wille in den Menschen hineingekommen ist. In einem vor-ahrimanischen Zustand könnten wir Wärme und Wille nicht unterscheiden, wir trügen in unserem Seelenleben den göttlichen Wärme-Willen des Ursprungs als ein Einheitliches in uns.

Nun haben wir also die Wärme in unserem inneren Erleben, und zwar sowohl als Sinnesempfindung als auch als Seelenzustand, und dies zeigt uns, daß wir als geistige Wesenheiten durch unsere Sinnesorgane an der Außenwelt im Qualitativen dasjenige erleben, was geistig-seelisch hinter dieser Außenwelt steht. Über dasjenige hinaus, was physikalisch wirklich ist, erleben wir als geistige Wesenheiten auch noch die geistigen Hintergründe. Wärme ist kein Physikalisch-Wirkliches, sondern ein geistiger Hintergrund, sie ist dasjenige, aus welchem das Physikalisch-Wirkliche einst hervorgegangen ist. Das Geheimnis unserer Sinnesorgane ist, daß sie uns das Wesen der Dinge vermitteln, die höhere Wirklichkeit, die der äußeren Forschung verborgen bleibt, weil sie nicht ihr Bereich ist.

Wir können den Zugang zu dieser universellen Auffassung vom physikalisch-wissenschaftlichen Denken aus noch auf einem anderen Wege gewinnen. Dies ergibt sich im Anschluß an einen Text des englischen Astrophysikers Jeans. Jeans schreibt:

„Wir finden, daß das Elektron nicht lediglich ein hartes Stoffteilchen . . . ist, sondern vielmehr das, was der Physiker als Wellenpaket bezeichnet . . . Der Materialist fragt sogleich: Wellen worin? Und die Antwort, die wir erteilen müssen, lautet: Wellen in überhaupt nichts, weil die Naturwissenschaft nichts übrig gelassen hat, worin Wellen schwingen oder sich bewegen können . . . Die Wellen müssen also als rein mathematische Wellen angesehen werden. Sie sind . . . nicht eine körperliche Erscheinung. Wir können sie durch mathematische Gleichungen ausdrücken, aber wenn wir versuchen, darüber hinauszugehen und sie als Wellen von etwas Dinglichem auszudrücken, werden wir sofort in ein Gewirr von Sinnlosigkeiten und Widersprüchen hineingeführt. Wir dürfen uns das Weltall nicht mehr vorstellen als eine große kunstvolle Maschinerie . .,., sondern vielmehr als eine Welt des Gedankens, die sich nur verstehen läßt, wenn wir ihr mit dem Gedanken näherrücken, und zwar insonderheit mit jener besonderen Art von Gedanken, die wir als mathematische bezeichnen."

Hier ist festgestellt, daß die Wissenschaft der Physik an ihrem Ende aus dem Rationalen herausführt, und es ist dieser Endpunkt durch die naive Frage des Laien treffend gefaßt. Bewegung in einem Nichts ist ein Undenkbares. Hier steht also die arabistische Physik an ihrer Grenze, zugleich an der Schwelle des Irrationalen, und bleibt hier stehen, und zwar endgültig und für immer. Sie kann das Irrationale nicht zu ihrem Gegenstand machen. Laienhafte Phantasien von etwas ‚noch viel Feinerem', das als physikalische Strahlung Träger des Gedankenlebens und seiner Wirkungen sein könnte, lehnt sie strikt ab. Von Jordan ist ausdrücklich festgestellt worden, daß sich aus der ganzen Überschau der Physik der zwingende Schluß ergibt, daß physikalisch nichts noch Feineres existieren kann und daß es somit keine ‚psychischen Strahlungen' oder irgendwie gearteten Wellen des geistig-seelischen Lebens geben kann. Die Physik ist auf dem letzten Grunde des ihr zugeordneten Seinsbereiches angelangt. Das Jenseits ist Metaphysik, für den Physiker das ‚Nichts'. Daß in diesem Nichts gleichwohl noch ein nicht physikalisches ‚Etwas' existiert, und zwar als die reale Welt des Gedankens, davon sind die Physiker heute infolge der Ergebnisse der sog. Grenzwissenschaften im allgemeinen überzeugt. Jordan, einer der maßgebenden Theoretiker, ist selbst mit arabistischen Forschungsmethoden in dieses Gebiet vorgestoßen. Mit diesen Methoden allein aber wird man niemals auf dasjenige kommen, was alles jenseits des Physikalischen real existiert, auf das All der übersinnlich-geistigen Welt, und wird auch niemals hier etwas

Wesentliches erfassen können, denn hier herrschen nun nicht mehr die Gesetzmäßigkeiten, die dem arabistisch-rationalen Denken entsprechen. Der Arabismus selbst hat festgestellt, daß man es im universellen Sein mit zwei wesensverschiedenen Welten zu tun hat und daß es im Sein keinen fließenden Übergang von der physikalischen Welt zur metaphysischen gibt. Es muß sich nun dieser so richtigen Erkenntnis die andere an die Seite stellen, daß in den beiden wesensverschiedenen Welten auch ein wesensverschiedenes Denken Geltung hat und daß nun hier die Forderung nach dem ‚Abenteuer der Vernunft', von dem die beiden großen Erkenner beider Welten, Goethe und Rudolf Steiner gesprochen haben, an die Wissenschaft gestellt ist, wenn sich diese über die arabistische Sphäre hinaus zur universellen erweitern will.

In der spirituellen Erkenntnis Goethes ist das Nichts des Physikers dasjenige, von dem Mephisto-Ahriman beim Heruntersteigen des Faust in das Reich der Mütter spricht und dessen wahres Wesen Faust durch das Wort enthüllt:

„In deinem Nichts hoff ich das All zu finden."

Goethe, der seinen Mephisto im 2. Teil des ‚Faust' ursprünglich als Physikus des kaiserlichen Hofes auftreten lassen wollte, läßt ihn in ganz gleichem Sinne vom Nichts der nicht-physischen Welt sprechen, wie dies die modernen Physiker aus ihrer Wissenschaft heraus tun müssen, und er sieht hinter diesem Nichts in gleicher Weise das All der übersinnlich-geistigen Welt, wie wir dies heute aus der Geisteswissenschaft Rudolf Steiners heraus tun.

DIE WIRKSAMKEIT DES ÜBERSINNLICHEN IM SINNLICHEN

Wie wir vorerst am Beispiel der Wärme sahen, spricht das All der geistigen Welt durch das Qualitative des Physischen hindurch zu unseren Sinnen. Mit diesem Qualitativen hat die Physik nichts zu tun. Es ist ja längst die Binsenwahrheit festgestellt worden, daß die Physik, da sie nur mißt und wägt, notwendig auch nur das Wägbare und Meßbare in ihrem Weltbild haben kann, d. h. Substanz und Bewegung oder Masse und Energie. Wir werden nun weiter sehen, wie die Kräfte des Alls, des ,Reiches der Mütter', die sich uns im Qualitativen der physischen Welt kundtun, im Verlauf der Evolution in solcher Art in diese physische Welt hineinwirkten, daß das luziferisch-ahrimanische Chaos von Feuer und Substanz, von Energie und Masse, zum Kosmos, d. h. zu dem im Schmuck der göttlichen Ordnungen Prangenden umgeschaffen wurde. Wir lassen uns durch die Schilderungen Rudolf Steiners aus seiner übersinnlichen Schau, die er an die Betrachtung der hebräischen Urworte der biblischen Schöpfungsgeschichte angeknüpft hat, ein Stück weiter in diese Zusammenhänge hineinführen.

Das Weiterwirken des Geistigen wird durch das hebräische ,Ruach Elohim' dargestellt: „Und der Geist der Götter webte über den sich ausbreitenden Stoffmassen." Das ,Ruach' wird von Rudolf Steiner als ein Brüten dargestellt, als ein lebendiges Einwirken aus dem heraus, was wie ein Sinnen in den Wesenheiten vorging. Sie wirkten weiter in dem Strahlenden auf das Finstere, Verhärtende der Stoffmassen ein. Nun waren aber die Elohim Sonnenwesenheiten, und sie wirkten über dasjenige, was von der Sonne kam, weiter, als diese sich von der Erde getrennt hatte. Das geistig und stofflich Feinere und Lebendigere war in der Sonne und wirkte von dorther nun auf die Erde ein.

Rudolf Steiner schildert nun weiter eingehend und konkret das, was von der Sonne her wirkte, als die den Stoff im Irdischen ordnenden Kräfte. Diese Kräfte werden in der Geisteswissenschaft als die ätherischen bezeichnet. Ihre ordnende und gestaltende Wirksamkeit wird in der Ätherlehre dargestellt. In der inneren Organisation der Substanz haben wir es mit den beiden höheren Ätherarten, dem chemischen und dem Lebensäther, zu tun. In allem, was chemische Natur und chemische Vorgänge in der Substanz sind, wirkt nach der geisteswissenschaftlichen Ätherlehre der chemische Äther. Inwiefern wir es nun hier mit einer ordnenden Kraft zu tun haben, zeigt konkret und in sehr eindrücklicher Weise die moderne Mikrophysik, die ja die ganze Chemie in sich begreift, indem sie alle chemischen Vorgänge als mikrophysikalische erkannt und ergründet hat. Es sind die Atome, wunderbare Ordnungen von Elementarteilen, Ordnungen räumlicher und zeitlicher Art. Die chemische Natur eines solchen Stoffes, den man als chemisches Element bezeichnet, wird durch die Ordnung im Innern seiner Atome bestimmt, und alle chemischen Prozesse sind mikrophysikalische Vorgänge, die sich zwischen den äußeren Elementarteilen der atomaren Ordnungen abspielen. Man kennt also diese Prozesse im mikrophysikalischen Verlauf. In ihnen wirken die Ordnungskräfte so, daß aus dem Zusammenordnen mehrerer oder vieler atomarer Ordnungen verschiedener Art Ordnungen höheren und höchsten Grades entstehen, Ordnungen von oft unendlich kompliziertem räumlichem Aufbau. Wir bemerken hier, wenn wir nun die chemische Natur der Stoffe, ihr Geistig-Qualitatives, in die Betrachtung einbeziehen, daß dieses Geistig-Qualitative in einer geheimnisvollen Art mit den Kräften der räumlichen und der zeitlich-dynamischen mikrophysikalischen Ordnung verknüpft ist, daß es durch diese Ordnung in das Wesen der physischen Substanz eindringt. Im Großen wie im Kleinen wirkt und schafft das Geistig-Qualitative räumliche Gestaltung in zeitlichen Abläufen. In der Quantisierung der Energie wirkt ein rhythmisierendes Ordnungselement auch im

Dynamischen. So verschafft uns die Wissenschaft einen Einblick in das Wirken von chemischem Äther und Lebensäther. An welchem Punkt die Wirkung des Lebensäthers einsetzt, werden wir in späterem Zusammenhang erkennen. Es ergibt sich uns das Bild eines unendlichen Organisierens der geistigen Kräfte im Lauf der Evolution, in welchem sie aus dem Uranfang der Elementarteile die physische Substanz unserer Zeit schufen.

Es ist nun nicht etwa so, daß das Ordnungsprinzip, das wir unserer Betrachtung zugrunde legten, aus dem geisteswissenschaftlichen Denken heraus in den wissenschaftlichen Aspekt hineingetragen worden wäre, sondern es hat sich dieses Prinzip der äußeren Wissenschaft selbst als ein grundlegendes des physischen Seins ergeben. Es wird von Fachgelehrten ausgesprochen, daß ‚Ordnung' heute die einzige ‚Kategorie' des naturwissenschaftlichen Denkens ist, nachdem die Kausalität weggefallen und die Relativität von Raum und Zeit erwiesen ist. So tritt uns in der neuen Physik als Urphänomen die Polarität von Ordnung und Chaos in einem großartigen Aspekt entgegen: Den chaotischen Kräften, die hinter dem stehen, was wir als mechanistisches Naturgesetz in seinem begrenzten Bereich kennen, stehen die Ordnungen der atomaren und der molekularen Strukturen gegenüber. Es ist diese Polarität die Grundlage allen physikalischen Denkens für alle Zeit geworden. Ein Endgültiges ist in der Erkenntnis erreicht, auf dessen Grundlage nun der wissenschaftliche Denker – nicht die arabistische Wissenschaft als solche – auf die Mysterien a posteriori eintreten kann, auf das neue Wissen über das Übersinnliche, das in unserer Zeit gerade mit Rücksicht auf diese Situation enthüllt worden ist.

Den geistigen Hintergrund des Chaos kennen wir. Wir kommen nun auf das Schaffen der göttlichen Ordnungsmächte zurück, das Rudolf Steiner in seinen Vorträgen über die Geheimnisse der biblischen Schöpfungsgeschichte schildert. Die folgenden Ausführungen handeln vom chemischen oder Klangäther, der innerhalb des primitiveren ätherischen Zustandes des Lichtäthers wirkt:

„Okkultistisch kann man davon sprechen, daß die Kräfte in diesem feineren Äther dieselben sind, welche das chemische Anordnen, das Durcheinanderfügen der Stoffe dirigieren, das Organisieren des

Stoffes in der Art, wie man es etwa ausdrücken kann, wenn man auf eine Platte feinen Staub legt, die Platte dann mit einem Violinbogen streicht und so die sogenannten Chladnyschen Klangfiguren bekommt. Was der grobe sinnliche Ton da bewirkt in dem Staub, das geschieht überhaupt im Raum. Der Raum ist in sich differenziert, wird durchwogt von solchen Kräften, die feiner sind als die Lichtkräfte und die im Geistigen das darstellen, was im Sinnlichen der Ton ist. So daß wir von einem chemischen oder Klangäther als einem feineren Elemente sprechen können, wenn wir aufwärts gehen von der Wärme zum Licht, von da zu diesem feineren Äther, der die Kräfte enthält, die den Stoff differenzieren, trennen und zusammenfügen, der aber in Wirklichkeit tonartige, klangartige Wesenheit hat."

Hier finden wir die erste der Kräfte charakterisiert, die die Ordnungskräfte der physischen Substanz sind. Es deckt die spirituelle Schau die geistige Wesensart dieser Kraft auf, welche die erste Ordnung im Chaos hervorbrachte und immer noch hervorbringt, indem sie sie hält und trägt. Es ist die geistige Kraft des Klanges. So lernen wir in der Darstellung Rudolf Steiners wiederum eine physikalisch wirkende Kraft von der qualitativ-geistigen Seite her kennen, wie dies schon in bezug auf das Wellenelement der Wärmestrahlung der Fall war. Es erweitert sich uns damit der geistige Aspekt der physikalischen Welt wiederum um ein Stück. Wenn wir im Musikalisch-Klanglichen, im Harmonischen leben, befinden wir uns in dem geistigen Element, das die Ordnungen der mikrophysikalischen Welt auf ihrer ersten Stufe geschaffen hat. Lange bevor die Wissenschaft diese Ordnungen erforschte, kannte die spirituelle Forschung das Entsprechende im Kosmos, die Sphärenharmonien des Planetensystems. Von hier aus gesehen ist es mehr als ein äußerlicher Vergleich, wenn die Physiker die atomaren Ordnungen als kleine Planetensysteme bezeichnen. Es besteht hier eine Wesensgleichheit in bezug auf die innewohnenden göttlich-geistigen Schöpferkräfte.

Kehren wir zu unserem Gegenstand zurück, indem wir die Beziehungen zwischen klanglicher und physikalischer Ordnung noch von einer anderen Seite her betrachten. In der klanglichen Ordnung, der

Harmonie, herrschen Zahlenverhältnisse, wie sie schon von Pythagoras erforscht worden sind. Diese beruhen in den physikalischen Gegebenheiten der Saitenlängen und der Frequenzen der Schallschwingungen. Wir haben also ein mathematisch geordnetes Physisches, das dem physischen harmonischen Klang zugrunde liegt, und wir haben ein mathematisch Geordnetes im Physischen, das dem geistigen Klangeswesen des Klangäthers entspricht. Es gibt heute eine harmonikale Forschung, welche auch die Beziehungen zu ihrem Gegenstand gemacht hat, die zwischen dem Mathematischen der Musik und demjenigen der mikrophysikalischen Welt bestehen. Diese Beziehungen sind vorhanden und sind von H. Kayser aufgezeigt worden. Es liegt wirklich heute schon sehr vieles vor, was die Ergebnisse der spirituellen Forschung von der rationalen Seite her begründen kann.

Es ergibt sich aber der wissenschaftlichen Betrachtung der harmonikale Aspekt im chemisch-physikalischen Bereich nicht nur durch die Parallele in den Ganzzahligkeitsgesetzen, sondern noch auf einem viel direkteren Wege. Wir haben versucht, den Wellencharakter in der mikrophysikalischen Welt verständlich zu machen. Hier müssen wir nun einen weiteren Schritt in dieser Richtung versuchen. Es ist speziell von P. Jordan in seinem Werk ,Das Bild der neuen Physik' mit Nachdruck darauf hingewiesen worden, daß wir uns die Elementarteilchen der Substanz innerhalb des Verbandes nicht anschaulich-gegenständlich denken dürfen. Sie sind hier innerhalb der Ganzheit im Wellenelement aufgenommen. „Volle Realität gewinnt ein einzelnes mikrophysikalisches Gebilde oder Ereignis nur in den Ausnahmevorgängen makrophysikalischer Spurerzeugung", schreibt Jordan. Ganz allgemein wird in der neuen Physik die bei aller Klarheit der mathematischen Erfassung bestehende Unanschaulichkeit der mikrophysikalischen Gebilde betont. Nun ist aber von Physikern sozusagen außerhalb des anerkannten wissenschaftlichen Denkens nach einer Veranschaulichung der Verhältnisse gestrebt worden, und dabei kam man nun auf die harmonikalen Formen, auf die schon Rudolf Steiner aus seiner übersinnlichen Schau hingewiesen hat, auf die Chladnyschen Klangfiguren. Wie unser Zitat zeigt, hat Rudolf Steiner ausdrücklich solche Figuren als charakteristisch für das Kräftewirken bei den chemischen Vorgängen bezeichnet. Diese Vorgänge spielen nun nicht innerhalb eines einzelnen Atoms, wie etwa diejenigen der Kernspaltung, sondern in den Elektronenhüllen der Atome bei den Atomverbänden der chemischen Verbindungen eine Rolle. Man darf sich wohl denken, daß das Wellenelement bei diesen oft ja aus vielen tausenden von Atomen bestehenden Gebilden von geometrischer Ordnung in solchen Formungen zusammenspielt, die den Chladnyschen Klangfiguren ähnlich sind. Was sich der übersinnlichen Schau Rudolf Steiners zeigte, darf heute mit Recht als durch die Forschung bestätigt gelten. Bezüglich dieser neuen Anschauungen schreibt G. Unger in dem Buch ‚Physik am Scheidewege' (Dornach, 1948) das folgende:

„Die Sphärenharmonie, die in der Astralwelt ‚gehört' wird, wirkt auch formgestaltend. Die Chladnyschen Figuren legen physisches Zeugnis davon ab. — Und so ist es verständlich, daß die Ganzzahligkeitsgesetze der Chemie durch die Formeln der neueren Theorien in immer engere Verknüpfung mit wellenmechanischen Bildern geraten, die — nach dem Ausspruch eines Physikers — gerade durch ihre mathematische Verwandtschaft mit den Chladnyschen Figuren trotz ihrer Unanschaulichkeit noch erfaßt werden können."

Diese Ausführungen betreffen also Vorgänge von mikrophysikalisch gesehen sehr großen Ausmaßen, Vorgänge, die im Zusammenspiel vieler, manchmal sogar sehr vieler Elektronenhüllen von Atomen bestehen und da ein klanghaft-einheitlich Schwingendes werden. Was nun die Verhältnisse innerhalb eines einzelnen Atoms anbetrifft, so zeigt sich hier, daß die früher allgemein anerkannte Vorstellung des kleinen Planetensystems heute nicht mehr in diesem konkret-gegenständlichen Sinne gelten kann. Jordan, dem es sehr um eine Revision der überholten früheren Anschauungen zu tun ist, schreibt:

„Die älteren atomistischen Theorien und Hypothesen . . . stellten sich die Unterwelt der Atome ganz anschaulich als eine verkleinerte Oberwelt vor: Wenn auch Eigenschaften wie Farbe oder Temperatur dem einzelnen Atom fehlen sollten, so sollte es immerhin geometrisch und mechanisch die Liliputausgabe eines makrophysikalischen Körpers sein. Aber die Entwicklung der Quantenphysik hat diese Erwartungen völlig enttäuscht. Das Atom der heutigen Physik hat nur sehr wenig Ähnlichkeit mit einem verkleinerten makrophysikalischen Körper; das geht so weit, daß es in manchen seiner Eigenschaften einem Wellenvorgang ähnlicher ist als einem Körperchen."

Wir haben nun innerhalb des Atoms weiter die Unterscheidung zwischen Hülle und Kern im Auge zu behalten. Im Kern, der nur etwa einen Zehntausendstel des Atomdurchmessers einnimmt, haben wir eine ungleich viel engere Vergesellschaftung von Elementarteilen vor uns als in der Hülle. Sich diese nun etwa wie die Kerne einer Hagebutte in dem kleinen Raum zusammengedrängt vorzustellen, wäre wohl ganz unsinnig. Es gilt nun hier vor allem dasjenige, was durch Jordan betont worden ist, nämlich, daß die Elementarteile erst dann in ein konkretes Dasein treten, wenn sie im Experiment an ihren sichtbaren Spuren verfolgt werden können. Bei der Kernzertrümmerung entstehen eigentlich erst diese Teilchen, indem sie aus der dynamischen Ganzheit herausgerissen werden. Auch für die Veranschaulichung dieser in sich mathematisch-gesetzmäßig bestimmten Ganzheit hat man schon das harmonikale Bild herangezogen, und zwar nun das Bild des Akkords, in welchem eine ähnliche mathematische Bestimmtheit innerhalb eines in sich geschlossenen Wellenbildes vorliegt. Es tendiert hier das physikalische Denken nach weltanschaulicher Geltung und Ausdehnung, und es ist ohne Zweifel in diesem Sinne richtig, wenn man das Wellenelement unabhängig von der räumlichen Dimension in allen seinen Erscheinungsformen als ein wesensverwandtes ansieht. Auf diese Anschauung werden wir in weiteren Zusammenhängen noch zurückkommen. Schon Bavink hat in bezug auf den Atomkern auf das Bild des Akkordes, das offenbar von anderen Physikern gebraucht worden war, hingewiesen, obgleich es seinem arabistischen Denken wenig bedeutete. Er schrieb in der letzten Ausgabe seiner Naturphilosophie über das Wesen der Atomkerne: „. . . Beachten wir einstweilen, daß auch bei dieser Theorie und überhaupt in allen modernen Kerntheorien ebenso wie in der Theorie der ganzen Atome die in Rede stehenden ‚Korpuskeln'

durchaus nicht einfach in dem mechanistischen Sinne der früheren Zeit aufgefaßt werden, sondern daß ihnen immer neben dem korpuskularen Charakter zugleich der der ‚Materiewellen' zukommt, so werden wir davor bewahrt bleiben, uns den fraglichen ‚Aufbau' der Kerne allzu grob materialistisch-anschaulich vorzustellen, vielmehr dieses Wort selbst nur als ein Symbol für etwas nehmen, was aller Wahrscheinlichkeit nach überhaupt anschaulich gar nicht vorstellbar ist. Es ist, anders gesagt, mindestens problematisch, vielleicht aber sogar eine gegenstandslose Frage, ob die von Heisenbergs Kerntheorie angenommenen Protonen und Neutronen im Kern wirklich als solche existieren, oder ob sie sich zu diesem etwa ähnlich verhalten, wie die Teiltöne zu dem Akkord, den sie bilden."
Was hier Bavink noch sehr vorsichtig formulierte, daß man sich die Dinge nicht „allzu grob-materialistisch" vorzustellen habe, das wird heute, wie wir sahen, schon viel bestimmter ausgesprochen, in dem Sinne, daß grob-gegenständliche Vorstellungen da überhaupt ganz unangemessen seien. Es kommt darum heute auch der harmonikale Aspekt, wie wir ihn von der Geisteswissenschaft her gewinnen können, schon viel ernsthafter in Frage als noch vor wenig Jahren, als er für Bavink, obgleich er eine Naturphilosophie schreiben wollte, ein so belangloser war.
Wir müssen diesen harmonikalen Aspekt, wie er sich heute in der vorliegenden Literatur darstellt, noch weiter verfolgen. Wie wir sahen, ist sowohl von Rudolf Steiner als auch von G. Unger für die ‚Erfassung' des Unanschaulichen in der mikrophysikalischen Welt der Vergleich mit den Chladnyschen Klangfiguren herangezogen worden. Von Rudolf Steiner geschah dies ohne Zweifel im Sinne eines äußeren, grob-sinnlichen Bildes für weit feinere, differenziertere Vorgänge. Es gibt nun heute ganz andere Möglichkeiten, in das Wesen dieser Vorgänge einzudringen, als zur Zeit Rudolf Steiners. Um uns des Unterschieds bewußt zu werden, machen wir uns zuerst das Wesen der Chladnyschen Klangfiguren klar. Wer diese kennt, erkennt auch sogleich, daß sie auch in ihren schönsten Kurven durch mechanisch-physikalische Verhältnisse vollkommen bestimmt sind. Die schwingenden Platten, Glocken usw. teilen sich nach den rein physikalischen Gegebenheiten von Festigkeit, Elasti-

zität, Form und Fixierung in gleiche Schwingungsbezirke ein, an deren Grenzen und Übergängen dann die bekannten Kurven auftreten. Eine Glocke z. B. kann nur in vier gleichen Abteilungen schwingen. Es ist wesentlich, daß man sich diese mechanistischen Verhältnisse klarmacht, denn man wird dann hier nicht mehr von einem Zeugnis für das Wirken der Sphärenharmonien sprechen können. Das Einwirken des Kosmisch-Musikalischen findet ja vor allem auch im Reich des Lebendigen statt, und gerade da müssen wir nun ganz andere Grundlagen für das Verständnis des Formgestaltens heranziehen.

Diese Grundlagen sind in unserer Zeit in den bereits erwähnten Werken von H. Kayser erneuert und ausgearbeitet worden. Sie beruhen auf der harmonikalen Methode, die historisch auf Pythagoras, im Mysterienwissen, aus dem Pythagoras schöpfte, aber wohl auf ältere Zeit zurückgeht. Die harmonikale Methode besteht in einem Mathematisieren in räumlichen Ordnungen, die auf dem musikalischen Urphänomen der Obertonreihe und im weiteren Sinne auf der Mathematik der musikalischen Intervalle überhaupt beruhen. In den Diagrammen, die Kayser als Teiltonebenen bezeichnet, erscheint nun die musikalische Welt der Melodie, des Motivs, in einer Welt von Kurven, die in ganz anderer Weise lebendig gestaltet ist und lebendig zu uns spricht, als die in ihrer Schönheit doch physikalisch-tote Welt der Chladnyschen Klangfiguren. Im Weiteren erscheint in der harmonikalen Forschung Kaysers die Welt der musikalischen Intervalle im Raum als die Welt der Proportionen und der räumlichen Ordnungen. So haben wir dann als Entsprechung und sinnlich-sichtbare Erscheinung von Melodie und Harmonie im Raum die melodische Kurvenform und die harmonikal-mathematische Ordnung. In der weiteren Ausgestaltung der alten harmonikalen Methode mit den Mitteln der modernen Wissenschaft entwickelt Kayser dann eine Fülle von harmonikalen Deutungen von lebendiger und mineralischer Form, Proportion und Organisation.

Hier nun befinden wir uns in einer Welt der Formen, die aus einer Übertragung des Musikalisch-Klanglichen auf rein geistigem Wege hervorgeht, und hier können wir mit Recht auch von einem Einblick in die formgestaltende Macht der Sphärenmusik in den irdischen Verhältnissen sprechen. Hier liegt die mathematische Gesetzmäßigkeit des Musikalischen an sich und allein der Klangform zugrunde. Die Annahme einer solchen Wirkung über das Mathematisch-Gedankliche als über ein Geistig-Reales in die Substanzwelt hinein entspricht auch dem Denken des modernen Physikers, der alle die üblichen sinnlichen Veranschaulichungen der Verhältnisse in der Substanzstruktur strikt ablehnt und hier nur den Gedanken als die wahre Realität gelten läßt. Was schon von Jeans ausgesprochen worden ist, „die Welt ist Gedanke", wird ja heute z. B. von Jordan in einer neuen Metaphysik vertreten. So könnte die Einwirkung des Geistig-Musikalischen über das reale Element des Mathematisch-Gedanklichen im Sinne der harmonikalen Forschung Kaysers eigentlich vom modernen Physiker akzeptiert werden.

Es war trotzdem nicht möglich, daß die Forschung Kaysers in den modernen Wissenschaftsbetrieb hätte aufgenommen werden können, und zwar darum nicht, weil die arabistische Wissenschaft eben arabistisch sein und es auch bleiben muß. Sie kann sich nicht etwas Wesensfremdes einverleiben. Das Geheimnis ihres Erfolges beruht gerade in ihrer absoluten Konsequenz. Dies zeigt sich an dem Beispiel der Balmerschen Formel, die zu einem Grundpfeiler der neuen Physik wurde. Balmer war nicht etwa Physiker, sondern Philosoph und Harmoniker und hätte die Verhältnisse der optischen Spektren, die er harmonikal untersuchte, als er seine Formel fand, in harmonikalen Diagrammen darstellen können. Aber dies wäre für die Wissenschaft so bedeutungslos gewesen, wie seine algebraische Formel als mathematisches Instrument fundamental bedeutend werden mußte. Es beruht die arabistische Wissenschaft auf der algebraischen Technik und verdankt dieser so ungeheuer subtilen geistigen Mechanik ihren totalen Erfolg auf ihrem Gebiet. Es kann die harmonikale Forschung keine Wissenschaft im arabistischen Sinne sein, denn sie hat keine direkten Beweise. Sie gründet sich nicht auf formalistische Logik, sondern auf Anschauung und Vernunft. Vernunft aber spielt im Arabismus keine Rolle. Da muß oft das Vernünftige abgelehnt und das Unvernünftige gedacht werden, wenn es sich logisch ergibt, wie das gerade die akausale

Physik zeigt. Im Reiche Ahrimans herrscht nicht Vernunft. Diese ist im Reiche der göttlichen Ordnungen beheimatet. Auch der Physiker, der auf seinem Gebiet Bedeutendes leistete, stand sogleich außerhalb der Wissenschaft, wenn er in seinem Denken nach universellen Aspekten strebte. Es blieb dies seine Privatangelegenheit. Es spielte für die Wissenschaft keine Rolle, wenn ein Sommerfeld schrieb: „Was wir heutzutage aus der Sprache der Spektren heraushören, ist eine wirkliche Sphärenmusik des Atoms, ein Zusammenklingen ganzzahliger Verhältnisse, eine in aller Mannigfaltigkeit zunehmende Ordnung und Harmonie." (Zitiert nach H. Kayser, ‚Vom Klang der Welt'.)

Für den Menschen aber, der weltanschaulich denken will, ist ein solcher Ausspruch eines großen Physikers von Bedeutung. Die harmonikale Forschung, wie sie in unserer Zeit wieder aufgenommen worden ist, mag in Einzelheiten noch der Überprüfung bedürfen, grundsätzlich aber kann vom geisteswissenschaftlichen Gesichtspunkt aus gegen die Methode kaum etwas eingewendet werden. Sie erscheint im Gegenteil als der für unsere Zeit legitime Weg, um wieder zu einem geistigen Hören in der Welt der Formen und Proportionen zu gelangen, zu einem geistigen Hören dessen, was nach uralter Mysterienüberlieferung wie nach der modernen spirituellen Forschung Rudolf Steiners in der Schöpfung nach den harmonikalen Gesetzmäßigkeiten der Klangeswelt gestaltet und geordnet worden ist.

Es ist uns heute ein Kriterium für die Richtigkeit der harmonikalen Methode Kaysers gegeben, und zwar durch die übersinnliche Wahrnehmung Rudolf Steiners. Rudolf Steiner hat in seiner Toneurythmie aus geistigem Hören heraus ein System menschlicher Körperhaltungen und -bewegungen geschaffen, das im Sinne der Methodik Kaysers harmonikal ist, das sich aus dieser Methode heraus theoretisch begründen läßt. Es können hier solche speziellen Untersuchungen nicht durchgeführt werden, aber es muß auf die fundamentale Tatsache hingewiesen werden, daß aus übersinnlichem Hören und Schauen heraus etwas geschaffen worden ist, das die Richtigkeit der harmonikalen Methodik bestätigt, die darum auch geeignet ist, uns von der Erkenntnisseite her in das geistige

Hören hineinzuführen. Das geisteswissenschaftliche Denken der kommenden Zeit wird sich mit diesen Dingen zu beschäftigen haben.

Die harmonikale Forschung ist in unserer Zeit aus dem Grunde in grundlegender und allgemeinverständlicher Fassung wieder in das menschliche Geistesleben hineingestellt worden, weil sie in die wieder heraufkommende universelle Weltanschauungswissenschaft hineingehört. Es muß in der neu erstandenen umfassenden Welt-Anschauung wieder den harmonikalen Aspekt geben, wie es ihn in der geheimen Wissenschaft der alten Mysterien gegeben hat, und es wird neben dem Anschauen des Kosmos mit dem geistigen Auge auch wieder das Hören mit dem geistigen Ohr auf exakter Denkgrundlage eintreten.

Und nun der Mensch selbst, der das Musikalische schaffen, der ein Geistiges hineinlegen und heraushören kann, er ist ein Teil des Kosmos und auch zugleich ein Abbild desselben, er ist im Sinne jener universellen Individuationsgesetzmäßigkeit Teil und Abbild in einem, und was in ihm geistig-seelisch lebt, ist dasselbe, was im großen Kosmos lebt. Daß die Epoche der erschöpfenden Erforschung der physikalischen Ordnungen, welche die räumlichen und mathematischen Gestaltungen der kosmischen Musik sind, zusammenfällt mit der Epoche der erschöpfenden musikalischen Entwicklung der Menschheit, darf wohl hier auch in Betracht gezogen werden. Es spiegelt sich heute die Polarität der geistigen Tendenzen auch in der Musik, und es spiegelt sich auch jener letzte abgründigste Nihilismus, in welchem derjenige stehen bleibt, der nicht über die arabistische Wissenschaft hinausgehen will. Will er aber über sie hinausgehen, so kann er auf umfassender Grundlage rationaler Erkenntnis den verlorenen Kontakt mit der aus den ägyptischen Mysterien herübergenommenen Weisheitswissenschaft des Pythagoras wieder aufnehmen, denn es ist der große arabistische Zwischenakt abgelaufen.

Über dieses Wiederkommen der altägyptischen Weisheit innerhalb der modernen arabistischen Denkart ist von Rudolf Steiner manches ausgeführt worden. Es geschah dieses Wiederauftreten zunächst in einer arabistischen Verzerrung. Diese wird nun in der

Zukunft überwunden werden können. Von Rudolf Steiner sind diese für das Verständnis unserer Zeit so wesentlichen Verhältnisse im Zyklus ‚Welt, Erde und Mensch' in folgender Weise geschildert worden:

„So sehen wir, daß auf der einen Seite die alte ägyptische Erinnerung wieder auflebt. Was aber macht sie materialistisch? Was macht sie zu der Gedankenform des Toten? Wir können es handgreiflich zeigen. Wäre der Weg glatt fortgegangen, dann wäre in unserem Zeitraum die Erinnerung von dem Früheren aufgetreten. So aber sehen wir, wie sich das Spirituelle in ein Ganzes hineinrettet, und wie der eine Flügel der europäischen Entwicklung von dem Materialistischen ergriffen wird, wie dem Menschen, der sich an die alte ägyptische Zeit erinnert, die Erinnerung auf dem Weg durch den Arabismus so umgestaltet wird, daß sie ihm in materialistischer Form erscheint. Daß Kopernikus das moderne Sonnensystem überhaupt erfaßt hat, war eine ägyptische Erinnerung. Daß er es in materialistischer Weise gedeutet hat, daß er es zu einem Mechanischen, zu einem toten Rotieren gemacht hat, kommt davon her, daß von der anderen Seite her der Arabismus diese Erinnerung ins Materialistische hinunterzog."

„Wir sehen, wie sich die Wege trennen und wieder zusammenfügen, und die Zeit wird wiederkommen, wo nicht nur die ägyptische Erinnerung sich mit den spirituellen Glaubenswahrheiten vereinigt, so daß wir eine rosenkreuzerische Wissenschaft haben werden, die zugleich Religion ist, und daneben eine sich ans Materielle heftende Wissenschaft, — sondern auch diese beiden werden sich vereinigen, die Wissenschaft mit der Rosenkreuzerei."

In Joh. Kepler lebte die Erinnerung an die alte ägyptische Weisheit in einer beinahe vollbewußten Weise, und zwar so, daß sie aus den nämlichen Quellen floß, aus denen einst Pythagoras geschöpft hatte, und daß er demzufolge auch das Werk der harmonikalen Forschung dort fortsetzte, wo die pythagoräische Schule stehen geblieben war. Er fand die mathematisch-harmonikalen Verhältnisse im Planetensystem, und es bedeutete für ihn diese heute so vergessene Forschung die Krönung und den Sinn seines Lebens. Es war Kepler insofern ein Vorläufer unserer Zeit, als er schon das Band zur alten spirituellen Weisheit wieder knüpfte. Es war aber damals die Zeit dafür noch nicht da, und es mußte seine harmonikale Forschung in Vergessenheit geraten. Es stand der unerhörte Schlußakt der arabistischen Epoche erst noch bevor. Heute aber, da wir auf der breitesten Grundlage wieder in spirituelles Denken übergehen können, werden wir auch auf einen Geist wie Johannes Kepler zurückkommen.

Wenn wir nun, nach dem Überblick über das Wirken des harmonikalen Prinzips in der physikalischen Welt die spirituelle Forschung Rudolf Steiners weiter verfolgen, so finden wir, daß durch den Klang noch nicht die vollständige und endgültige Ordnung im Physischen bewirkt wurde, sondern erst eine gewisse Stufe. Es ist bereits erwähnt worden, daß die höchste und letzte Form des Ätherischen, der Lebensäther, mit hineingewirkt hat. Der Lebensäther wirkte wiederum innerhalb der vorhergehenden Ätherform und wirkte mit ihr in intimer Weise zusammen. Für die Fortsetzung unserer Betrachtung ziehen wir wieder einen Wortlaut von Rudolf Steiner aus den Vorträgen über die biblische Schöpfungsgeschichte bei. Es ist in diesem von dem ‚haschamajim' die Rede, was hebräisch das höhere, feinere Element bedeutet, das bei der Sonnentrennung mit der Sonne aus der Erde herausging.

„Wohin kommen wir nun, wenn wir von dem Klanghaften zu noch feinerem, höherem Ätherischen steigen, das also wiederum mit dem haschamajim hinausgegangen ist? Da kommen wir zu etwas, was sozusagen als der feinste ätherische Zustand wiederum webt in dem eben beschriebenen Ton- und Klanghaften, in dem chemisch Ordnenden . . . in dieses Dasein hinein, das durch den Klangäther geordnet ist, ergießt sich eben der höhere Ätherzustand. Der durchdringt, durchsetzt das Klangätherische so, wie in uns der Klang, den unser Mund ausspricht, den Sinn des Gedankens durchdringt, das, was den Klang zum Worte macht. Das fassen Sie ins Auge, was den Klang zum sinnvollen Worte macht: dann bekommen Sie eine Vorstellung von dem, was den Klangäther durchwebt als das feinere ätherische Element, was kosmisch durchwebt und Sinn gibt dem ordnenden Weltenklang, das den Raum durchwogende Wort . . . Das also, . . . was in das Sonnenhafte gegangen ist, gegenüber dem anderen Niederen, dem tohu-wa-bohu, das ist etwas, was sich äußerlich ankündigen kann als Lichthaftes. Hinter diesem steht aber ein Klanghaftes, hinter diesem das kosmische Sprechen."

Das wirksame übersinnliche Element, das da geschildert ist, wird also in der Ätherlehre als Lebensäther bezeichnet, und zwar darum, weil es nach der okkulten Forschung im Lebendigen eine besondere Rolle spielt. Im Anorganischen wird ihm die Bildung der festen Substanz, des festen Aggregatzustandes, zugeschrieben. Es schildert nun Rudolf Steiner weiter das Geistig-Wesenhafte, das in diesem Element wirkte:

„So müssen wir uns die Wesenheit der Elohim über den ganzen Kosmos ausgedehnt denken, diesen ganzen Kosmos uns wie den Leib denken: Das, was das elementarische Dasein ist in dem tohu-wa-bohu als die niedrigste Gestalt des Leiblichen, das Wärmehafte als etwas höhere Gestalt, als die Gestalt des höchsten Geistigen das haschamajim, das hinausgezogen ist und jetzt von außen herein schaffend wirkt in die ganze Gestaltung des tohu-wa-bohu . . . Von wo aus wird nun aber die menschliche Gestalt organisiert? Es kann keine solche menschliche Gestalt geben, wie wir sie haben . . ., ohne daß sie von den im Gehirn veranlagten und von dort ausstrahlenden Kräften organisiert wird. Von den höchsten geistigen Kräften, die da ausstrahlen von unserem Geistigen, wird unsere Gestalt organisiert. Immer wird das Niedrige von dem Höheren organisiert. So wurde das harez (Erde) gleichsam als der Leib der Elohim für das Niedrige von dem höheren Leiblichen, von dem haschamajim und dem darin wirkenden Geistigen der Elohim organisiert."

Dieses höchste Geistige der hohen Wesenheiten, das im Stoff organisiert, ist also das ‚Wort' im Lebensäther. Es wirkt innerhalb des Klangäthers und organisiert aus demjenigen, was dieser geschaffen hat, ein Höheres, das Höchstorganisierte im irdischen stofflichen Sein. Wir haben es im Wort mit einem Höheren zu tun als im Klang. Im Musikalischen lebt das Geistige im dumpfer bewußten Bereich des Gefühls, im Wort geht es in den vollbewußten über, indem es einen Sinn kundgibt. Wie in der äußeren Welt der Lebensäther innerhalb des Klangäthers schafft, so das Wort im Menschen inner-

halb des Gefühlsmäßigen, also der Geist innerhalb des Seelischen. In der Evolution haben wir das Lebendige zuerst nur von einem Seelischen bewohnt. Das war während der Zeit der Herrschaft des Klangäthers im flüssigen Element des Alten Mondes und der mondhaften Epoche der Erdenzeit. Das Geistige trat zuletzt in das Lebendige ein als das Ich des Menschen, und zwar erst während der eigentlichen Erdenzeit, als auch der Lebensäther die höchste stoffliche Organisation schuf und damit die feste Substanz ins Dasein hob. Wir werden sehen, daß er im Lebendigen zugleich die Festigkeit der artgemäßen Prägung bewirkte. Da sehen wir nun mit dem geistigen Auge in der Evolution ein unerhörtes neues Phänomen auftreten: Es ist das Phänomen der Form, der Form, die stehen bleibt. Das Wort wird Form im Raume, der eine Dauer in der Zeit verliehen ist und die eine Form ist, die spricht, die der Ausdruck des geistig sprechenden Wortes ist.
Auf dieses Problem der bleibenden Form im Reich des Lebendigen und in demjenigen des Mineralischen werden wir nun von der wissenschaftlichen Seite her eintreten. Wir werden wiederum die okkulte Weisheit von der rationalen Seite her begründen. Und wir finden diese Weisheit auch wiederum als Urweisheit der Menschheit, die in den ersten Worten des Johannesevangeliums zum Ausdruck gebracht wird.

„Im Anfang war das Wort, und das Wort war bei Gott, und
Gott war das Wort.
Dasselbe war im Anfang bei Gott.
Alle Dinge sind durch dasselbe gemacht, und ohne dasselbe
ist nichts gemacht, was gemacht ist.
In ihm war das Leben und das Leben war das Licht der
Menschen."

In der Schilderung Rudolf Steiners über das Wirken der Elohim haben wir dasjenige, was die spirituelle Schau über den Sinn der ersten Verse des Johannesevangeliums kundtut. Es wird dann weiter über die ‚Dinge' gesprochen, die ‚gemacht' sind. Das ‚gemacht' weist hin auf den festen Bestand, auf die Dauer von Form und

Organisation in der Zeit. Die ‚Dinge' sind die Dinge der Welt, die von solcher dauernden Form und Organisation sind. In der physisch-sinnlichen Welt haben wir es hier mit der festen anorganischen Substanz und mit dem Lebendigen zu tun. Beides geht aus dem Wirken des Lebensäthers hervor. Wir werden nun sehen, daß diese geisteswissenschaftliche Erkenntnis, die zugleich Urweisheit ist, durch die Ergebnisse der äußeren Forschung bestätigt wird. In beiden Bereichen ist die Grundlage der dauernden Form das Molekül, die höhere Zusammenordnung der Atome.

Wenden wir uns zuerst der Betrachtung der anorganischen festen Substanz zu. Der äußeren Anschauung zeigt sich hier meist nicht dasjenige, was wir als Form bezeichnen, sondern es zeigt sich im Gegenteil meist eine regellos wechselnde Gestalt ohne inneren Sinn. Form im eigentlichen Sinne tritt uns im Anorganischen aber im Kristall entgegen. Dieser geht aus der geometrisch-gesetzmäßigen Anordnung von Molekülen oder Atomen hervor. Höhere Ordnungskräfte bauen sowohl das Molekül als auch den Kristall aus den Primärordnungen der einzelnen Atome auf. Die geometrische Form des Kristalls wird durch die Struktur des einzelnen Bausteins, des Moleküls, bedingt. Und was lehrt nun die neue Physik über die feste anorganische Substanz? Sie lehrt, daß diese immer kristallinischer Natur und kristallinischen Ursprungs ist. Erst in neuester Zeit haben feinste physikalische Untersuchungsmethoden zu dieser Erkenntnis geführt. Die feste anorganische Substanz ist Kristall und beruht auf den höheren Ordnungskräften des Mikrophysikalischen, welche die Kristallstruktur hervorbringen, im geisteswissenschaftlichen Sinne also auf den Kräften des Lebensäthers. Die feste Substanz gehört zu den ‚Dingen', die durch das Wort ‚gemacht' sind. Die Kräfte des Lebensäthers sind nicht nur ordnend, sondern auch zusammenziehend und bewirken die Festigkeit der von ihnen geprägten Ordnungen.

Dies widerspricht nun den heute noch weit verbreiteten schulmäßigen Vorstellungen über die Aggregatzustände, denn es kann ja das Molekül auch Bestandteil von flüssigen oder gasförmigen Stoffen sein. Hier müssen wir nun wiederum im Sinne der neuen Physik umlernen, und zwar tun wir dies in diesem Fall wegen der Schwie-

rigkeit des Problems und zugleich wegen seiner prinzipiellen Bedeutung an Hand eines Textes von Schrödinger, der uns erneut die Bedeutung des Denkens dieses Forschers für den geisteswissenschaftlichen Aspekt zeigt. Schrödinger führt aus:
„Die Beispiele eines Moleküls, eines festen Körpers und eines Kristalls sind nicht wirklich verschieden. Im Lichte heutiger Erkenntnis sind sie ihrem Wesen nach gleich. Unglücklicherweise hält der Schulunterricht gewisse überlieferte Vorstellungen aufrecht, welche seit vielen Jahren überholt sind und welche das Verständnis des tatsächlichen Standes der Angelegenheit verdunkeln.
Was wir in der Schule über Moleküle gelernt haben, vermittelt in der Tat nicht die Vorstellung, daß sie enger mit dem festen als mit dem flüssigen oder gasförmigen Zustand verwandt sind. Wir wurden im Gegenteil belehrt . . ."
Es folgt nun eine Darstellung all der überholten schulmäßigen Begriffe über Moleküle, Kristalle und feste Substanz. Dann wird weiter ausgeführt:
„Nun möchte ich nicht so weit gehen, um zu sagen, daß alle diese Feststellungen und Unterscheidungen vollständig falsch seien. Für praktische Zwecke sind sie hin und wieder nützlich. In der wahren Betrachtungsweise der Struktur der Materie aber müssen die Grenzen auf vollständig andere Weise gezogen werden. Die fundamentale Unterscheidung liegt zwischen den beiden Zeilen des folgenden Schemas der ‚Gleichungen':

Molekül = fester Körper = Kristall
Gas = Flüssigkeit = amorph."

Zur zweiten Gleichung wären wohl noch Vorbehalte zu machen. In bezug auf die grundsätzliche Unterscheidung aber zwischen fester Substanz und flüssiger vertritt Schrödinger in prägnantester Weise den alten geheimwissenschaftlichen Standpunkt, auf den wir schon hingewiesen haben. Dieser tritt in der modernen Physik wieder in seine Rechte. Zugleich wird er tiefer begründet durch die moderne spirituelle Geisteswissenschaft. Was sich im Sinne der Physik fundamental von der übrigen physischen Welt unterscheidet, nämlich die

Welt des Kristallinen, ist dasjenige, was geisteswissenschaftlich gesehen durch den Lebensäther gewirkt wurde.
Die Begründung für die neue Auffassung in der Physik liegt darin, daß das Wesen des molekularen Zustandes sich nur im Festen ausprägt und in den anderen Aggregatzuständen verschwimmt. Wir haben also:
Lebensäther — Molekül — fester Körper — Kristall.
In alter Überlieferung finden wir eine Darstellung des Eingreifens des Lebensäthers in der Evolution. Der Seher der Apokalypse schildert dieses Geschehen, das er schaute, in folgendem Bilde:
„Und alsobald war ich im Geist. Und siehe, ein Stuhl war gesetzt im Himmel, und auf dem Stuhl saß einer . . .
Und vor dem Stuhl war ein gläsernes Meer, gleich dem Kristall."
Es erscheint das mineralisch Feste der Erde in geometrischer Form, die in der Zeit Bestand hat. Was ist es nun, das diese Form in der sinnlichen Welt so weit zerstört, daß sie uns fast nirgends sichtbar entgegentritt? Es sind die mechanisch zerstörenden Kräfte der Schwere, der Massenwirkung usw. Es wirken da die statistischen ‚Naturgesetze', die ein Ausfluß chaotischer Kräfte sind, welche nun auch hier wiederum chaotisierend, zerstörend, zertrümmernd wirken, so daß uns das Mineralreich der Erde in einem scheinbar chaotischen Zustand entgegentritt. So haben wir auch hier wiederum die Polarität, welche wir im Mikrophysikalischen kennenlernten, die Polarität von Chaos und Ordnung.
In der Ordnung des Kristalls haben wir im Sinne Rudolf Steiners das ‚Wort' innerhalb des klanglichen Elementes — dieses zu einem Sinnvollen gestaltend — wirkend zu denken. Das Sinnvolle, das im Klanglichen wirkt, gestaltet dieses zuerst in harmonischen und zeitlich rhythmischen Ordnungen zu einem Musikalischen, welches nun geistig-seelisch zu uns spricht. Diese erste Stufe des sinnvollen Wirkens haben wir in der Stoffeswelt offenbar im mineralischen Kristall vor uns. Die höhere Stufe, in welcher das Wort als solches hervortritt, tritt uns, wie wir noch eingehender ausführen werden, im Reich des Lebendigen entgegen, das durch den das Wort im physischen Klange aussprechenden Menschen gekrönt wird. Wie wir sahen, haben wir im Baustein der Substanz, im Atom, das

Klangliche als solches als ordnendes Prinzip. In der höheren Ordnung der Kristallwelt, die, wie wir ebenfalls noch sehen werden, in gewissem Sinne die unterste Stufe des Lebendigen darstellt, müssen wir also die erste Stufe des sinnvollen Wirkens innerhalb des Klanges suchen, d. h. ein musikalisch Gestaltetes, und zwar in einer ersten, urbildlichen Form. Das so gestaltete Musikalische ist in der Kristallwelt wirklich gefunden worden. Darüber schreibt Kayser in seinem Buch ‚Vom Klang der Welt':
„Der Berliner Kristallograph Weiß hat bereits vor 100 Jahren nachgewiesen, daß in den Wurzelwerten der Kristallwinkel und -seiten musikalische Rationen zum Vorschein kommen. Diesen Gedanken nahm dann der Heidelberger Kristallograph Viktor Goldschmidt wieder auf und hat ein ganzes Buch mit dem Titel ‚Harmonie und Komplikation' darüber verfaßt. Auch Goldschmidt stellt fest, daß die Grundelemente der musikalischen Harmonielehre in den Aufbauprinzipien der Kristalle eine ausschlaggebende Rolle spielen. Man sieht also, daß die Harmonik in diesem Gebiet der exakten Wissenschaft längst anerkannt ist."
Kayser gibt dann einige Tonfolgen, die Kristallformen entsprechen, und schreibt anschließend über diesen Klang der mineralischen Welt das folgende:
„Jeder, der sich diese Beispiele vorspielt, wird hören, wie individuell, ja wie ‚modern' die Flächenskalierung bei einzelnen Kristallen ist. Oft sind es geradezu grandiose Tonfolgen, welche da zum Vorschein kommen, und wer weiß, was für Überraschungen uns noch bevorstehen, wenn sich einmal jemand die Mühe nimmt und alle diese Kristallthemen und Kristallakkorde herausnotiert. Es gäbe dies sicher eine Sammlung von den einfachsten monumentalsten bis zu den differenziertesten und interessantesten musikalischen Gebilden — eine unerschöpfliche thematische Fundgrube für Kontrapunkt und Polyphonie."
Nachdem wir nun einen Überblick über das Wirken der göttlichen Ordnungsmächte im Mineralischen gewonnen haben, nachdem wir das Wirken von Klang und Wort im Reich des Toten von der Seite der Forschung her kennengelernt haben, erinnern wir uns jetzt der früheren Feststellung von der prinzipiellen Unterscheidung dieser

göttlichen Kräfte von den ahrimanischen, welche in den materiellen Urkonzentrationen wirksam waren. So steht der gewaltige Aspekt Rudolf Steiners vom Einwirken der göttlichen, der Sonne entströmenden Ordnungsmacht in die ahrimanisch bedingte Ursubstanz wiederum vor uns, und wir sehen im Mineral gleichsam Ahriman von den höheren Mächten bezwungen und in Fesseln geschlagen. Geistige Lichtkraft bändigt im Mineral die ins Chaos tendierende Ursubstanz zur physikalischen Ordnung im Kristall, der sich uns in seiner Beziehung zur Welt des Lichts und der Farben darstellt. Als Wunder der Form, der Farben und des Lichtes, als mineralische Zeugen der geistigen Welt erscheinen uns die Kristalle in der physischen Stoffeswelt. Sie sind die ursprünglichen Komponenten jeder Art von mineralisch-fester Substanz. Wirklich, es ist im ‚Gestein' Ahriman in Fesseln geschlagen durch die Lichtkräfte. Dieses Bild stellt sich uns durch die physikalisch-geisteswissenschaftliche Betrachtung vor die Seele. Es ist dasselbe, das von Rudolf Steiner im zentralen Hauptmotiv der Malerei der kleinen Kuppel des ersten Goetheanum gemalt worden ist, das Bild der Sonnenwesenheit des Christus, dessen Lichtkräftestrahlen den Ahriman im Innern des Gesteins gefesselt halten. Und es ist wiederum dasselbe Bild, das Rudolf Steiner in der monumentalen Holzplastik vor uns hingestellt hat, ein Bild spiritueller Schau von umfassendster Bedeutung, welche sich uns erst heute, ein Vierteljahrhundert nach dem Tode seines Schöpfers, aus der exakten wissenschaftlichen Erkenntnis heraus in seinem universellen Wahrheitsgehalt offenbart. Es hat Rudolf Steiner in seiner Geisteswissenschaft den Christus als den Träger des ‚Wortes' hingestellt, als den Träger der nämlichen Kräfte also, die in der Evolution die ahrimanischen Urgewalten in die Form des mineralischen Kristalls bannten. Wir stehen heute betroffen vor der Größe des Bildes, das Rudolf Steiner malte, das den von den Christus-Lichtkräften gefesselten Ahriman im Innern der mineralisch-festen Erde zeigt.

Von dem neuen Gesichtspunkt aus gesehen, stellt sich uns nun dasjenige, was heute in der Atomphysik getan wird, ebenfalls in einem neuen Lichte dar. Wir sahen schon früher, daß die physikalischen Energien, aus welchen sich die physische Substanz verdichtete, nicht mehr göttlich-geistiger, sondern luziferisch-ahrimanischer Natur waren. Wir fanden hier das Feuer Luzifers, des Abgefallenen. Ihm gesellte sich der ‚Bruder' Ahriman, der Verfestiger zur ersten physischen Substanz bei. Das ‚Feuer' der Urwelt, das nach der Überlieferung der okkulten Naturwissenschaft die Substanz der Wesenheiten war, die sich vom göttlichen Urgrunde weggewandt hatten, tritt im Atomexperiment wieder in Erscheinung. Aber auch das Chaos der Ursubstanz erscheint in allem, was korpuskulare Phänomene sind, wieder. In der Unterscheidung zwischen Wellenstrahlung und Korpuskularstrahlung stellt sich uns die Entsprechung zur Unterscheidung zwischen luziferischem und ahrimanischem Wesen dar. Beides erscheint trotz polarer Gegensätzlichkeit in engster physikalischer Beziehung. Es sind die Vorgänge hier im einzelnen noch nicht vollständig erkannt und durchschaut. Eines aber ist für die geisteswissenschaftliche Betrachtung klar: Was göttliche Ordnung der Substanz im ‚Klang' und im ‚Wort' ist, wird aufgehoben, und es entfesselt das Atomexperiment die dämonischen Urkräfte, die im Verlauf der Evolution in der physikalischen Welt durch die göttlichen Ordnungsmächte gebunden worden waren. Auf diese Tatsache und auf die Bedeutung des zentralen Motivs des künstlerischen Schaffens Rudolf Steiners im Lichte dieser Tatsache werden wir in einem späteren, erweiterten Zusam menhang zurückkommen.

Wenn wir in den spirituellen Zusammenhängen, die wir Rudolf Steiner verdanken, im Atomexperiment den entfesselten Ahriman wirken sehen, so stehen wir betroffen vor gewissen Darstellungen der zeitgenössischen amerikanischen Literatur, in denen die Befreiung der Atomenergie als „die Geburt des Gottes Ka" gefeiert wird. In einer dichterisch-phantastischen Art wird da von der mysterienhaft-urweltlichen Größe der Atomenergieerzeugungsanlagen gesprochen, in denen der Gott Ka das Licht der Welt erblickt, und es wird die größte Synthese von arabistischer Technik und Wissenschaft, die die Welt bisher gesehen hat, in den entsprechenden universellen Zusammenhang hineingestellt. Es erwacht in einer dumpfen und phantastischen Art ein Bewußtsein spiritueller Wahrheiten. In unserem Zusammenhang sehen wir Ahriman sein Ziel erreichen durch den Menschen, den er sich im Arabismus dienstbar gemacht hat, das Ziel, sich aus den Fesseln des ‚Wortes' in der Welt des Mineralischen zu befreien. Wir verstehen nun erst das Wirken Ahrimans in der Entwicklung des menschlichen Denkens, aber wir sehen es zugleich unter dem Aspekt höherer göttlicher Verheißung und Intention.

Hier verlassen wir nun die Betrachtung des physikalischen Seinsbereichs, um das Wirken des ‚Wortes' in den ‚Dingen', die ‚gemacht' sind, auf der Seite des lebendigen Daseins zu verfolgen, indem wir auch hier die Ergebnisse der Forschung unserer Zeit in Betracht ziehen. Wir haben es also nun wieder mit dem engeren Bereich der Kräfte des Wortes, d. h. des Lebensäthers zu tun, die im Mineralischen in den höheren Ordnungen des Kristallinen wirken, die also diejenigen der Kristalltendenz sind. Daß nun dasselbe Ordnungsprinzip, das da im Mineralischen wirkt, auch im Lebendigen von grundlegender Bedeutung ist, wird im Wort des Johannesevangeliums, „in ihm war das Leben", zum Ausdruck gebracht. Diese spirituelle Urweisheit wird nun ebenfalls durch neueste wissenschaftliche Ergebnisse und Anschauungen bestätigt, und zwar handelt es sich hier um Ergebnisse, die auch im rein arabistisch-wissenschaftlichen Denken von epochaler, grundlegender Bedeutung sind und die auch in diesem Sinne verkündet werden. Sie stehen im engsten Zusammenhang mit der Erkenntnis von der Kristallnatur aller festen mineralischen Substanz.

Die fundamentale Tatsache, um die es sich hier handelt, ist diese: Es sind die Chromosomen der lebendigen Zelle, welche die materiellen Träger der artgemäßen Prägung, der ‚Erbmasse' und ihrer Komponenten, der ‚Erbmerkmale', sind, im physikalischen Sinne als Moleküle anzusehen. Sie sind also wesensgleich mit den Elementen der Kristalle, mit den Mikrokristallen, und wie diese im Mineralischen, so bestimmen sie im Lebendigen Form und Organisation, denen eine gewisse Dauer in der Zeit eignet. Diese lebendige Dauerform ist also gleichsam ein lebendiger Kristall. Lebendiger und mineralischer Kristall zeigen auch einen ähnlichen Wachstumsprozeß. Dem wachsenden mineralischen Kristall gliedern sich in der Gesetzmäßigkeit der geometrischen Form stets gleiche physikali-

sche Elemente an, im wachsenden lebendigen Kristall werden durch die Verdoppelung der Chromosomen bei der Zellteilung ebenfalls stets neue gleiche physikalische Elemente eingegliedert, die sich ebenfalls der wachsenden Form einfügen, wobei aber nun diese Form nicht geometrisch bestimmt ist, wie beim mineralischen Kristall. Auf das Formproblem im Lebendigen werden wir zurückkommen. Hier wenden wir uns nun der primitivsten heute bekannten Form des Lebendigen zu, den Mikroorganismen der Virusarten, denen gegenüber ein kleiner Bazillus schon eine mächtige, hochkomplizierte Organisation darstellt. Da finden wir etwas Erstaunliches: Es kristallisieren diese einfachsten Lebewesen, wie das Mineralische, in wachsenden Kristallen. Das können sie, weil sie, wie die Chromosomen der großdimensionalen Lebewesen, einzelne Moleküle sind, und zwar, wie Jordan schreibt, „sehr große, hochkomplizierte Moleküle allerdings, . . . aber immerhin einzelne Moleküle im strengen Sinn der chemischen Begriffsbestimmung." Wodurch charakterisieren sich nun aber die Viren als Lebewesen? Dadurch, daß sie in geeigneter Umgebung an Größe zunehmen, also wachsen, und sich darauf teilen, also vermehren können. Diese selbsttätige Vermehrung wird von vielen Forschern als die Grundfähigkeit des Lebendigen angesehen. In diesem Aspekt erscheint die Kleinwelt der Viren als eine Welt von Lebewesen. Sie ist in viele wohldefinierte und persistente Arten differenziert, die in bezug auf Größe und Form in einem sehr weiten Rahmen variieren. So sind die größten einige tausend mal größer als die kleinsten. Trotz alledem sehen sich viele Forscher genötigt, das Virus nicht als Lebewesen, sondern als chemische Substanz, nämlich als Nucleoprotein mit besonderen, ebenfalls chemisch zu erklärenden Eigenschaften anzusehen. Danach soll die selbsttätige Vermehrung ein ‚autokatalytischer' Vorgang sein. (Siehe z. B. K. M. Smith, ‚Das Virus, der Feind des Lebens', A. Francke, Bern.)
Daß der Streit um das Problem des Lebens beim Virus heute als unentschieden ad acta gelegt wird, zeigt die Äußerung Jordans: „Es wäre ein bloßer Streit um Worte, wenn wir fragen wollten, ob diese Erreger (d. h. die Viren) noch als Lebewesen — als lebende Moleküle — zu bezeichnen seien, oder ob man eine rein chemische Kenn-

zeichnung — als Moleküle mit der Fähigkeit der autokatalytischen Selbstvermehrung — vorziehen soll. Jedenfalls zeigen uns diese Erreger, daß wir eben die autokatalytische Vermehrung als die Grundfähigkeit alles organischen Lebens anzusehen haben." Wenn wir nun die Grundfähigkeit des organischen Lebens nur dem Lebendigen und nicht auch dem Toten zuschreiben wollen, so müssen wir das Virus als ein Lebendiges betrachten und mit ihm auch die Chromosomsubstanz der lebenden Zelle, welche dieselbe Grundfähigkeit ebenfalls besitzt. Wir kommen also zum Begriff des lebenden Moleküls.

Wir stehen also heute vor der Tatsache, daß lebendige Ganzheiten, wie das Virus und das Chromosom der lebendigen Zelle, der Forschung ebenfalls als Moleküle „im strengen Sinn der chemischen Begriffsbestimmung" erscheinen. Diese Tatsache ist in ihrer Bedeutung für die geisteswissenschaftliche Betrachtung ebenso fundamental, wie die anderen Ergebnisse der neuen Physik, die wir schon betrachteten. Es ist das Virus mit dem Chromosom wesensverwandt. Es besteht chemisch aus gleicher Substanz (Nucleoprotein = Zellkerneiweiß), und es ist geradezu als Gen betrachtet worden, als ‚freies Gen' ohne Zellplasma, das sich des Plasmas der Wirtszellen bedient. Da jedes Molekül Mikrokristall ist, so ist es auch das lebendige. Es ist darum verständlich, daß auch das Chromosom, wie das Virus, das sichtbar kristallisiert, als Mikrokristall von spezieller Eigenart betrachtet wird. Wir werden auf diesbezügliche Ausführungen von Schrödinger noch eingehen.

Es ergibt sich nun für die geisteswissenschaftliche Betrachtung, daß der Kristall im eigentlichen, sowohl das lebendige als auch das mineralische Molekül umfassenden Sinne der Träger der Kräfte aller bleibenden Form im Reich des physischen Seins ist. Es ist alle mineralisch-feste Substanz kristalliner Natur, und es ist alle lebendige Form durch die Wirkung des Chromosomkristalls bestimmt. In den mikrophysikalischen Ordnungen des Kristalls aber wirken die Kräfte, die aus der übersinnlichen Schau heraus als diejenigen des Lebensäthers bezeichnet werden, als diejenigen des ‚Wortes', durch die alle ‚Dinge' gemacht sind.

Wir haben also, wenn wir vom Mikrokristall ausgehen, nach der einen Seite die Kristallbildung im Mineralischen und nach der anderen die Bildung des ‚lebendigen Kristalls', der festgeprägten, in der Zeit dauernden Form des Lebendigen. Und hier nun steht das unerhörte Phänomen vor uns, mit dem wir uns noch weiter beschäftigen werden: das Phänomen der geistig-seelisch sprechenden Form in der physischen Substanz, das Phänomen des sichtbaren ‚Wortes'. Innerhalb der lebendigen Schöpfung spielt sich der Triumph der geistigen Welt über die ahrimanische Macht ab, die in ihrer Schöpfung, in der chaotischen physischen Substanz, den Geist verleugnen wollte und die hier noch heute „in Geistverleugnung geistig schafft".

DER NACHWEIS ÄTHERISCHER WIRKUNGEN IN ORGANISCHEN SUBSTANZEN
DAS ORDNUNGSPRINZIP IN DER NEUEN PHYSIK ALS DAS WIRKEN DES WORTES

In den letzten Ausführungen ergab sich uns ein weiterer Schritt in der Begründung der Erkenntnisse der spirituellen Geisteswissenschaft aus der modernen arabistischen Forschung heraus. Was war es doch bis in die jüngste Zeit hinein für ein Kreuz für ein wissenschaftlich orientiertes Denken, das den Zugang zur Geisteswissenschaft suchte, wenn in dieser das Wirken des Lebensäthers sowohl für die Existenz der festen Substanz im Mineralischen, wie für die Existenz der Formenwelt des Lebendigen verantwortlich gemacht wurde! Wie mußte man doch diese von der spirituellen Forschung festgestellten Verhältnisse als wissenschaftlich unmöglich erleben, bis zu dem Zeitpunkt, da nun die exakte äußere Forschung die Grundtatsache feststellte, auf die wir hingewiesen haben: die Tatsache der Kristallnatur aller mineralisch-festen Substanz und aller Zellkernsubstanz des Lebendigen.
Die Kristallnatur ist als Lebensätherwirkung sowohl für die lebendige, wie für die mineralisch-tote Welt grundlegend. Damit sind wiederum auf einem Gebiet von fundamentaler Bedeutung Geisteswissenschaft und äußere Forschung eins geworden. Sie sind hier in gleicher Weise eins geworden wie in der anderen fundamentalen Erkenntnis, nach welcher das physische Sein im Ursprung aus der ‚Wärme', d. h. aus der Wellenenergie hervorgegangen ist. Wieder können wir staunen über die Sicherheit, mit welcher die Dinge vor einem Vierteljahrhundert von Rudolf Steiner und seinen Schülern gegenüber der äußeren Wissenschaft richtig hingestellt worden sind, als diese Wissenschaft noch weit von demjenigen entfernt war, was

sie heute erreicht hat und sie für die geisteswissenschaftliche Anschauung nur Spott übrig haben konnte.
In der physischen Welt sehen wir heute den Menschen als den Inbegriff des Wirkens des Wortes durch den Lebensäther dastehen. Er erstand als der substantielle Träger des Geistes im langen Werdegang der Evolution als deren Sinn und Ziel, und er erstand im Widerstreit der feindlichen Mächte zugleich als der Sieg der höheren geistigen Welt, die ihren Repräsentanten in die Welt des physischen Seins hineinstellte.
Wir sahen, wie in das Reich der geistfeindlichen Mächte, das ursprünglich der physische Plan war, die geistige Welt ordnend und gestaltend hereinwirkte, um zuletzt das Bild einer göttlich-geistigen Wesenheit in der physischen Substanz hinzustellen. Überblicken wir die Evolution des Menschen mit alledem, was als Tierreich vom göttlichen Grundprinzip abgelenkt wurde, und dringen wir ein in das Verständnis der Wunder des architektonisch-geometrischen Aufbaues des Wesens göttlicher Natur, das der Mensch ist, so können wir die Größe des Widerstreites der geistigen Mächte in der Evolution ermessen.
Aber es ist der geistige Mensch im physischen Plan mit dem Dasein des physischen Menschenleibes noch nicht verwirklicht, sondern es ist erst die Vorbedingung erfüllt, die Vorbedingung nämlich des Bewußtseins des Geistesmenschen, jenes Bewußtseins also, welches den physischen Plan und die geistige Welt zugleich in vollem Umfang wird wahrnehmen und erkennen können und das also das universellste Bewußtsein des Daseins sein wird. Dieser Geistesmensch ist erst im Anfang seines Werdens, und es sind wiederum, wie im Werden des physischen Menschenleibes, gewaltige Einwirkungen aus der Welt der höchsten geistigen Wesenheiten in den historisch aufeinanderfolgenden Impulsen festzustellen, die ihn verwirklichen wollen.
Und was sehen wir nun im Menschenreich sich auf der geistigen Seite abspielen? Wir sehen auf dieser menschlich-geistigen Seite sich den nämlichen Kampf der Mächte abspielen, der das Grundthema der ganzen Evolution war, wir sehen heute in nie dagewesener Gewalt im menschlichen Bewußtsein die Mächte der Geist-

verleugnung geistig schaffen. Nun, da der Mensch aller feindlichen Macht zum Trotz physische Wirklichkeit geworden ist, sehen wir den Kampf in die menschlich-geistige Ebene hinauf weitergetragen. Der Anblick der Evolution, die den physischen Menschen hervorbrachte, erzeugt in uns die Gewißheit, daß auch in der neuen Phase des Geschehens, auf der menschlich-geistigen Ebene, das Ziel erreicht werden wird, daß der Geistesmensch innerhalb des physischen Planes Wirklichkeit werden wird, der Bürger und Erkenner beider Welten im nämlichen Bewußtseinszustand.

Aber was ist im Werdeprozeß des physischen Menschen nicht alles auf der Strecke geblieben? Und was wird wohl alles auf der Strecke bleiben müssen im Werdeprozeß des geistigen Menschen in der Welt des physischen Stoffs?

Wenn wir heute innerhalb des ahrimanisch-arabistischen Denkbereichs wie Flammenzeichen solche Erkenntnisse aufleuchten sehen, wie sie heute die Forscher-Denker begeistern, so sehen wir die Menschheit weiterschreiten auf dem Wege zur Erkenntnis beider Welten. Wir sehen da, in diesem blitzartigen Erkennen von tiefen Zusammenhängen, Intuition aufleuchten, die zugleich Erinnerung ist an früh gewußte und lang vergessene Urweisheit. Wir haben diese Zusammenhänge noch weiter zu verfolgen.

Durch den Nachweis der Tatsache, daß dasselbe Ordnungsprinzip der mikrophysikalischen Welt sowohl in der anorganischen festen Substanz, als auch in der formbestimmenden Substanz des Lebendigen wirksam ist, wollen nun die Physiker noch nicht etwa das Leben als solches erklären, wie man aus dem oben angeführten Titel eines Werkes von Schrödinger schließen könnte. Wie die zitierten Ausführungen von Jordan zeigen, bleibt das Leben selbst Problem und ebenfalls seine Herkunft in der Evolution. Es ist klar, daß sich nun hier die Phantasie der Physiker in der bei ihnen üblichen Weise intensiv betätigt, und es ist gerade Jordan, der glaubt, daß sich die Herkunft des Lebens auf unserem Planeten auf ein einzelnes mikrophysikalisches Zufallsereignis werde zurückführen lassen. Es ist den Physikern die Tatsache nicht erkennbar, daß aus einem rein physikalischen Vorgang nie der Keim eines Lebendigen hervorgehen kann, weil das zugehörige ätherische Wesensglied fehlt. Die spirituelle Forschung zeigt, daß jede lebende Substanz eine ätherische Komponente hat, die der physikalisch-toten abgeht. Wir werden noch darauf zurückkommen, in welcher Weise auch in der mineralischen Substanz die ätherischen Kräfte wirken. In der lebendigen Substanz aber stellt die übersinnliche Forschung einen selbständigen Ätherleib fest, eine ätherische Organisation, die sich mit der physischen Substanz verbindet.

Wir können nun weiter feststellen, daß das Chromosommolekül und das lebende Eiweißmolekül von einer solchen Beschaffenheit sind, daß eine ätherische Organisation sich mit ihnen verbinden kann. Dieser Zusammenhang kann darum bestehen, weil das Zell-Eiweißmolekül offenbar gar nicht vollständig determiniert, d. h. physikalisch organisiert worden ist in dem langen Vorgang des Werdens in der Evolution. Wir haben ja im geisteswissenschaftlichen Denken hier einen dem arabistisch-wissenschaftlichen gegenüber umgekehrten Aspekt. Wir sehen die physisch-mineralische Substanz im Lauf der Zeiten aus einem viel mehr von ätherischen Kräften durchlebten Zustand hervorgehen. Demgegenüber sucht die arabistische Wissenschaft heute noch das Leben als aus dem Toten hervorgegangen zu verstehen und müht sich hier in physikalisch-mathematischen Hypothesen ab, wie dies auch von Jordan dargestellt worden ist. Man kann hier allerdings auch die Auffassung vertreten, daß mit einer richtigen Komposition anorganischer Verbindungen spontan auch ein entsprechendes ätherisches Element entstehen oder sich verbinden könnte, das dann die vollkommene physikalische Determinierung aufheben würde. Man weiß ja in der Geisteswissenschaft auch von der Ätherisation physischer Substanz im Stoffwechsel. Neueste amerikanische Experimente scheinen in diese Richtung zu weisen. Es ist da in chemischen Kompositionen von der Art der organisch-lebendigen Substanz plötzlich eine nicht vorausgesehene und nicht physikalisch erklärbare Aktivität aufgetreten (Enzymsynthese; Forscherteams Merck und Rockefeller University), ein spiraliges Aufrollen, wie es den Chromosomenfäden eigentümlich ist.

Im geisteswissenschaftlichen Zusammenhang ergibt sich, daß die Struktur des Zell-Eiweißmoleküls darum nicht vollständig physikalisch aufgeklärt werden kann, weil sie gar nicht vollständig physikalisch determiniert ist, weil da eine gewisse Domäne des Undeterminierten erhalten geblieben ist. Es blieb da die Substanz in gewissem Grade in einem solchen Zustand erhalten, wie er einstmals ganz allgemein bestand, als die ätherischen Kräfte noch viel enger mit der ganzen physischen Substanz der Erde verbunden waren. Darum eben, weil diese Domäne des physikalisch Undeterminierten in der lebendigen Substanz erhalten ist, kann sich hier ein ätherisches Wesensglied mit dem Physischen verbinden. Wir haben uns nun das physikalisch noch fast oder ganz Undeterminierte im lebendigen Organismus früherer Evolutionsepochen als die Voraussetzung für die Undeterminiertheit in Form und Organisation, für die metamorphosische Wandelbarkeit der Lebewesen vorzustellen. Mit der artgemäßen Festprägung zum lebendigen Kristall sehen wir eine Art Kristallwerden auch innerhalb der lebendigen Substanz verbunden, das Werden des Chromosomkristalls, des Vererbungsträgers. So stellen sich die Zusammenhänge für den geisteswissenschaftlichen Aspekt nun dar, wenn die Forschungstatsachen der äußeren Wissenschaft einbezogen werden.

Es hat sich nun die Lebensforschung in vermehrtem Maße auch jenen Zell-Eiweißsubstanzen zugewandt, die man als Plasma bezeichnet. Das Plasma erfüllt den Zellraum außerhalb des Zellkerns und bildet ebenfalls den Nährboden für das Wachstum der Chromosomen nach der Teilung. Dieses Wachstum erscheint als eine Art Kristallisationsprozeß. Es ergibt sich darum den Biologen, daß im Plasma der eigentliche Träger der Lebensfunktionen zu sehen ist, und es wird in vermehrtem Maße versucht, seinen Geheimnissen nachzugehen. Es liegt wohl der Schluß nahe, daß das Plasma in der Weise als Lebensträger anzusehen ist, wie man den Zellkern als Vererbungsträger erkannt hat. Leben und Vererbung sind nämlich in einer gewissen Weise gegensätzlicher Natur. Es wäre das Leben ungleich viel lebendiger, d. h. vitaler und regenerationsfähiger, wenn es nicht der starren Vererbungsgesetzmäßigkeit unterworfen wäre. Man anerkennt in der Biologie die Geltung der Gesetzmäßigkeit, nach welcher Vitalität und Determination im Prinzip ambivalent sind. Das muß richtig verstanden werden, was besonders dann nicht leicht ist, wenn man den Menschen in die Betrachtung einbezieht. Es ist so, daß die ursprüngliche Summe der Lebenskraft eines bestimmten Lebewesens zum Teil als Vitalität auftritt und zum Teil in der Determination der artgemäßen Organisation gebunden ist. Je höher nun die Organisationsstufe ist, desto größer ist verhältnismäßig der gebundene Anteil der gesamten Lebensenergie. Auf diese Gesetzmäßigkeit werden wir noch zurückkommen. Physiologisch sehen wir also den Gegensatz der Prinzipien in den beiden Substanzen von Zellplasma und Zellkern verkörpert. Dementsprechend können nun die lebendigen Substanzen in den Lebewesen früherer Evolutionsepochen als viel mehr plasmatischer Natur aufgefaßt werden, und es ist die außerordentliche Vitalität, Vermehrungs- und Regenerationskraft von Lebewesen einer niederen Organisationsstufe den mit dem Plasma verbundenen lebendigen Kräften zuzuschreiben. Im Plasma findet also auch die ursprüngliche Zusammenschaltung der ätherischen Kräfte mit der physischen Substanz statt, die wir betrachtet haben. Daß die höhere Organisation des Ätherleibes mit der Zellkernsubstanz in Beziehung steht, ist klar. Im Plasma nun findet noch etwas statt, was in der physikalischen Welt nicht oder doch ungleich viel weniger möglich ist, nämlich der Übergang von physischer Substanz in den ätherischen, nicht physikalisch festzustellenden Zustand. In der Geisteswissenschaft wird dies als Ätherisation bezeichnet. Es ist klar, daß mit der Entwicklung eines Organismus sich auch der ätherische Leib vergrößert. Was also für die physikalische Forschung und ihre Methoden gilt, nämlich, daß es keinen Übergang vom physikalisch feststellbaren zum übersinnlichen Bereich gibt, wie dies Jordan mit Nachdruck festgestellt hat, das gilt für die Welt des Lebendigen nicht mehr. Hier können aber auch nicht mehr die Methoden der modernen Physik weiterführen. Andere, geisteswissenschaftlich orientierte Forschungen sind in dieses Gebiet schon vorgestoßen.

Wir haben nun auf diese Forschungen hinzuweisen, da sie erste und auch schon bedeutende auf exakter experimenteller Basis beruhende Einblicke in das Wesen und Wirken jenes ätherischen Elementes gewähren, mit dem wir uns nun im Reich des Lebendigen weiter zu befassen haben. Es wurden diese Forschungen noch unter der Ägide Rudolf Steiners begonnen und dann nach seinem Tod in konsequenter Weise fortgesetzt. Sie sind mit dem Namen von Frau Dr. Kolisko verknüpft und beruhen auf Methoden, die dem arabistischen Denken völlig fremd sind und die darum auch von der äußeren Wissenschaft lange Zeit ignoriert wurden. Es sind darum diese Methoden auch im Gegensatz zu den arabistischen im allgemeinen wenig bekannt. Ihre Kenntnis aber ist von einer prinzipiellen Bedeutung für eine Zukunftsperspektive der Entwicklung einer universelleren und zugleich exakt-experimentellen naturwissenschaftlichen Forschungsart und eines entsprechenden Denkens.

Die eine der angewandten Methoden ist die in der Homöopathie bekannte des Potenzierens, des Verdünnens von Substanzen in Wasser, das in gewisser Weise solange fortgesetzt wird, bis die Substanz nicht mehr als solche in der Flüssigkeit vorhanden und auf keine Weise mehr chemisch-physikalisch nachzuweisen ist. Nun aber tritt sie in ihrer ätherischen Kräftewirksamkeit hervor. In schlagend beweisenden Versuchen ist diese für das arabistische Denken unfaßbare Wirksamkeit aufgezeigt worden, und zwar nun eben nicht mit physikalischen Apparaten oder chemischen Reaktionen, sondern an lebendigen Organismen, deren freies ätherisches Wesensglied im Lebensvorgang auf die zugeführte ätherische Kräftewirkung reagierte. Es zeigt sich hier der Zusammenhang zwischen der ätherischen Kräftewirkung und dem entsprechenden Wesensglied des lebendigen Organismus, das die übersinnliche Forschung feststellt und das den Lebensprozessen zugrunde liegt.

Ein anderes Verfahren der neuen Forschungsweise ist gewissermaßen ein umgekehrtes. Es werden Substanzen, die aus der Welt des Lebendigen stammen, in ihrer ätherischen Kräftewirkung an feinen physikalischen Prozessen sichtbar gemacht und systematisch untersucht. Für dieses Verfahren haben sich feinste Kristallisationsprozesse und die Vorgänge des Aufsteigens von Flüssigkeit in kapillaren Räumen als geeignet erwiesen. In unseren Zusammenhängen erscheinen die Kristallisationsprozesse ganz allgemein als die Wirkung der Ätherart, die von Rudolf Steiner als Lebensäther bezeichnet worden ist, und es wirken nun die ätherischen Kräfte,

die aus der Welt des Lebendigen stammen, in der Anordnung der feinen Kristalle in solcher Art mit, daß ihre Wirkung sichtbar wird. Das subtilste Verfahren, das die feinsten Wirkungen sichtbar hervortreten läßt, ist wohl dasjenige der kapillaren Steigbilder, das nun soweit entwickelt worden ist, daß in seiner Formenwelt nicht nur Ätherwirkungen des Lebendigen, sondern auch kosmische, d. h. planetarische Wirkungen sichtbar werden. Es variieren die Formen je nach den planetarischen Konstellationen in ganz bestimmter Weise. Hier sind die Möglichkeiten des Studiums der planetarischen Wirkungen auf den lebendigen Organismus und des ‚Sternenwirkens in Erdenstoffen' gegeben, einer exakten Untersuchung dessen, was bisher nur Gegenstand übersinnlicher Erkenntnis war.
Diese kurzen Hinweise auf das Werk von Kolisko und ihrer Mitarbeiter mögen zeigen, daß dieses Werk in eine Forschungsrichtung hineinführt, deren Bedeutung in bezug auf die Erkenntnis der imponderablen Wirkungen im Reich des Lebendigen erst in der Zukunft in ihrem vollen Umfang hervortreten wird. Es ist das Sternenwirken in Erdenstoffen, wie die spirituelle Erkenntnis zeigt, vor allem im Reich des Lebendigen mächtig, das in Form und Wesen eine kosmische Komponente und eine lebendige kosmische Beziehung aufweist, die dem Reich des Mineralischen nicht in dieser Weise zukommt. Diese kosmische Beziehung wirkt über das freie ätherische Wesensglied, das die übersinnliche Forschung feststellt. So haben wir es hier mit Untersuchungen zu tun, die gerade in denjenigen Bereich eindringen, der der arabistischen Forschung verschlossen war. Wenn diese heute in gewisser Weise zu einem Abschluß kommt, indem sie den ihr adäquaten Seinsbereich durchmessen hat, so ist bei dem Forschen im Bereich des Ätherischen das Gegenteil der Fall, es ist dieses im Beginn einer Entwicklung, deren weiteres Fortschreiten heute wohl geahnt, aber noch kaum ermessen werden kann. Das exakt-experimentelle Forschen im untersten Bereich des Übersinnlichen, der unmittelbar mit dem Physischen zusammenhängt, ist also in dem ‚Moment' der Menschheitsentwicklung als neuer Impuls gegeben worden, als der arabistische Impuls im Begriff war, seine Mission im Erkennen des physischen Planes zu Ende zu führen.

Aus der Tatsache der Zusammenschaltung des physischen Leibes mit einem in kosmischen Wirkungen webenden ätherischen Wesensgliede können wir es verstehen, wenn wir die vielen verschiedenen Zellverbände eines größeren lebendigen Organismus, die alle den nämlichen doppelten Satz von Chromosomen in den Einzelzellen aufweisen, in den allerverschiedensten Strukturen und physiologischen Prozessen darinnenstehen sehen. Es wirken da die ätherischen Kräfte im Gegensatz zur strengen Gebundenheit des toten Chemismus nun in einer sehr freien Weise in das Physische hinein, um hier dasjenige hineinzutragen, was aus dem seelisch-geistigen Bereich des Kosmischen und des Individuell-Menschlichen durch sie hindurchwirkt. Dadurch, daß das Seelisch-Geistige durch das ätherische Element hindurchwirkt, erscheint auch die seelisch-geistig sprechende Form in der physischen Gestalt des Lebendigen. Es gehört dieses Lebendige in seiner im Zeitenlauf feststehenden Form im Sinne des Johannesevangeliums zu den Dingen, die ‚gemacht' sind, und es ist das ‚Wort', das in ihnen bestimmend wirkt und dessen Sprechen wir erleben können: „In ihm war das Leben."

Hier müssen wir wohl genau definieren. Es heißt nicht etwa „das Wort war das Leben", sondern „in ihm" war das Leben, d. h. es wurde das Lebendige durch das Wort in Form und Organisation gegossen. Diese Unterscheidung des Lebendigen an sich vom Begriff des ‚Wortes' ist für unsere ganze Evolutionsbetrachtung von Bedeutung. Das formbestimmende ätherische Wesensglied des Lebendigen, der ‚Lebensleib', wie es in der Überlieferung genannt wird, war also im Wort und wurde dessen Bild.

Der höchsten Daseinsform des Wortes im Physischen entspricht nun auch die Höhe der inneren Organisation des Trägers der artgemäßen Prägung. Das Molekül der Chromosomsubstanz ist unvergleichlich viel höher organisiert als dasjenige des minealischen Kristalls. Auf diesen Sachverhalt müssen wir nun noch einmal zurückkommen, um dann auch über den prinzipiellen Unterschied, der zwischen mineralischem und lebendigem Ordnungsträger festzustellen ist, ins Klare zu kommen. Es ist das Prinzip der Ordnung als der polare Gegensatz zu demjenigen des Chaos in der Wissenschaft

bekannt. Über seine Rolle in der Erbmasse des Lebendigen schreibt Schrödinger in dem Buch ‚Was ist Leben?' das Folgende:
„Diese Tatsachen sind leicht die allerinteressantesten, welche die Wissenschaft in unseren Tagen enthüllte. Nach allem mögen wir geneigt sein, sie nicht vollständig unannehmbar zu finden. Die erstaunliche Gabe eines Organismus, einen ‚Strom von Ordnung' auf sich zu konzentrieren und damit dem Zerfall in atomares Chaos auszuweichen — Ordnung zu trinken aus einer geeigneten Umwelt —, scheint mit der Anwesenheit der ‚aperiodischen festen Körper', der Chromosomenmoleküle, verbunden zu sein, welche zweifellos den höchsten uns bekannten Grad gutgeordneter Atomassoziationen — viel höher als die normalen periodischen Kristalle — als Folge der individuellen Rolle, die jedes Atom und jedes Radikal hier spielt, darstellen."
Was der Physiker hier am Wesen des Organismus so erstaunlich findet, den Strom von Ordnung, der ihn trägt, verstehen wir vom geisteswissenschaftlichen Aspekt aus. Erstaunlich aber muß uns erscheinen, daß der Physiker aus seiner Betrachtungsweise heraus diese nur der Geisteswissenschaft erkennbaren Verhältnisse in so treffenden Worten schildern kann. Man weiß beinahe nicht, ob hier von einem Physiker Mystik oder von einem Mystiker Physik geschrieben worden ist. Nun, aus den anderen Zusammenhängen geht hervor, daß hier Physik und nur Physik geschrieben werden sollte. Aus dieser Tatsache ergibt sich einmal mehr, daß die Wissenschaft heute unmittelbar an der Grenze steht, wo sie in die Geisteswissenschaft übergehen kann.
Es ist der ‚Strom der Ordnung' ohne Zweifel wirklich mit der Anwesenheit der ‚aperiodischen festen Körper' der Chromosomen- oder Genmoleküle verbunden. Dieser Ansicht ist, wie die weiteren Ausführungen zeigen, auch Schrödinger. Wir haben nun auch auf seine Unterscheidung zwischen periodischem und aperiodischem Kristall einzutreten, denn hier haben wir die prinzipielle Unterscheidung zwischen mineralischem und lebendigem Ordnungsträger. Der mineralische Kristall setzt sich aus gleichartigen Molekülen von relativ einfachem Aufbau in der Weise zusammen, daß sich seine geometrische Form aus derjenigen des einzelnen Mole-

küls ergibt. Es besteht also hier eine einfache räumliche Zusammenordnung von geometrischen Elementen, die in der Weise wachsen kann, daß sich immer neue gleiche Elemente anfügen. Diese Struktur nennt man den periodischen Kristall. Wenn sie in den festen Aggregatzustand übergehen, bekommen die Moleküle aller anorganischen Stoffe geometrische Formen von solcher Art, daß sie sich zu einem den Raum ganz ausfüllenden größeren Ganzen, dem Kristall, zusammenfügen können.

Im Lebendigen nun fügen sich Atomzusammenordnungen, die nicht gleichartig sind, zu einem größeren Ganzen zusammen, das nun von Schrödinger der aperiodische feste Körper oder der aperiodische Kristall genannt wird. Einer solchen aperiodischen Zusammenordnung ist nun natürlich eine Grenze des Wachstums gesetzt, sie kann sich nicht ad infinitum vergrößern, wie die periodische. Es ist das Kräftespiel innerhalb der Millionen von Atomen etwas Einheitliches, in sich Geordnetes und Zusammenhängendes, das sich nun so verfeinert, daß das Übersinnliche sich einschalten kann.

Nun sehen wir aber, wenn wir den lebendigen Organismus betrachten, eine Periodizität höherer Ordnung im Aperiodischen auftreten. Da findet bei jeder Zellteilung die Verdoppelung der Chromosomen statt, wodurch die wesensgleichen Tochterzellen entstehen. Sämtliche normalen Zellen des Organismus bekommen also ein Paar Chromosomensätze. So sehen wir im großen ganzen des Organismus die aperiodischen Kristalle wiederum periodisch auftreten. Es ist dies also eine Periodizität höherer Ordnung gegenüber der des mineralischen Kristalls. In diesem entsteht die räumlich-geometrische Form durch die einfache räumlich-geometrische Zusammenordnung der Elemente. In der höheren Periodizität des Organismus besteht räumliche Trennung der Elemente, denn es sind die Chromosomen nicht räumlich-geometrisch zusammengeordnet. Dadurch, daß das Übersinnliche sich einschalten kann, steht nun die Zusammenordnung im Zeichen des Geistig-Seelischen, das da hineinwirkt. Es ist also die Periodizität des Aperiodischen, die das Phänomen hervorbringt, das vom wissenschaftlichen Denken aus gesehen ein so unerhörtes ist, das Phänomen der dauernden geistig-seelisch sprechenden Form im Physischen, das Phänomen des Kristalls des ‚Wortes'. — Es ist merkwürdig, daß die ‚Festigkeit' dieses ‚Kristalls', die sich in der Vererbung, in der ‚Persistenz der Erbmerkmale' offenbart, von der Wissenschaft als wesensgleich mit der physischen Festigkeit des mineralischen Kristalls erkannt worden ist. Es ist ja die Festigkeit des lebendigen Kristalls im Durchgang durch die Generationen gar keine physische! Sie wird ja immer unterbrochen durch Zwischenakte im Übersinnlichen! In der Chromosomsubstanz ist ja die Form und Organisation des Organismus nicht mehr physisch da, das steht ja nun heute endgültig fest, da ist ja nur mikrophysikalische Ordnung. Es ist also die lebendige Form und Organisation physisch vollständig verschwunden. Sie wird aber von der Wissenschaft als seiend, als dauernd gesetzt. Ein Übersinnliches wird als wirklich gesetzt. Diese Tatsache steht natürlich immer hinter dem Denken über das Persistenzphänomen im Lebendigen, aber man kann sie nicht in die arabistische Wissenschaft einbeziehen. Diese muß auf ihren Bereich beschränkt bleiben, der sich heute so scharf nach allen Seiten abzeichnet. Daß man über diesen Teilbereich des Seins hinausgehen kann und muß im weltanschaulichen Denken, das ist es, was auch heute noch von vielen nicht verstanden wird, die in diesem Bereich heimisch sind. Und was geschieht nun, wenn sie arabistisch über das Phänomen des Lebendigen denken? Es gibt da nur eine einzige Alternative. Wenn man das Geistig-Übersinnliche nicht wahrhaben oder sein Wirken im Lebendigen nicht anerkennen will, so bleibt trotz aller neuen Physik doch nichts anderes übrig, als das alte Gerümpel: der Mechanismus. Diesen gibt es zwar theoretisch nicht mehr, als ‚Grenzerscheinung' aber existiert er praktisch. So zeigt sich denn bei Schrödinger, der es als Physiker unternommen hat, darüber zu schreiben, was Leben ist, ein eigenartiges Schauspiel: Nachdem er, von den großartigen positiven Ergebnissen der Forschung ausgehend, bis auf die messerscharfe Grenzscheide der prinzipiellen Entscheidung im Denken gelangt ist, nachdem er auf dieser Grenzscheide ausgiebig balanciert und ihre Morgenluft geatmet hat, kehrt er wie ein müder Bergsteiger, der nun für einmal des Guten genug getan hat, in seine heimische Klause zurück. Es klingt deutlich genug die Resignation hindurch, aber er hat ja keine Wahl, denn hier besteht nichts als ein striktes Entweder-Oder. Und so wenig es ihm selbst auch schmecken mag, er muß sich und dem Leser auf seiner neuen Platte die alte, ach so unwillkommene Melodie vorsetzen, er muß den lebendigen Organismus wiederum als Mechanismus denken. Das bringt er in einem merkwürdigen Hintenherum fertig. Der ‚Strom der Ordnung', den das Lebendige ‚auf sich zu konzentrieren vermag', dieser Strom ist nämlich ein Kreisstrom und speist sich selbst. So steht denn der unvermeidliche Mechanismus wieder da.

Es muß die Situation gegenüber Denkern wie Schrödinger klargestellt werden. Es konnte nicht der ‚Strom von Ordnung' in der Evolution des Lebendigen aus sich selbst in so unerhörter Weise anschwellen, und er kann es ebensowenig in der Entwicklung des einzelnen Organismus. Wenn sich der wissenschaftlich Denkende dies eingesteht, so wird er nach dem Woher fragen, und da kann ihm das sinnvoll Sprechende der lebendigen Form den Weg weisen. Der Weg bis zur Erkenntnis des Wirkens des ‚Wortes' ist ein weiter, aber er ist durch Rudolf Steiner gangbar gemacht worden. Wir haben nun hier unseren diesbezüglichen Ausführungen noch das letzte Stück hinzuzufügen. Es ist dies auch dasjenige, welches für den mechanistisch Denkenden am schwersten faßbar ist. Wir erkannten aus den Schilderungen Rudolf Steiners, wie das im Lebensäther als gestaltende Kraft wirkende Wort aus dem Sprechen der göttlichen Wesenheiten hervorging. Nun, man ist heute geneigt, solche Aussagen der spirituellen Forschung in einem allegorischen Sinne zu nehmen, und das ist der Punkt, den wir noch klarstellen müssen. Es ist eines der Geheimnisse, die durch Rudolf Steiner für unser Denken enthüllt worden sind, daß das Sprechen der Götter im wörtlichen Sinne zu verstehen ist, daß es wörtlich zu nehmen ist, wenn es im überlieferten alten Text heißt: „Und Gott sprach", und: „Im Anfang war das Wort". Die gestaltende Kraft des Wortes zeigt sich der übersinnlichen Schau. Dies ist von Rudolf Steiner in vielen Zusammenhängen dargestellt worden. Die Bewegungskunst der Eurythmie gibt die Formelemente des Wortes und ihre Verbindungen als Bewegung wieder. In den Vorträgen über die Geheimnisse der biblischen Schöpfungsgeschichte schilderte

Rudolf Steiner das Gestalten des Wortes im Übersinnlichen folgendermaßen:
„Wie kann man die Gestalt des makrokosmischen Menschen gleichsam innerlich erfühlen? – Wenn man anfängt zu fühlen, wie der Laut in die Gestalt schießt. Man lerne am Laut A, wenn er dahinsaust durch die Luft, nicht bloß den Ton, man lerne fühlen, wie sich dieser Laut gestaltet, so wie sich der Staub gestaltet durch den Ton des Fidelbogens, der die Platte streicht. Man lerne fühlen das A, und lerne fühlen das B, wie sie durch den Raum hinweben! Man lerne sie nicht bloß als Lautstrahl fühlen, sondern als sich Gestaltendes: dann fühlt man so, wie der althebräische Weise fühlte, wenn er sich in Lauten anregen ließ zu den Gestalten der Bilder, die ich Ihnen hingestellt habe vor das geistige Auge."
„Daher liegt auch in diesen Lauten (den hebräischen) selber die hohe Schule, die den Weisen hinführte zu den Bildern, die sich vor die Seele des Sehers drängen, wenn er ins Übersinnliche eintritt. So setzt sich der Laut in Geistgestalt um und zaubert vor die Seele Bilder, welche sich so zusammenfügen, wie ich es Ihnen beschrieben habe. Das ist das ungeheuer Bedeutsame an dieser alten Urkunde, daß sie in einer Sprache erhalten ist, welche in ihren Lauten gestaltenschaffend ist, deren Laute sich in der Seele kristallisieren zu Gestalten."
In der Eurythmie und in der Sprachgestaltung Rudolf Steiners werden die Gestaltungstendenzen und -wirkungen aller Laute, die die Sprache hervorbringt, konkret und genau ergründet. In der Schöpfung nun haben wir nach der Überlieferung der biblischen Urkunden das Wort als Ur-Sache und Ursprung aller Gestaltung. Es ist aber hier das göttliche Wort in den vielen Einzeldingen in seine Komponenten auseinandergelegt und ausgebreitet. Den vollständigen Zusammenklang alles Schöpferisch-Lauthaften finden wir im Menschen. Dieser erscheint also in diesem Zusammenhang, wie im geisteswissenschaftlichen Denken überhaupt, als der Sinn und das Ziel der Schöpfung. Und hier ergibt sich nun der Betrachtung ein Besonderes. Es ist der aus dem schöpferischen Sprechen in seinem vollkommenen Zusammenklang erstandene Mensch selbst ein Sprechender. Das im Physischen Gestalt gewordene Wort bringt das

Wort im physischen Klange hervor. Und auch dieses Wort ist schöpferisch, es wirkt und gestaltet im Übersinnlichen, und es kann bleibende Wirkung haben im Menschen, der es aufnimmt. Uralte Weisheit weiß von der Magie des Wortes, und die Beobachtung des sozialen Lebens der Menschen in der Gegenwart zeigt, daß sie da nicht weniger lebendig ist, als sie es in früheren Zeiten war. Das Geheimnis des schöpferischen Sprechens aber ist dies, daß der Mensch als Geistwesenheit es sein muß, der da spricht, daß das Sprechen aus dem Ich heraus erklingen muß. Der Mensch spricht, weil er Geistwesenheit ist.

Das Wort, das ihn erschuf,
Ihm selbst wird es Beruf,
Ihm will sich entraffen,
Was ihn geschaffen.
Er, der aus Schöpfung geboren,
Von ihr ist zum Schöpfer erkoren.

Hier zeigt sich die geisteswissenschaftliche Erkenntnis in ihrer polaren Gegensätzlichkeit zur arabistisch-moslemischen Denkart, die einst postulierte:
„Das Geschaffene kann selbst nichts erschaffen."
In der Geisteswissenschaft Rudolf Steiners ergibt sich die Erkenntnis, daß das Sprachorgan des Menschen erst in den Anfängen seiner Entwicklung steht und daß der Mensch die Fähigkeit des schöpferischen Sprechens erst in der Zukunft zur vollen Entwicklung bringen wird.
Hier schalten wir nun, da wir das Wirken des höchsten geistigen Ordnungsprinzips im Physischen, das Wirken des Wortes im ganzen Umfang der mineralischen und der lebendigen Kristallwelt, überblickt haben, eine kurze Überschau und Zusammenfassung unseres Aspektes der Evolution ein. Wir haben in diesem Aspekt das Grundlegende der Polarität von Chaos und Kosmos ins Auge zu fassen. Es begann das physische Sein im Zeichen des Chaos, im Zeichen der widergöttlichen Mächte. Es starb das Geistig-Lebendige im ‚Abfall' der Wesenheiten zum Physikalisch-Toten ab, und es verdichteten

die widergöttlichen Wesenheiten dieses energetische Element zur Substanz, und zwar in dem Moment, als göttliche Macht sprach: „Es werde Licht", und damit ein Geistig-Sprechendes in das Energetisch-Tote hineintrug. Die Substanz war die Antwort der Mächte der Finsternis auf das Phänomen des Lichts, sie war die Stätte, die sich Ahriman zu seiner eigentlichen Heimat schuf, die Stätte, von der aus er als Finsternis erst das Sprechen des Lichts in der Welt der Farben und der Bilder hervorbrachte. Wir sehen so die tiefe Beziehung zwischen Substanz und Licht, die sich uns in früherem Zusammenhang schon ergeben hatte, bestätigt, denn ohne den Gegenpol der Finsternis gibt es keine Lichterscheinung und ohne Substanz gibt es keine Finsternis. So mußte die Substanz gleichzeitig mit dem Licht ins Dasein treten, in welchem das Göttliche innerhalb des Energetisch-Physischen der Wellenstrahlung wob. Es war das Licht, wie die biblische Schöpfungsgeschichte berichtet, das erste ‚Wort', das Gott in das Chaos hineinsprach, es war das Werk des ersten Schöpfungstages. Es stellt die biblische Schöpfungsgeschichte nicht das Werden des physischen Seins, der Substanz und des Chaos dar, sondern, wie ihr Name es auch bezeichnet, das Wirken der göttlichen Schöpfermacht innerhalb des Chaos, und sie setzt an dem Punkt der Evolution ein, wo dieses Wirken einsetzt. Das Chaos war eben darum ins Dasein gerufen worden, damit auch die Schöpfung ins Dasein treten konnte, und es war der ‚Abfall' der Wesenheiten ihnen als Schicksal auferlegt worden. Sie wurden, wie es Rudolf Steiner ausdrückte, zurückgewiesen. Im gewaltigen Schauspiel der Schöpfung sehen wir nun in der Trennung des Seins in ein physisches und ein ätherisches durch das letztere hindurch die göttlichen Mächte des Klanges, der harmonikal-mathematischen Ordnungen, in das physische Sein hineinwirken. Es erstand am 2. Schöpfungstag der biblischen Schöpfungsgeschichte in der Festigkeit dieser kosmischen Ordnungen dasjenige, was als die ‚Feste' des Himmels bezeichnet ist, was die Feste des göttlichen Grundgesetzes der physischen Erde wurde, in welcher nun das Chaos von Energie und Substanz in die Evolution hineinging, die dahin führte, daß endlich innerhalb dieser harmonikal-mathematischen Ordnungswelt sich der ‚Klang' zum ‚Wort' gestalten konnte, zum Sinnvollen, geistig Sprechenden in physischer Form und Organisation. Und diese Form und Organisation, die anfangs eine unvollkommene und wandelbare war, wurde im Verlauf ihrer Evolution vollkommener und dauernder, ging endlich in ihre letzte und dauernde Prägung ein, und es erstand dasjenige, was man, das Mineralische und das Lebendige in einem Begriff umfassend, als die Kristallwelt bezeichnen kann. Es hatte das Wort sichtbare und bleibende Gestalt angenommen. Sein vollkommener Ausdruck war der Mensch, der von ihm so geprägt war, daß er es selbst wieder hervorbringen konnte, daß er sprechen konnte. Das Chaos war zum Kosmos geworden, die Schöpfung war vollendet.

Wenn wir so die Evolution des Lebendigen im geisteswissenschaftlichen Sinne überschauen, so müssen wir dabei den großen Parallelismus in der Entwicklung von physischem Sein und ätherischen Kräften in Betracht ziehen. Wir überblickten bereits die Reihe der Zustände des physischen Seins, wie es aus dem Abfall einer geistigen Wesenswelt hervorging, von dem Zustand der physikalischen Strahlung der ‚Wärme' an über die dichteren Aggregatzustände des Luftigen und des Flüssigen bis zum dichtesten der festen Substanz, des Kristalls. Der Evolution der inneren Organisation, die dieser Reihe zugrunde liegt, geht nun im Sinne der Geisteswissenschaft Rudolf Steiners eine Evolution ätherischer Kräfte parallel. Im physischen Ursprung ist der Wärmestrahlung der Wärmeäther zuzuordnen. Es folgt dann dessen Evolution zum Lichtäther, der der Lichtstrahlung und dem luftigen Element entspricht, zum chemischen Äther, der höheren physikalischen Strahlungen und dem flüssigen Element entspricht, und endlich zum Lebensäther, dem Wirksamen in allem, was Kristall ist. Wir sehen Evolution von ätherischen Kräften, von physikalischer Strahlung und von physischer Substanz parallel gehen. Im Lebendigen nun haben wir uns eine Organisation ätherischer Kräfte als Bildekräfte wirksam zu denken, die von höheren, schöpferischen Mächten bewirkt worden ist, eine Organisation von Wärme-, Licht-, chemischem und Lebensäther, die an die physische Substanz des Lebendigen angeschlossen ist.

Diese ätherisch-physische Organisation ist etwas, das auf Zustände der Erde in früheren Evolutionsepochen zurückweist. Der gegenwärtige Zustand der Trennung des Mineralisch-Toten vom Organisch-Lebendigen ist nach der spirituellen Forschung Rudolf Steiners nur der letzten großen Epoche der Werdezeit eigen. Vorher haben wir uns dasjenige, was jetzt mineralisch-tot erscheint, noch viel mehr von lebendigen Kräften durchwebt zu denken. Und wie ist nun das Werden des mineralisch-toten Zustandes zu denken? Es war ohne Zweifel das Übergehen und Eingehen der freien lebendigen Kräfte in eine Bindung, und zwar eben in die Bindung innerhalb der höheren physikalischen Ordnungen der mineralisch-kristallinen Welt. Es können die ätherischen Kräfte aus dieser Bindung auch wieder befreit werden, wenn das Kristalline im Flüssigen gelöst wird, und zwar tritt die Befreiung gerade durch diese Verfahren ein, die in der neuen geisteswissenschaftlich orientierten Forschungsrichtung angewendet werden, die charakterisiert worden ist und die zur exakten Erkenntnis des Wirkens der ätherischen Kräfte führt. Von Rudolf Steiner sind viele Hinweise zur Befreiung und Erkenntnis ätherischen Wirkens gegeben worden. Wir sahen schon, daß wir es hier mit einer in eminentestem Sinne zukunftstragenden Forschung zu tun haben, die nun nach dem Ablauf der vorwiegend arabistischen Ära immer mehr an Bedeutung gewinnen wird.

Die Bindung der ätherischen Kräfte in der Kristallwerdung ging in der Evolution im Mineralischen und im Lebendigen parallel, und sie war auch zur gleichen Zeit abgeschlossen. In späterem Zusammenhang wird sich ergeben, daß auch im lebendigen Mikrokristall der Zellkernsubstanz, der Träger der artgemäßen Festprägung ist, gewaltige lebendige Kräfte gebunden sind, die heute ebenfalls befreit werden können.

Mit dem Abschluß der Kristallwerdung, also der Bindung der ätherischen Bildekräfte im Mineralischen und im Lebendigen, hatte sich in der Evolution erst dieser Gegensatz des Mineralisch-Toten und des Organisch-Lebendigen so herausgebildet, wie er uns heute in der Natur entgegentritt.

Im Überblick über die Evolution ist auf den Parallelismus in der Entwicklung von physischer Substanz und ätherischen Kräften hingewiesen worden, wie er in der Geisteswissenschaft Rudolf Steiners gelehrt wird. Wir ordnen nun das Phänomen des Lebendigen in seiner Eigenschaft als verbindendes Glied in die schematische Überschau der Evolution der physischen und der ätherischen Welt ein.

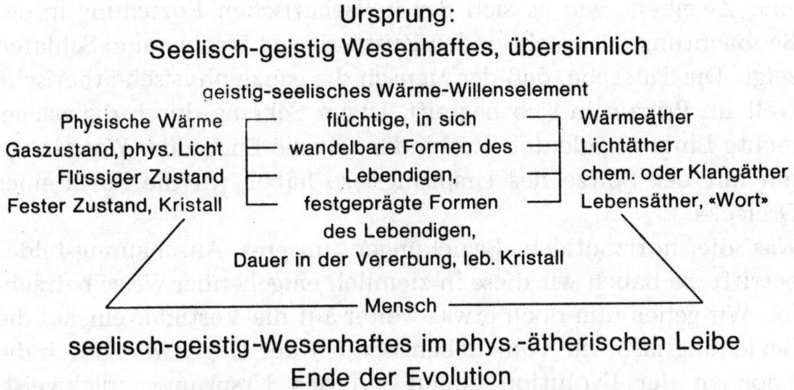

Auch hier wieder ist zu beachten, daß die gekennzeichneten zwei Stufen der Evolution des Lebendigen in der Erdgeschichte nicht unvermittelt, sondern in langsamem Übergang aufeinander folgen. So wie die mineralisch feste Substanz, so trat auch die artgemäß fest geprägte und physisch verfestigte Form der höheren Lebewesen schon im Erdaltertum auf, während wandelbare, physisch nicht verfestigte Formen, aus denen immer neue fest geprägte und verfestigte Arten hervorgingen, noch durch lange Zeiträume hin weiter bestanden. Das Schema gibt die Entsprechung und die zeitliche Folge im großen Überblick, aber nicht den zeitlichen Ablauf im einzelnen wieder.
In dieser Übersicht sehen wir die Evolution des Lebendigen in diejenige der physischen und der ätherischen Welt hineingestellt. Der Mensch erscheint als die Zusammenfassung der ganzen physischen Welt in allen ihren ‚Elementen' und der ganzen ätherischen in den verschiedenen Ätherarten. Die Vertikale deutet an, daß in der Sphäre des Lebendigen, die physische und ätherische Welt verbindet, das ursprüngliche Geistig-Wesenhafte schöpferisch wirksam war, bis es seinen Repräsentanten, die Geistwesenheit des Men-

schen, in die physisch-ätherische Welt hineingestellt hatte. Das astralisch-seelische Element erscheint in dieser Darstellung als mit dem geistigen verbunden, mit dem es ja wirklich enger verknüpft ist als mit der physisch-ätherischen Welt. Der Mensch ist insofern auch eine Zweiheit, wie es sich der hellseherischen Forschung in der Beobachtung der wechselnden Zustände von Wachen und Schlafen zeigt. Die Tatsache, daß der Mensch die ganze physisch-ätherische Welt im Prinzip in sich begreift, ist im Schema durch die waagerechte Linie angedeutet. Verbinden wir die Enden der Waagerechten mit der Spitze des Ursprungs, so haben wir die Form eines Dreiecks.

Was die horizontalen Beziehungen unseres Anschauungsbildes betrifft, so haben wir diese in ziemlich eingehender Weise betrachtet. Wir gehen nun noch etwas weiter auf die Vertikale ein, auf die Beziehung also, die vom Lebensbereich der Gegenwart durch die Epochen der Evolution hinauf auf den Ursprung zurückweist. Unser Schema entspricht hier nicht ganz der Wirklichkeit, die sich eben durch kein Schema genau darstellen läßt. In Wirklichkeit trat ja der festgeprägte Zustand der lebendigen Wesen zu sehr verschiedenen Zeiten ein und nicht sozusagen gleichzeitig am Ende der Evolution. Gleichwohl kann man mit Bezug auf die ganze Welt des Lebendigen sagen: Gehen wir in frühere Epochen der Evolution zurück, so sehen wir die schöpferischen Mächte noch in der gestaltenden und organisierenden Tätigkeit und die Lebewesen demzufolge in unbestimmterer, in sich beweglicherer Form und in physisch weniger verfestigter Substanz. Je weiter wir zurückgehen in der Zeit, desto feiner haben wir uns das Lebendige in der physischen Substanz zu denken, desto einfacher in der inneren Organisation und desto metamorphosisch-wandelbarer in der Gestalt. Es kann sich hier nicht darum handeln, auch nur im geringsten auf das Einzelne der ungeheuer vielfältigen Formen und Metamorphosen des Lebendigen in der Evolution einzutreten, sondern es soll nur die Beziehung zum Ursprung dargestellt werden. In den ältesten Zeiten des physisch-lebendigen Daseins müssen wir uns dieses Dasein in einem feinstofflich-ätherischen Element in metamorphosisch-lebendigen Formen webend denken, in Formen von einfachster Organisation. Solche Formen sind von Rudolf Steiner in manchen Zusammenhängen geschildert worden. Im Ursprung endlich sehen wir das Lebendige ganz aus dem Physischen heraustreten und nur noch im Übersinnlichen bestehen, wo es nun der momentane und unmittelbare Ausdruck des Geistig-Seelischen ist, der in jedem Augenblick wechseln kann. In bezug auf die Eigenschaft der Dauer in der Zeit, der Festprägung der Form, haben wir also das Lebendige in seinem Ursprung und am Ende seiner Evolution in polarer Gegensätzlichkeit vor uns.

So sehen wir in der Evolution das Lebendige sich aus dem Geistig-Übersinnlichen heraus in die Welt der physischen Substanz in dem Maße fortschreitend sich organisierend und verfestigend hineinsenken, als diese physische Welt selber in ihrer eigenen Evolution entsteht. Es senkt sich das Leben aus dem Übersinnlichen herab in den ahrimanischen Bereich der physischen Substanz hinein, und Mephisto-Ahriman wütet umsonst dagegen: „So geht es fort, man möchte rasend werden, dem Trocknen, Feuchten, Warmen, Kalten entwinden tausend Keime sich . . ."

In dem fortschreitenden Hineinsenken des Lebendigen in das Physische sehen wir die ursprünglich unmittelbar dem geistig-seelischen Zustand entsprechend wechselnden Formen allmählich dauernder, bleibender und zugleich physisch dichter und fester werden. Dieser Vorgang war also nicht etwa ein auf der ganzen Linie gleichlaufender, sondern er spielte sich bei den einen Wesen früher und schneller und bei den anderen später und langsamer ab. Diese Verhältnisse eingehender zu betrachten und zu begründen, wäre Aufgabe einer speziellen Betrachtung der Evolution des Lebendigen. Der Mensch blieb am längsten im unverfestigten Zustand. Göttliche Macht hatte ihn durch den ungeheuren Ansturm der feindlichen Gewalten in den Epochen des Werdens hindurchgetragen und hatte ihm am Ende dieser Epochen einen physischen Leib erhalten, der allerdings nicht unberührt war durch die Widersacher, sondern durch die ‚Erbsünde' belastet, aber doch soweit in seinen göttlichen Prinzipien gerettet war, daß nun in einem großen zweiten Werdeakt die Menschwerdung im Geistig-Seelischen anheben konnte. Es mußte der Mensch in das luziferisch-ahri-

manische Wesen absinken, um im physischen Plan wahrnehmend, erlebend und erkennend zu werden. Und er wird nun wiederum durch höhere Macht und Mitwirkung innerhalb der widergöttlichen Polarität seinen göttlichen Wesenskern behaupten, wie dies Rudolf Steiner in seiner großen Holzplastik des Menschheitsrepräsentanten, der zugleich der Christus ist, dargestellt hat.
Heute stehen wir an der großen Wende im zweiten Akt der Menschwerdung, die aus dem tiefsten Versinken im einseitigen luziferisch-ahrimanischen Erleben und Erkennen des physischen Plans wiederum hinausführt zu einem neuen Erleben und Erkennen der geistigen Welt, und es eröffnet sich der Ausblick auf den Menschen einer kommenden Zeit, der das Erleben und Erkennen beider Welten im nämlichen Bewußtseinszustand vereinigen wird.

DER INDIVIDUATIONSPROZESS IN DER NATUR UND IM MENSCHEN UND DIE GESETZMÄSSIGKEIT DER VERERBUNG

Es ist das Fortschreiten des Menschen zum denkenden Erkennen beider Welten, das in der Gegenwart vor allem an dem Geistigen geübt werden muß, welches durch die physische Welt der Schöpfung hindurchscheint, ein Geschehen, das wir auch noch von einem anderen Gesichtspunkt aus betrachten müssen. Es bedingt dieses Geschehen nämlich, wie wir noch begründen werden, einen höheren Grad von Selbstbewußtheit, ein Fortschreiten des Menschen in jenem Prozeß der Ichwerdung, der Orientierung seines ganzen geistig-seelischen Wesens auf seine Mitte. Und dieses Einheit schaffende Gestalten im Geistig-Seelischen, das nach demjenigen hintendiert, was wir Individualität nennen können, ist nun ein Prozeß, den wir in seiner Beziehung zum ganzen Weltgeschehen, wie wir es hier betrachten, sehen müssen. Es ist die höchste Form jenes Geschehens, das wir als Individuationsprozeß im Wirken des Wortes auf allen seinen Stufen finden, und es ist das Individuationsprinzip nichts anderes als ein Aspekt des Wortwirkens, den wir nun noch in unsere Überschau einbeziehen müssen.
In unserer Darstellung des Wirkens der Ordnungsprinzipien von Klang und Wort betrachteten wir in der klanghaft organisierten Stoffeswelt die räumlichen Ordnungen der Atome, in denen wir entgegen den verbreiteten überholten Vorstellungen noch nicht etwa das Wirken einer Individuationstendenz sehen dürfen. Nach Schrödinger, den wir zitierten, unterscheidet hier die neue Physik ganz anders, als man es vom Schulwissen her im allgemeinen noch gewohnt ist. Sie unterscheidet, wie wir sahen, die Substanz im

flüssigen und im gasförmigen Zustand ganz grundsätzlich von derjenigen im festen. Das Flüssige und das Gasförmige ist durch das Ineinanderwirken der Atome oder der Moleküle in ihren Randzonen, physikalisch gesehen, gar kein in einzelne Partikel zerfallender Stoff, sondern ein Kontinuum. Geisteswissenschaftlich gesehen wirkt hier, vor allem im Flüssigen, das Klanghafte des chemischen Äthers ordnend, wie dies von Rudolf Steiner aus der übersinnlichen Schau heraus geschildert worden ist. Wir sahen, daß auch im physikalischen Aspekt die Klangfiguren annähernde Bilder sein können für dasjenige, was da im stofflichen Kontinuum innerlich gestaltend wirkt. Diese Figuren müssen wir uns ineinander übergehend und in den Zwischenräumen der harmonikalen Raumordnungen als eine lebendig regsame Formenwelt ununterbrochen sich fortpflanzend denken. Wenn nun der Hellseher diese Figuren wahrnehmen kann, so kann er an ihnen auch den klanghaften Charakter feststellen und somit das Wirksame als Klangäther definieren.

Dieses formenreich und für jede Substanz eigenartig und charakteristisch zu denkende Kontinuum innerhalb der flüssigen Substanz ist ja nun auch das eigentlich wesenhafte Element, das Träger der feineren spezifischen Stoffwirkungen, wie sie in der neuen geisteswissenschaftlich orientierten physikalisch-biologischen Forschung untersucht werden. Es ist also für die Anschauung als ein harmonikal-formales Element zu denken, das in feinsten Spuren noch vorhanden und im Lebendigen wirksam sein kann, wenn für die äußere physikalische Wissenschaft von dem betreffenden Stoff nichts mehr festzustellen ist. Bemerkenswert ist, daß sich auch in der äußeren Wissenschaft Phänomene ergeben, die auf eine Auflösung der normalen Stoffstruktur hinweisen. Man spricht dann hier in einer echt arabistisch-materialistischen, ungeistigen Weise von ‚verschmierten' Molekülen.

Kehren wir nach dieser Abschweifung wieder zu unserem Gegenstand, zur Betrachtung des Individuationsprozesses zurück. Das klangätherische Kontinuum der flüssigen Substanz wird erst in völlig selbständige, trennbare und in sich beruhende Einzelteile geschieden, wenn durch die Wirkung des Lebensäthers der feste Zustand der Substanz eintritt. Der feste Aggregatzustand ist identisch mit der Kristallstruktur. Der kleinste Bestandteil ist der streng geometrisch geformte Mikrokristall, also ein Individuum. Das im Geradlinig-Geometrischen Ruhende tritt hier an die Stelle des Kurvig-Schwingenden des Klangelements. Wir sehen also schon hier im anorganischen Bereich das im Lebensäther wirkende Wort als das Individuation Schaffende und erkennen das Individuationsprinzip als einen Aspekt des Wort-Prinzips, d. h. der eigentlichen Geistwirksamkeit, die eben in einem Individuellen beruht und Individuelles schafft.

Im weitesten Umfang sehen wir das Individuationsprinzip des Lebensäthers im Reich des Lebendigen wirksam, das seit dem Abschluß der metamorphosisch-schöpferischen Epoche der Evolution ein durchgehend individualisiertes ist. Es ist die Prägung der in der Vererbung festgelegten Formen in ihrer individuellen Geschlossenheit ein Kristallhaftes, und zwar sowohl in bezug auf die Geschlossenheit von Form und Organisation, als auch in bezug auf die unveränderte Dauer in der Zeit.

Im Laufe der Evolution sehen wir das Mineralisch-werden der Substanz und die artgemäße Festprägung der Organismen als in den tieferen Ursachen gleichartig bestimmte Vorgänge verlaufen. Wir erkannten das mineralische Kristallwerden als eine Bindung vorher freier ätherischer Kräfte in der Substanz. Wir können nun also diese Vorgänge der letzten Vollendung der Schöpfung im lebendigen und im mineralischen Bereich zusammenfassend als Individuationsvorgänge verstehen. Es erscheint uns dann das Wirken des ‚Wortes' unter dem Aspekt der Individuationstendenz, und wir erkennen das Prinzip der Individuation als mit dem Wirken des Wortes verbunden. Im großen Gegensatz zu den früheren Epochen der Evolution sehen wir in der letzten die gesamte feste Substanz und das gesamte Reich des Lebendigen in lauter festgeprägte und gegen die Umgebung abgegrenzte Individuen aufgespalten. Mit der physischen Individuation war im Reich des Lebendigen eine ätherische verbunden, in welcher sich in jedem Lebewesen ein entsprechender ‚Ätherleib' ausgestaltete. Wir sehen das Sinntragende des Wortes in seinem ganzen Wirkensbereich sich in sinnvoll aufgebauten und organisierten Ganzheiten, in Individuen, ausleben, und wir erkennen in der Betrachtung des Formalen gerade in dieser Tendenz zum sinnvoll geordneten Ganzen das Wirken des Wortes innerhalb des harmonikal-klanglichen Elementes, welches letztere an sich kein abschließendes, sondern ein nach unendlicher Fortsetzung im Weiterschwingen tendierendes Element ist. Dieser harmonikal-formalen Tendenz des unendlichen Weiterschwingens tritt also die Kraft des Wortes als eine abschließende und gestaltende entgegen. Für die Erkenntnis dieses Gegenspiels und Zusammenspiels der schöpferischen Kräfte bildet die Betrachtung des Formenreichtums der Pflanzenwelt die grundlegende Schulung. Wir sehen hier in wunderbarer Weise die Individuationstendenz die einzelnen Teile als ideelle Abbilder des Ganzen aus dem kosmisch schwingenden kurvigen Element heraus gestalten, wenn wir die geometrischen Grundlagen der höheren pflanzlichen Organisation in die Betrachtung einbeziehen.

Die Darstellungen aus der spirituellen Schau zeigen uns das Lebendige der alten Epochen der Evolution noch als ein Element, das in all seinen wandelbaren Gestaltungen noch stark mit der von lebendigen ätherischen Kräften durchlebten Umwelt verbunden war, indem es mit ihr ganz äußerlich zusammenhing. In dieser ineinanderwebenden lebendigen und auch tierhaft beseelten Welt können wir uns nun also das Wirken des Wortes auch als Individuationstendenz denken, die sich allmählich bis zum höchsten Maße des in der Substanzwelt Möglichen durchsetzte. Es erlangten die Organismen im Reich des Lebendigen und Beseelten allmählich einen immer höheren Grad von Unabhängigkeit gegenüber der Umwelt. Ein wesentlicher Schritt war hier z. B. die Entwicklung der selbständigen und konstanten Körperwärme. Weiter wirkte die Individuationstendenz nun in der Richtung der Verselbständigung und Festlegung von bestimmten Formen und Organisationen. In der Epoche der Evolution, die man geisteswissenschaftlich als die erste Hälfte der atlantischen Zeit bezeichnet, gingen viele Formen des Tierreiches noch ineinander über, und es war auch der Mensch noch innerhalb dieses Bereichs metamorphosischer Wandlung. Die letzten Verselbständigungen von Formen und auch die allerletzte, welche die Form des Menschen betraf, haben wir nach der spirituellen Forschung Rudolf Steiners etwa in die Mitte der atlantischen Epoche zu datieren. Da hatte sich also die Individuationstendenz im Bereich der physischen Formen vollständig durchgesetzt.

Nach dem Abschluß dieser physisch-leiblichen Individuation begann im Menschen nun eine geistig-seelische als Fortwirkung und weitere Steigerung des Prinzips auf der höheren Ebene, und es zeigt die Betrachtung, daß alles, was physisch- und ätherisch-leiblich verselbständigt war, im Menschen die Voraussetzung und Vorbedingung für die geistig-seelische Individuation war, die ihn zur Individualität machen sollte.

Wir wissen durch die spirituelle Forschung, daß der Mensch in der Mitte der atlantischen Zeit in einem ungleich viel höheren Grade in einer Gruppenseelenhaftigkeit aufging, als dies heute noch der Fall ist. Er war Glied eines größeren geistig-seelischen Ganzen, in welchem er lebte, und es waren seiner individuellen Entfaltung noch sehr enge Grenzen gesetzt, ja es war diese erst als Keim vorhanden. Geistige Wesenheiten wirkten lenkend und bestimmend im Gruppenseelenhaften. Im menschlichen Wahrnehmen und Erleben war noch die ätherische und die astralische Welt eingeschlossen, und es liegt in der Natur dieser übersinnlichen Welt, daß der Mensch sich ihr gegenüber damals nicht als freie, selbständige Wesenheit erleben konnte. Er hätte in diesem Erlebnisbereich nicht in seiner geistig-seelischen Individuation fortschreiten können, und er mußte ihn darum verlassen. Er mußte in seinem irdischen Tagesbewußtsein ganz in die physische Welt der individuellen Wesen und der Gegenstände eintauchen, um hier wirkend und herrschend ein Gegenstands- und ein Ichbewußtsein zu entwickeln. Dies geschah in der Entwicklung eines ganz auf den physischen Plan orientierten und diesem angemessenen Wahrnehmens und Denkens.

Zu diesem Ziel der geistigen Individuation des Menschen in der Entwicklung zur Individualität sehen wir die Voraussetzungen in der Organisation seines physischen Leibes gegeben. Dabei haben wir nicht nur das eigentliche Instrument des Denkens, das Großhirn, in Betracht zu ziehen, sondern nicht weniger die Teile des physischen Leibes, die nach der übersinnlichen Forschung am

Denken beteiligt sind. Rudolf Steiner führte in verschiedenen Zusammenhängen aus, daß hier das Knochensystem vor allem in Betracht kommt. Und da zeigt nun die geometrisierende Betrachtung ein ganz Besonderes. Sie zeigt die vollständige und in all der Mannigfaltigkeit der Elemente doch in wunderbarer Geschlossenheit durchgeführte geometrische Zentrierung des ganzen Systems auf eine Mitte, die der geistigen Mitte des Menschen entspricht. In dieser zentrierten Architektonik des Knochensystems ist letzten Endes die Individuationstendenz der Menschenwesenheit im physischen Leib begründet. Und wir sehen hier wiederum, wie in der Welt überhaupt, ein harmonikal-kurvig schwingendes Element kosmischen Ursprungs in geradlinig-geometrischen Aufbauprinzipien, also in das Kristallhafte des Wortes, eingeordnet (s. Skelettgeometrie d. V.).

Es ist im ersten Teil dieser Arbeit auf die Bedeutung der Epoche der Kristallwerdung in der Evolution für die Entwicklung des menschlichen Denkens hingewiesen worden. Es ist ausgeführt worden, daß in dieser Epoche in der äußeren Natur in weitem Umfang die physikalische Naturgesetzlichkeit herrschend wurde und daß zugleich im Menschen die entsprechende Fähigkeit des Geistes veranlagt wurde, die geeignet war, zur Erkenntnis und Beherrschung der Naturgesetzlichkeit der physikalischen Welt zu führen, die Fähigkeit der Intellektualität. Wir sehen nun die menschliche Bewußtseinsentwicklung in ihren großen Epochen mit den Epochen der Evolution übereinstimmen. Die Epoche des Wortes, des Lebensäthers, war für den Menschen diejenige des logischen Denkens, des intellektuellen Erkennens geworden. Wir sahen im Aspekt der spirituellen Schau Rudolf Steiners im Wort innerhalb des Klanges ein Sinnvolles eingreifen und sich in Gestaltung und Organisation offenbaren, es wurde die Schönheit des Klanges in der Schöpfung zum Sinnvollen des Wortes, und es trat dieses Sinnvolle zugleich als neues Element in das menschliche Bewußtsein ein. Als die Bewußtseinsentwicklung in diesem Sinne abgeschlossen wurde, erschien im menschlichen Denken das neue Element in der Vollendung, die für alle Zukunft grundlegend sein sollte: In der geistigen Kristallwelt des griechischen Denkens. Es konnte von nun an das menschliche

Denken sich zur kristallenen Klarheit der Begriffe erheben, und es entstanden im Lauf der Zeiten die wunderbaren geistigen Kristallsysteme des weltanschaulichen und wissenschaftlichen Denkens. Wir finden so die Epoche der Kristallwelt als letzte Epoche der Evolution zugleich im mineralischen, im lebendigen und im menschlich-geistigen Bereich. Es ist das Bild des Kristalls für den klaren menschlichen Gedanken keine Allegorie, sonst wäre es nicht in so eindrücklicher Weise von Rudolf Steiner gebraucht worden. Es entspricht vielmehr einer übersinnlichen Realität. Es zeigen sich der übersinnlichen Schau geometrisch geradlinige, kristallartige Bildungen. Auch für die innere Anschauung bietet ein klarer Gedanke im Logisch-Geradlinigen seiner Beziehungen das Bild eines Kristallartigen. Es wirkte in der Evolution die formale Kristalltendenz zugleich in der mineralisch-physischen Welt und in der übersinnlich-geistigen des Menschen. Was der Mensch im Worte, d. h. im Sinnvollen denken kann, das steht in einer übersinnlich höchst konkreten Beziehung zu den Kräften, die in der Schöpfung wirken, und es zeigt sich so, daß er in seinem Denken in jener höheren Wirklichkeit darinnen steht, die sowohl die äußere Natur als auch das Seelisch-Geistige in ihm selbst umgreift.
Aber die Entwicklung des menschlichen Intellekts ging entsprechend der früheren Entwicklung in der mineralisch-physikalischen Welt noch weiter. Sehen wir uns zuerst den Hergang in der äußeren physikalischen Welt an. Es ist ja dieser Hergang in der Evolution gar keine einfache, sondern eine höchst komplizierte Sache. Es tritt uns heute die mineralische Kristallwelt, das gläserne Meer des Apokalyptikers, in einem nichts weniger als kristallartigen Aspekt entgegen, und es war das letzte Raffinement der modernen Forschung notwendig, um den kristallinen Ursprung in allen Elementen dieses ungeheuren Chaos nachzuweisen. Wir haben bereits auf diesen chaotischen Zustand der toten Natur, wie er aus dem Zusammenwirken von fester, flüssiger und gasförmiger Substanz hervorgegangen ist, hingewiesen, und wir sahen, daß die blinden physikalischen Kräfte der Schwere und der Massenwirkung die Kristallwelt des Ursprungs mechanisch zerstörten und chaotisierten. Die erdgeschichtliche Forschung gibt Aufschluß über das Wirken der

blinden Gewalten, die das Gestein in seiner heutigen Form und Struktur, in seiner so ungeheuer kompliziierten Schichtung, Faltung, Verwerfung und Verschiebung hervorbrachten, und sie gibt auch Aufschluß über das blinde Schaffen von Wind und Wasser innerhalb der mineralischen Substanzen der Erdoberfläche. In diesem Zusammenhang ist nun die Erkenntnis der neuen Physik von fundamentaler Bedeutung, nach welcher die blinden Naturkräfte, welche die Erde im großen chaotisierten, auf die chaotisch-blinden Kräfte der mikrophysikalischen Welt zurückgehen und ‚Gesetzen' gehorchen, welche Grenzgesetze statistischer Natur sind. Es bietet also der letzte Abschnitt der Evolution der mineralisch-physikalischen Welt das Bild eines ungeheuren Ineinanderwirkens der Mächte des göttlichen Wortes und derjenigen des Chaos, der widergöttlichen ahrimanisch-luziferischen Geisteswelt.

Und dieser Dualismus des Kräftewirkens in der äußeren Natur fand nun wieder seine Entsprechung in der Entwicklung des menschlichen Denkens. Es ging dieses Denken nicht nur den Weg der Kristallbildung im Geistigen, sondern es fand auch den Weg zur Ergründung des Chaos, und dies war der Weg von der klassisch-griechischen Intellektualität zu derjenigen des Arabismus. Wie das Wesen des Chaos die Verneinung und prinzipielle Abkehr von allem Göttlich-Schöpferischen ist, und wie die Kräfte dieses Chaos in diesem Sinne in der äußeren Natur wirksam waren, so mußte im menschlichen Geist dieselbe Abkehr vom Geistig-Schöpferischen stattfinden. Es ist im Anfang dieser Betrachtungen der geschichtliche Vorgang dieser Abkehr dargestellt worden, der die letzte Epoche in der Entwicklung des menschlichen Denkens einleitete. Es wurde gezeigt, welch eine Planung dieser Entwicklung zugrunde lag, wie sie den Menschen zur Herrschaft im Bereich des Chaotisch-Toten führen sollte. Wir erkennen nun, nachdem wir die Evolution eingehender betrachtet haben, auch die Zusammenhänge erst genauer und sehen, wie das ahrimanisierte Denken im Arabismus wirklich die Mysterien Ahrimans ergründen sollte und ergründet hat. Wenn es heute Physiker von höchstem Rang gibt, solche, die in die letzten Geheimnisse der Atomphysik eingeweiht sind, die sich selbst als die Hierophanten der wiedererstandenen Mysterien bezeichnen, so ist es auch notwendig festzustellen, welcher Art die Mysterien sind, die sie verwalten. Es haben diese Mysterien nichts mit denen des Lebendigen und des Göttlich-Schöpferischen zu tun. Diese sind an ganz anderem Ort auferstanden, nämlich da, wo man nicht tote Formelwissenschaft, sondern neue Wissenschaft des Geistig-Schöpferischen entwickelt. Heute muß es Menschen geben, die dazu kommen, das Wesen beider Denkarten zu erkennen.

Im Licht des Individuationsgedankens nun sehen wir den Menschen durch die gekennzeichnete Entwicklung seines Denkens in der Gegenwart vor der gewaltigen, grundsätzlichen Entscheidung stehen, die sich uns auch in den anderen Zusammenhängen zeigte. Es ist ja das Denken in der geistigen Kristallnatur, das in gleicher Weise wie die ganze äußere Kristallwelt aus den göttlich-schöpferischen Kräften der Welt hervorgeht, die Voraussetzung für die geistig-seelische Individuation. Wie die Kristallkräfte im weitesten Sinne in der Welt der physischen Dinge und Wesen die Individuation verwirklichen, so verwirklichen sie diese auch im geistig-seelischen Wesensgliede des Menschen. Das Denken in der geistigen Kristallwelt läßt den Menschen zur Individualität werden.

Ganz anders verhält es sich nun mit dem Denken, das der Ergründung des Chaos diente, indem es dessen Wirken in der physikalischen Welt bis zum letzten Grunde erforschte. Dieses arabistische Denken trägt in sich die Tendenz dessen, dem es wesensverwandt ist, die Tendenz des Prinzips, das in der Welt der Kristallnatur als feindliche Macht gegenübersteht. Es will diese Tendenz das Kristallhafte im Geistig-Seelischen des Menschen aufheben. So hält das arabistische Denken, wenn es nicht höheren geistigen Prinzipien unterstellt ist, den Menschen in seiner geistigen Individuation zurück und treibt ihn in jene Mentalität hinein, die wir heute sich so ungeheuer auswirken sehen und die eine neue Gruppenseelenhaftigkeit auf der Basis der Verstandesseele hervorbringen will.

Orientieren wir uns hier einmal über den gegenwärtigen Stand der menschlichen Bewußtseinsentwicklung. Wir können in der jüngsten Vergangenheit geradezu die Individuation im Menschen durch den Denkprozeß verfolgen. Noch der griechische Mensch der klassischen Epoche fühlte in seinem Denken das Hereinwirken des Weltenwortes in der Form des Weltendenkens. Er fühlte sich noch nicht als ein persönlich Denkender, sondern er erlebte noch das „es denkt in mir". In seinem Denken erstanden zum ersten Mal die in sich geschlossenen, sinnvollen Gebilde, die Individuation im Gedankenelement waren und die so unerhört durch die Zeiten fortwirkten, nicht nur, weil sie sachlich richtig waren, sondern weil sie durch ihre Struktur den Menschen in die geistige Individuation hineinführten. Das ‚Wort' in der Gedankenarchitektur entwickelte die Kraft des Ichs. Im Mittelalter war die christlich-abendländische Menschheit soweit fortgeschritten, daß der Denker nicht mehr das Weltendenken in sich erlebte, sondern seine Gedanken als seine eigenen, ganz persönlichen Schöpfungen zu empfinden begann. Damit bildete sich im Verstandesseelenelement der griechisch-lateinischen Kultur ein neuer Keim, der Keim der Bewußtseinsseele, der in der gegenwärtigen fünften nachatlantischen Epoche sich entfaltet. Da soll nun der Mensch durch ein wirklich ganz individuelles Denken zur vollen Selbstbewußtheit gelangen, er soll die Kristalle seiner Gedanken selbst schaffen und sich in diesem Schaffen als geistige Wesenheit erleben.

Nun, hier ist es für unsere ganzen Zusammenhänge von höchstem Interesse, zu sehen, wie im Mittelalter in dem großen Geisteskampf der christlichen Denker mit den Arabisten die letzteren die These verfochten, daß der Mensch kein individuelles Denken haben könne, weil er vollkommen in einem allgemeinen, objektiven Gedankenelement eingesponnen sei, in welchem es keinen Raum für individuelle Schöpfung gebe. Wie konsequent islamisch war dies gedacht: Der Geschaffene kann nichts erschaffen, sondern er kann nur innerhalb der Ganzheit der fertigen Schöpfung in Anbetung des einzigen großen Schöpfers leben und weben.

Hier zeigt sich klar die Tendenz des Arabismus, den Menschen auf der Stufe der Verstandesseele zurückzuhalten und ihn aus seiner normalen Entwicklung zur nächsthöheren Stufe, zur Bewußtseinsseele, herauszuwerfen. Zu diesem Zweck wurde dasjenige, was als richtige Anschauung für die Epoche der Verstandesseele Geltung hatte, als ewig geltend und unumstößlich postuliert. Es könnte in intimerer Betrachtung auch gezeigt werden, wie das Gedanken-

element in der feineren Struktur des Kristallhaften entkleidet wurde. Einiges ist diesbezüglich früher ausgeführt worden.
Was sehen wir nun den modernen Arabismus heute da unternehmen, wo er im Dienste einer gewissen geistigen Macht als herrschendes Prinzip und ohne Korrektur durch höhere geistige Instanzen auftreten kann?
Wir sehen ihn auf dem Wege, die alte These von der allgemeinen in sich fertigen Gedankenwelt, die keinen Raum für individuelle Schöpfung übrig läßt, zu verwirklichen. Es wird ein alle Bereiche umfassendes weltanschauliches Gedankenwerk intellektualistisch-mechanistischer Prägung geschaffen und immer weiter konsequent ausgebaut, das als das allein richtige, allein mögliche und allein wirkliche hingestellt und zugleich folgerichtig auch allgemein verbindlich erklärt wird. Innerhalb dieses Gedankenwerkes soll der Einzelmensch aller Problematik und aller individuellen Initiative enthoben sein. Der unendliche Friede Allahs soll im modernen Denken einkehren. Es soll die These des mittelalterlichen Arabismus von der endgültig und abgeschlossen erschaffenen all-einen Gedankenwelt irdische Realität werden und als solche die geistige Grundlage für die Verwirklichung des moslemischen Paradieses in den irdischen Verhältnissen bilden.
Es ist wirklich ein Teil der Menschheit von der wahren Bestimmung abgelenkt worden, und es zeichnet sich immer klarer ab, wie da der Mensch in der geistig-seelischen Menschwerdung auf der Strecke bleibt, indem er in eine neue Kollektivität eingeht. Es kann ja für eine gewisse Zeit für die einzelnen Individualitäten noch ein Wechsel des Schauplatzes ihres irdischen Daseins zwischen hüben und drüben möglich sein. Die äußere kollektive Institution aber kann als Form bleiben und wird in diesem Falle einmal nur noch von denjenigen Individuen erfüllt werden, die endgültig hier verbleiben. Für diese wäre damit auch eine enge und endgültige Bindung an die sinnlich-physische Welt zur Tatsache geworden.
Wenn heute demgegenüber in der wahren Bestimmung des Menschen eine neue Hinwendung zum Geistig-Schöpferischen liegt, so sehen wir damit zugleich ein neues Erkennen im übersinnlichen Bereich verbunden, und wir sehen nach dem Durchgang durch die

tiefste Verstrickung in die physisch-materielle Welt innerhalb des hier erstandenen individuellen Denkens und Ichbewußtseins nun den Keim eines neuen, höheren Bewußtseins in der geistigen Welt sich bilden, den Keim des Geistselbstes. In diesem Keim verankert sicht der Mensch mit seinem irdisch-sinnlichen Bewußtsein in der geistigen Welt, indem er diese innerhalb der Sinneswahrnehmung als wirkende und schöpferische Macht erkennt. Es kehrt damit der Mensch nun auch zurück zur legitimen Erkenntnis des Weltendenkens, indem er in seinem individuellen schöpferischen Denken das Wirken dieses Weltendenkens feststellt.

Er wird damit sich selbst als Geistwesenheit im Ganzen der geistigen Welt erkennen, sich mit dieser Welt eins wissen und sich dennoch als individuelles Selbst erleben. So wird er auf der Entwicklungsstufe des Geistselbstes dasjenige können, was er in der alten atlantischen Zeit innerhalb der damaligen hellseherischen Wahrnehmungswelt nicht konnte. Es wird damit für ihn verwirklicht sein, was der Sinn der großen Geistentfremdung, des tiefen Versinkens in die physisch-sinnliche Welt gewesen war.

So sehen wir in der Gegenwart den Weltprozeß der Individuation im Geistigen des Menschen als Individuation innerhalb der geistigen Welt kulminieren. Und wir sehen im Lichte der Geisteswissenschaft Rudolf Steiners diesen Prozeß, wie er ganz universell aus dem Wirken des Wortes zu verstehen ist, im Menschen mit dem Wirken der Geistwesenheit verbunden, die in ihrer Verkörperung am Beginn unserer Zeitrechnung aus der alten Weisheit heraus als das fleischgewordene Wort gekennzeichnet worden ist. Das Bild dieser kosmischen Wesenheit, das die urchristliche Weisheit kannte, das Bild des ‚Ich-bin', weist dem Menschen heute den Weg zu einer höheren Ichentwicklung. Unsere Betrachtung des Wirkens des Wortes im Sinne des Logos der griechischen Philosophie muß hier bis zur letzten Konsequenz verfolgt werden. Das ‚Wort' trat uns als das geistig Schöpferische entgegen. Ein geistig Schöpferisches aber können wir uns in der Wirklichkeit nur individuell vorstellen, d.h. wesenhaft. Wo es uns in der Natur oder im menschlichen Werk entgegentritt, steht die schöpferische Wesenheit dahinter. Hinter dem Logos in der Natur steht dessen geistige Wesenswelt.

Wir wissen durch Rudolf Steiner auch von dem Ursprung des Impulses, der heute die Menschen mit so unerhörter Kraft von ihrer Bestimmung ablenkt, und wir sehen in der Vergangenheit den Übergang vom Kristalldenken der griechischen Epoche zum Arabismus aus dem Wirken eines mächtigen Inaugurators hervorgehen. Wir sehen diese mächtige ahrimanische Individualität im 6. Jahrhundert an der Schule von Gondishapur die griechischen Philosophen im arabistischen Sinne umschulen und in einer Atomisierung des Kristalldenkens eine Intellektualität begründen, die in ihrem formalistischen Raffinement die Grundlage des geistigen Menschenseins für alle Zukunft werden sollte, die den Menschen auf der nun erreichten Stufe des Verstandesdenkens festlegen wollte.

Heute haben wir in allen Bereichen der exakten Wissenschaften als Grundlage den reinen Intellekt. Das ist ohne Zweifel richtig; denn es beruht darauf eben die Exaktheit. Der große Irrtum aber, in dem Ahriman wirkt, ist der, daß der reine Intellekt zum allein Maßgebenden allen Denkens gemacht wird. Im Kristalldenken der griechisch-lateinischen Epoche war das Irrationale eingeschlossen. In dieser Epoche, die ja noch die Scholastik einbegreift, lebte der Mensch in wunderbaren Gedankensystemen noch universell. Das Kristallhafte im Denken ist nur im Universellen möglich. Es ist vom Arabistischen aus gesehen ein ganz Merkwürdiges, zu sehen, wie da der Intellekt das Irrationale kristallhaft ordnet und durchleuchtet. Der isolierte Intellekt aber atomisiert zuerst und schafft dann die mechanistischen Denkkomplexe, die eben dem ahrimanischen Einschlag der Welt adäquat sind. Diese Komplexe sollen die Grundlage allen menschlichen Denkens werden. Der Primat des reinen Verstandes ist die große Gefahr des modernen Menschen.

Mit der Entscheidung, vor die der denkende Mensch heute gestellt ist, ist eine Unterscheidung verbunden, die er im Denken über die Dinge der physischen Welt vorzunehmen hat, und es ist diese Unterscheidung von wissenschaftlicher Seite treffend gekennzeichnet worden. Es wurde von dem Biologen Adolf Portmann in einem Radiovortrag auf sie hingewiesen. Es wurde ausgeführt, daß ein bedeutungsvoller Unterschied zwischen der physikalisch-mathematischen Forschung und der anatomisch-physiologischen darin liege, daß in der letzteren aus dem wissenschaftlichen Denken heraus nichts vorausgesehen und vorausgesagt werden konnte in bezug auf all die Strukturen und Reaktionssysteme, welche von der empirischen Forschung festgestellt worden sind. Es ist bekannt, was aus dem physikalischen Gebiet alles richtig vorausgesagt worden ist und wie die Triumphe der Forscher auf diesem Gebiet vielfach gerade darin bestanden, daß ihre Voraussagen durch die weitere Entwicklung der Tatsachenforschung als richtig bestätigt wurden. Das gewaltigste Beispiel von dieser Art ist die theoretische Feststellung und die viel später durchgeführte praktische Befreiung der Atomenergie. Aber auch in bezug auf die physikalischen Strukturen liegen die Dinge ähnlich, es wurde alles Wesentliche vorausgesagt und nachträglich bestätigt. Es wird aus diesen Tatsachen offenbar, daß das wissenschaftliche Denken unserer Zeit ein der physikalischen Welt adäquates ist, wie wir dies aus den geisteswissenschaftlichen Zusammenhängen heraus ebenfalls erkennen. Das Denken aber, das in ähnlicher Weise der Welt der lebendigen Formen und Organisationen angemessen wäre, existiert in der Wissenschaft unserer Zeit nicht. Das ergibt sich aus der interessanten Feststellung, die von Portmann gemacht worden ist. Es ist aus dem arabistischen Denken heraus nichts vorausgesehen worden in bezug auf die Forschung im Bereich des Lebendigen. Hier kann nur ein Denken wirkliche Erkenntnisse bringen, das dem ätherischen Element adäquat ist. Es ist das Denken, das in den geistig-übersinnlichen Bereich übergreift und das heute in der Linie der normalen menschlichen Bewußtseinsentwicklung liegt. Einmal, in einem Bewußtseinszustand der kommenden Entwicklung, wird der Mensch dazu gelangen, aus seiner Erkenntnis heraus im Reich des Lebendigen in solcher Art schöpferisch tätig sein zu können, wie er es heute im Reich des Physikalisch-Toten sein kann. Aber dazu wird es weit mehr brauchen, als die Arabisten, die ja diesen Fortschritt ebenfalls erwarten, sich vorstellen.

In den Vorträgen über die Apokalypse des Johannes stellt Rudolf Steiner dar, wie der Mensch heute geistig dem Mineralreich zuzuordnen ist, wie er diesem gleichartig ist und wie dies eine der Stufen

in den großen Zyklen seiner Evolution ist. Es folgt dann die Darstellung dessen, was er auf der nächsten Stufe erreichen wird:
„Was kann der Mensch heute begreifen? Darauf kommt es an. Er kann heute bloß das mineralische Reich verstehen. Sowie er an das Pflanzenreich kommt, versteht er es nicht mehr . . .
Sie werden am besten verstehen, daß der Mensch heute erst das mineralische Reich begreifen kann, wenn Sie folgende Betrachtung machen. Denken Sie einmal, daß eine große Anzahl von Gelehrten sagt: Ja, die Pflanzen und die Tiere sind nichts anderes als komplizierte Mineralien. Und diese Gelehrten warten darauf, daß sie die Stoffe so zusammenfügen können, daß sie Pflanzen und Tiere werden . . .
Man glaubt, die Anthroposophen wären so töricht, daran zu zweifeln, daß einstmals die Zeit kommen wird, wo tatsächlich in der Retorte die Pflanzen erzeugt werden. Diese Zeit wird kommen. Das haben aber diejenigen, die auf okkultem Boden stehen, schon immer gesagt. Sie wissen, daß die Zeit kommen wird, wo der Mensch die Pflanzenheit so in die eigene Natur aufnehmen wird, wie er heute das Mineralreich aufgenommen hat. Und . . . wie er die Kräfte des Mineralreiches heute benutzt, so wird er einstmals aus den ihm dann wohlbekannten Kräften des Pflanzenreiches . . . das Pflanzengebilde und Höheres noch im Laboratorium erzeugen. Aber würde diese Möglichkeit . . . vorzeitig eintreten, so wäre sie für den auf dem wahren Boden der Geheimwissenschaft Stehenden das, was man schwarze Magie nennt. Die Menschen müssen für jeden Schritt der Entwicklung erst reif werden. Es gibt einen okkulten Satz, der lautet: Erst dann werden die Menschen auf dem Experimentiertisch lebende Wesen erzeugen, wie sie heute mineralische Produkte herstellen, wenn der Laboratoriumstisch zum Altar und die chemische Verrichtung zu einer sakramentalen Handlung geworden ist . . . Wahrlich, so lange man in das Laboratorium geht und glaubt, daß man mit unheiligen Gefühlen dasselbe tun kann wie mit heiligen, solange wird man mit dem Willen derjenigen, die in rechter Weise die Entwicklung leiten, niemals im Laboratorium ein lebendiges Wesen erzeugen können."
Diese Ausführungen Rudolf Steiners sollten demjenigen voran-

gestellt werden, auf das wir nun eintreten, nämlich der Betrachtung der neuen Beziehung des Menschen zum Reich des Lebendigen, die sich aus den Ergebnissen der Wissenschaft für die Zukunft abzeichnet. In sehr überraschender Weise ist die Menschheit demjenigen um ein Gewaltiges nähergerückt, was von Rudolf Steiner vorausgesehen wurde.

Es wurde ausgeführt, daß heute die Atom- und Strahlungsphysiker die Biologen der Vererbungs- und Mutationsforschung geworden sind, es ist das Umwälzende, das sich da anbahnt, bereits angedeutet worden. Wenn wir uns nun eingehender damit beschäftigen wollen, so müssen wir uns vorerst einige Grundzüge der Genetik in unserer Anschauungsweise vergegenwärtigen.

Es ergaben sich der Genetik die bedeutendsten Aufschlüsse über die Beziehung, die besteht zwischen der Chromosomsubstanz und der übersinnlich-realen Form und Organisation des Lebendigen, die im Gange durch die Generationen in rhythmischer Weise wechselnd sich verkörpert und wieder verschwindet. Es sind diese beiden Komponenten des Lebendigen offenbar so miteinander verbunden, daß der physikalisch-ätherische Aufbau der Zellkernsubstanz in seinen einzelnen Teilen, den Genen, die einzelnen Komponenten der lebendigen Form bestimmt. Wir stehen hier vor einer Tatsache, die vom geisteswissenschaftlichen Denken nicht leicht assimiliert werden kann. Aber es sind die Forschungsergebnisse so endgültig, daß es eine Diskussion über das Grundsätzliche nicht mehr geben kann. Es gibt wirklich eine Summe von Erbmerkmalen in der Prägung des lebendigen Organismus, die einzeln mit den einzelnen Komponenten der Erbsubstanz, den Genen, verbunden sind. Dementsprechend ergeben sich aus dem bekannten Zufallsspiel bei den Keimzellenteilungen und bei den Zellvereinigungen in der Fortpflanzung die atomistischen Vererbungsgesetzmäßigkeiten.

Die Genetik ist eine echt arabistische Wissenschaft der Zahlenverhältnisse, und es sind die Vererbungsgesetze den Naturgesetzmäßigkeiten der physikalisch-dynamischen Welt wesensgleich. Ja, es ist das Wesen des Naturgesetzes dieser Welt, dem Forscher in den Gesetzmäßigkeiten der Vererbung zuerst entgegenzutreten. Diese sind akausale Gesetzmäßigkeiten statistischer Natur. Chaos und

Zufall liegen ihnen zugrunde. Es ist der einzelne Organismus in der Zusammensetzung seiner Erbmasse das Ergebnis des Zufalls wie das Einzelereignis in mikrophysikalischen Vorgängen, denn er geht aus einem mikrobiologischen Einzelereignis analoger Art hervor. Die geisteswissenschaftliche Betrachtungsweise kann diese Tatsachen in bezug auf das organische Leben im allgemeinen in keiner Weise in Zweifel ziehen. Anders steht es aber in bezug auf den Menschen. Hier ließe sich auf das genaueste zeigen, in welcher Weise der Mensch als geistige Wesenheit bei seinem Eintritt in die Verkörperung den Zufall ausschalten und eine gewollte Zusammensetzung der Erbmasse bewirken kann. Dies auszuführen, würde hier zu weit führen. Es mußte aber, um Mißverständnisse zu vermeiden, erwähnt werden. Es kann im Einzelfall beim Menschen der Zufall ausgeschaltet werden, und es besteht auch hier die geisteswissenschaftliche Anschauung zu Recht, nach welcher Ereignisse von Bedeutung im menschlichen Leben keine Zufälle sind. Dies berührt in keiner Weise die Statistik der Vererbungsgesetzmäßigkeiten. Wir können also auf dieses Problem nicht weiter eintreten und können hier nur feststellen, daß tatsächlich im ganzen genommen in der Vererbungsgesetzmäßigkeit die Welt des Akausalen, also das Wesen des Physikalischen, in einer sehr auffallenden Weise in die Welt des Lebendigen hereinragt.

Wir vergleichen nun zunächst noch weiter die beiden bezeichneten Komponenten des Lebendigen, die mikroskopische Keimsubstanz, die in ihrem artspezifischen Aufbau als Genotyp bezeichnet wird, und die großmaßstäbliche Erscheinung des Organismus, die man den Phänotyp nennt. Ein grundlegender Unterschied ist nun der, daß die Keimsubstanz in den Fortpflanzungszellen sich physisch ununterbrochen fortpflanzt, also in gewissem Sinne unsterblich ist, der Phänotyp dagegen nur rhythmisch fluktuierend in die physische Erscheinung tritt. In den frühesten Stadien des Werdens eines Organismus spalten sich nämlich aus dem noch ganz undifferenzierten Zellmaterial des Keimlings jeweils wiederum die Fortpflanzungszellen ab. Sie bilden so durch die Generationen hindurch ein einheitliches unsterbliches Element, ein verbindendes lebendiges Band, die bekannte Keimbahn, die geradlinig auf die frühesten

Zeiten der Evolution zurückgeht. Es ist die Keimbahn der physische Lebensbaum aus dem Paradies. Was im Lebendigen nicht Keimbahn ist, ist Phänotyp und als solcher dem Wechsel der Sterblichkeit unterworfen. Auf beiden Seiten haben wir in der Gegenwart feinste und differenzierteste Organisation, auf der einen mikrophysikalisch-ätherische und auf der anderen großmaßstäbliche.

Es kann nun gar kein Zweifel darüber bestehen, daß die beiden Organisationstypen sich in der Evolution gleichlaufend und korrespondierend entwickelten und endlich festigten. Es ist ja so, daß die Zahl der Chromosomen und Gene umso größer ist, je höher der betreffende Organismus entwickelt ist.

Wenn wir, in der Evolution des Lebendigen zurückblickend, das Hineinarbeiten des Übersinnlichen im Physischen betrachten, so sehen wir da die Organisation sich stufenweise nach Prinzipien aufbauen. Organisch sehen wir aus einem Einheitlichen neue Teile, aus einem Primitiven ein Differenzierteres metamorphosisch hervorgehen und in Organen und Gliedern Neues zum vorher Bestehenden hinzufügen. Parallel zu diesen Vorgängen und mit ihnen korrespondierend können wir uns also nun den werdenden Aufbau der Keimsubstanz in den mikrophysikalischen Vorgängen denken. Jedem Neuen im Aufbau des Organismus ist ein Neues im aperiodischen Kristall zuzuordnen. So bekommen wir auf beiden Seiten den Aufbau aus bestimmten korrespondierenden und zu unterscheidenden Komponenten. Dem Blick des analytischen und kombinatorischen arabistischen Verstandes ergibt sich so eine Vielheit von Teilen, zu denen ihm, wenn er sie auch äußerlich als Einheit vor sich sieht, doch in Wahrheit das innere einende geistige Band fehlt. Dies kann er nicht konzipieren, denn es ergibt sich nicht aus der einfachen Kombination der Teile. So hat der Arabist „die Teile in seiner Hand, fehlt leider nur das geistige Band". Dieses Band ist des Arabisten fremdester Bereich, den er nie betreten wird, solange er nur Arabist bleibt. Es ist das geistig Wesenhafte, das sich in der Welt des physischen Stoffes in ‚Raum' und ‚Zeit' auseinanderlegt, das sich hier in räumlichen Gestaltungen und zeitlichen Metamorphosen verwirklicht, in Gestaltungen, in denen innerhalb des ‚Klanges', der

harmonikalen Form, das ,Wort' sinnvoll gestaltet. Es wäre nun das Band zu knüpfen zwischen den beiden Formen von Organisation im Physischen, die wir charakterisierten. Denn es stehen diese noch in ihrer Korrespondenz nebeneinander, ohne daß über das Wie dieser Korrespondenz etwas klar geworden wäre. Es ergeben die Tatsachen der Vererbung durch die Zellkernsubstanz nur soviel, daß eine geheimnisvolle Beziehung besteht zwischen der Organisation der Makromoleküle und der lebendigen Gestaltung in Raum und Zeit, daß in geheimnisvoller Weise das Übersinnliche durch die Klangfiguren der mikrophysikalischen Ordnungen wirkt und daß es sich in ihnen mit dem physischen Stoff verbindet. Es ergibt sich nun heute die Möglichkeit, noch einen Schritt weiter zu gehen in der Ergründung dieser Beziehung. Wenn wir in den Gestaltungen des Lebendigen den im Schmuck der göttlichen Ordnungen prangenden Kosmos sehen, so können wir heute konkrete Beziehungen zwischen dem geistigen Gesamtkosmos und dem einzelnen lebendigen Organismus, wenn auch noch nicht experimentell feststellen, so doch schon mit zureichendem Grunde denken. Und es gehen diese Beziehungen über die mikrophysikalischen Ordnungen.
Die eingehende Darstellung dessen, was hier aus den vorhandenen Grundlagen heraus gedacht werden kann, muß allerdings einer späteren, speziellen Ausführung vorbehalten bleiben. Hier aber sehen wir schon, daß die Chromosomen gleichsam als Empfänger für die Wirkungen aus dem Kosmos erscheinen, und zwar als solche Empfänger, die auf ganz bestimmte Wirkungen abgestimmt sind. Es ist ja geradezu handgreiflich, daß das Phänotypische, da es ja immer wieder aus dem physischen Dasein verschwindet, ein übersinnlich Seiendes sein muß. Aus dem geistigen Kosmos, in welchem alles in allem und durch alles lebt und ist, schießt das Phänotypische im Reich des Lebendigen fluktuierend in die physische Gestalt, um wieder zu verschwinden. Es ist mit seinem Ursprung durch die spezifisch abgestimmten Vermittler der Keimsubstanzkristalle und im Laufe der fluktuierenden Verkörperungen durch den dem Werden und Vergehen entzogenen Lebensbaum aus dem Paradies, d. h. durch die Keimbahn verbunden. Die Evolution des Lebendigen ist eine fortschreitende Offenbarung und Verkörperung aus dem All in

fluktuierenden physischen Gestalten, eine Offenbarung auch alles dessen, was sich da im Geistig-Wirklichen als Wesensverschiedenes und sich feindlich Entgegenwirkendes im Lauf der Zeiten herausgebildet hat. Während die lebendige plasmatische Substanz das Mittel des Hereintretens des Geistig-Seelischen in die Stoffeswelt ist, erscheint die Vererbungssubstanz in ihrem merkwürdigen physikalisch-lebendigen Doppelcharakter als vermittelnder Selektor der kosmischen Gestaltungskraft, als Selektor für die Erscheinung eines ganz Bestimmten im fluktuierenden Leibwerden des Phänotypischen.

Nachdem wir nun im Rahmen des hier Möglichen eine geisteswissenschaftliche Anschauung der Tatsachen der Genetik versucht haben, werden wir weiter auf das Problem des Eingreifens des Menschen in den Konnex zwischen Geist-Kosmos und phänotypischer Erscheinung eintreten und hier auch noch auf spezielle Vererbungsprobleme zurückkommen.

DIE WIRKUNG DER RADIOAKTIVEN STRAHLUNG IM LEBENDIGEN ORGANISMUS MUTATION UND VEGETATIVE KRÄFTE

Hier kehren wir nun zum Problem zurück, das uns eigentlich beschäftigt, zum Problem des Eingreifens des Menschen in die Grundlagen der artgemäßen Prägung des Lebendigen, deren Wesen wir uns nun in den letzten Ausführungen vergegenwärtigt haben. In der Evolution sehen wir dieses Lebendige aus den kosmischen Einwirkungen heraus sich einerseits in äußerer Organisation und Prägung, andererseits in mikrophysikalischer Ordnung der Zellkernsubstanzen bis zu der Höhe entwickeln, wo dann in demjenigen, was wir in umfassendem Sinne als Kristallisation bezeichnen, der Abschluß gesetzt wurde. Es war nun dieser Abschluß nicht etwa irgendwie ein zufälliger, und es hätte offenbar die Evolution nicht ad infinitum zu immer höherer und höherer Vollkommenheit geführt werden können, sondern es war der Abschluß dadurch gegeben, daß dasjenige erreicht war, was unter den vorliegenden Bedingungen erreicht werden konnte. Es ist ohne Zweifel die lebendige Schöpfung im wesentlichen ein Vollkommenes und für die gegenwärtige Epoche des ‚lebendigen Kristalls' auch ein Endgültiges. Von diesem Gesichtspunkt aus ergibt sich nun eine Folgerung von grundsätzlicher Bedeutung für die Betrachtung der Mutationen, die man heute mit der physikalischen Methode der Strahlungseinwirkung im Lebendigen hervorrufen kann. Es ist nämlich klar, daß bei diesen Mutationen nicht etwas Höheres, etwas vollkommener Organisiertes auftreten kann, als das Bestehende ist.

Vom arabistisch-wissenschaftlichen Denken aus stand man den Phänomenen ganz anders gegenüber. Man betrachtet da die sprungweisen Veränderungen der Mutationen als die Wirkung von Quantensprüngen in den atomaren Ordnungen der Makromoleküle der Keimsubstanz, die durch die radioaktive Strahlung herbeigeführt werden. Solche Quantensprünge sind mikrophysikalischer Zufall. Gegen diese Auffassung braucht gar nichts eingewendet zu werden. Da man nun aber arabistisch die Entstehung der Ordnungen im Laufe der Evolution nur als eine Reihe von Zufällen denken kann, innerhalb welcher die natürliche Zuchtwahl als Selektionsprinzip wirkte, so ergibt sich für dieses Denken, daß durch weitere günstige Zufälle die Evolution weiterschreiten könnte. Durch die Möglichkeit der unbeschränkten Entbindung neuer Mutationssprünge eröffnet sich der arabistischen Phantasie eine ganz unerhörte utopische Zukunftsperspektive. Man glaubte nichts anderes, als daß durch den Menschen nun die zum Stillstand gekommene Evolution wieder in Gang gesetzt werden könne, und man konnte sich nach Belieben ein beschleunigtes und planmäßig gelenktes Weiterschreiten vorstellen.

Diese utopische Perspektive stand noch unverkennbar hinter der verhalten enthusiastischen Darstellung der Verhältnisse durch Schrödinger in dem Buch ‚Was ist Leben? ’. Es ist der vielsagende Unterton nicht zu überhören, mit dem Schrödinger die Ergebnisse der neuen physikalischen Biologie als diejenigen bezeichnet, die „leicht die allerinteressantesten sein könnten", die die Wissenschaft unserer Zeit hervorgebracht hat. Es will gewiß etwas heißen, wenn diese Ergebnisse ‚interessanter' sein könnten als diejenigen der Atomphysik.

Für die geisteswissenschaftliche Anschauung liegen die Dinge anders. Die unausdenkbaren Ordnungen der Empfänger der kosmischen Wirkung, der Makromoleküle der Keimsubstanz, sind nicht Ergebnisse des Zufalls, sondern es sind Ordnungen des Klanges und des ‚Wortes', die sich in der Evolution in Harmonie mit den kosmischen Wirkungen aufbauten. Was kann der vollkommen planlose, auf mikrophysikalischem Zufall beruhende Eingriff innerhalb solcher Ordnungen bedeuten? Was kann ein solcher Eingriff in einem Aufbau bewirken, der in jedem höheren Organismus ein einzigartiger und vollkommener ist? Er kann nur Desorganisation

bedeuten und niemals etwas anderes als einen gewissen Grad von Entartung hervorbringen.
Schon bei den primitiven Organismen, mit denen man bisher in der offiziellen Wissenschaft experimentiert hat, hat es sich gezeigt, daß die Mutationen in der großen Mehrzahl offensichtlich nachteilige sind. Es gibt aber auch solche, bei denen die Forscher über die Beurteilung im Ungewissen sind, da in den komplizierten biologischen Verhältnissen die Bewertung natürlich schwierig ist. Es kann mit einem Vorteil nach der einen Richtung ein verborgener Nachteil nach einer anderen verbunden sein. Schrödinger vertrat in dem erwähnten Buch im Jahr 1943 noch die Auffassung, daß es auch günstige Mutationen gebe. Das wissenschaftliche Denken konnte gar nicht anders, als annehmen, daß der Zufall auch manchmal ein günstiger sein müsse, da es ja den Aufstieg in der Evolution auch nicht anders als aus den günstigen Zufällen der natürlichen Mutation verstehen konnte. Es ist bei Schrödinger zwischen den Zeilen zu spüren, wie wenig ihm die damals offenbare Tatsache der ganz überwiegend nachteiligen Mutationen in das Konzept paßte. Nach ihm mußten sich der physikalischen Biologie ganz andere Möglichkeiten eröffnen, als nur solche der Zerstörung, denn sonst wäre für ihn diese Wissenschaft gewiß nicht ‚interessanter' gewesen als selbst die Atomtechnik.
Nun, es ist von irgendwelchen Höherzüchtungen bisher nichts bekannt geworden, obgleich die arabistische Wissenschaft auf dem Gebiet ohne allen Zweifel mit höchstem Einsatz gearbeitet hat. Dagegen haben die gewaltigen Atomexperimente von Bikini, 1946, bei denen die Amerikaner innerhalb einer umfassenden, auch biologischen Versuchsanordnung Atombomben zur Explosion brachten, weitere Aufklärung gebracht. Es ist über die Ergebnisse außerhalb des Vorhanges der Geheimhaltung immerhin Wesentliches bekannt geworden. Es wurden nach den Explosionen langdauernde radioaktive Wirkungen in einem großen, den Radius der eigentlichen Sprengwirkung weit überschreitenden Umkreis festgestellt, und zwar Wirkungen gerade von jener, die Erbsubstanz des Lebendigen beeinflussenden Art. Heute wird nun festgestellt, daß die Häufigkeit der dauernden Erbgutveränderungen außerordentlich

hoch ist. In einem Aufsatz in der Zeitschrift ‚Die Kommenden' (Jahrg. 1949) stellt Gebhardt diese Verhältnisse dar. Es hat sich gezeigt, daß die Mutationen ausnahmslos schlechte sind. Es werden heute in Amerika entartete Pflanzen weitergezüchtet, die, wie Gebhardt schreibt, aussehen, als entstammten sie einem Mustergut der Hölle. Wie mögen wohl die Nachkommen der betroffenen Tiere aussehen? Was die Wirkung auf die menschliche Erbsubstanz anbetrifft, erklärt der amerikanische Forscher Anderson, daß diese ähnlich sein muß wie diejenige bei Pflanzen und Tieren. Was heute gesagt werden kann, drückt Anderson sehr sachlich aus, indem er sagt: „Die Wirkungen auf die Gene als Träger der Erbeigenschaften sind dauerhaft und zeigen fast keinerlei Wirkungseinbuße durch die Zeit, neigen dagegen zu der gleichen Ausbreitung im Vererbungsstrom wie die Erbmerkmale selbst und können deshalb auf die Dauer ganze Volksteile und Völker durchdringen."

Es ist klar, daß außer den Ergebnissen, die über die Experimente von Bikini bekannt geworden sind, noch bedeutende andere existieren, die für die Öffentlichkeit nicht zugänglich sind. Wir befinden uns heute wieder in einer Ära der geheimen Wissenschaft. Dies ist vor allem sicher in bezug auf dasjenige der Fall, was den Menschen unmittelbar betrifft. Da hat sich ja hinter Vorhängen seit geraumer Zeit vieles abgespielt, von dem dann nachträglich auch einiges bekannt geworden ist. Seither haben sich die Vorhänge allerdings verschoben, aber sie sind nicht etwa lichter, sondern noch viel dichter geworden. Was kann man sich in bezug auf den Menschen von den neuen Methoden versprechen? Soviel ist klar geworden, daß ein Übermensch etwa von der Art, wie ihn die Zeitgenossen Haeckels als die Fortsetzung der darwinistisch verstandenen Evolution erträumten, vorläufig nicht in Aussicht steht. Die Tendenz der zu entbindenden Wandlungskräfte wird nicht vorwärts, sondern rückwärts weisen. Gleichwohl wird an gewissen Orten dasjenige, was da herauskommt, eine höchst interessante Sache sein können, und es ist anzunehmen, daß hinter den Vorhängen, hinter denen sich schon so vieles abgespielt hat, sich gegenwärtig auch noch weiteres abspielt.

Man kann sich in diesem Zusammenhang an die noch nicht so lange vergangene Zeit erinnern, wo man sich von den damals neu entdeckten chemisch-physiologischen Methoden zur Beeinflussung des Menschen Wunder versprochen hat. Da glaubte man, durch Einverleibung der entsprechenden Hormone oder ähnlicher Wirkstoffe den Menschen in bezug auf seine Seelenzustände ganz nach Wunsch und Bedarf prägen zu können. Je nach Zweckbestimmung und Lebenslage glaubte man, ihn unternehmend oder passiv, aggressiv oder sanftmütig usw. machen zu können. Es haben sich diese ‚Hoffnungen' nicht erfüllt. Es zeigte sich nämlich, daß gegenüber der Hormoneinwirkung sich die Persönlichkeit immer wieder durchsetzt, oder daß, wenn dies nicht mehr der Fall ist, dann das Individuum nichts mehr wert ist. Es verhält sich hier ähnlich wie bei den Rauschgiften: Was man auch probieren mag, es ergibt sich keine Dauerwirkung, die nicht das Individuum in bezug auf seine Leistungsfähigkeit entwertete. Die normale menschliche Organisation kann nicht von den zentralen Impulsen abgeriegelt werden, ohne daß man sie zerrüttet.

Wie aber, wenn man die menschliche Organisation selbst verändern kann, wie dies bei der neuen Methode der Fall ist? — Nun, es hat diese Methode den Nachteil, daß man nicht Menschen mit ihr beeinflussen kann, sondern nur Erbmasse. Sie wirkt sich also erst in den folgenden Generationen aus. Dafür ist aber die Wirkung dann eine unbeschränkt dauernde. Gerade weil die einmal bestehende Organisation auf keine Weise mehr zu ändern ist, weil alle auf den fertigen Menschen angewandten Methoden diesen nur zerrütten, könnte man zur Methode der Veränderung der Keimsubstanz greifen, um einen anderen Menschen hervorzubringen, einen Menschen mit artgemäß erblicher und intakter, aber im Sinne gewisser Tendenzen vereinfachter anatomisch-physiologischer Organisation. Nicht ein Übermensch, sondern ein Untermensch ist durch die Ergebnisse der physikalisch-biologischen Forschung in den Bereich der Möglichkeit gerückt. Aber auch dies ist vielleicht an gewissen Orten noch ‚interessant' genug.

Es werden heute in der Wissenschaft über das Wesen und die Möglichkeiten der Mutation noch verschiedene Auffassungen vertreten. Darüber schreibt A. Portmann in seinem Buch ‚Einführung in die

vergleichende Morphologie der Wirbeltiere' (Basel 1948) folgendes:
„Es besteht auf der einen Seite die Meinung, die Mutationsvorgänge seien das Mittel, mit dem alle Umwandlungen der Organismen zu allen Zeiten erfolgt seien und wir müßten deshalb die von der experimentellen Forschung gewonnenen Vorstellungen auf die gesamte Vergangenheit der Geschichte des Lebens ausdehnen . . .
Das andere Extrem: Man sieht in den heute bekannten Mutationen eine Variationsweise, welche nur die Mannigfaltigkeit der Formgestaltung innerhalb eines engeren Typus zu erklären vermag, etwa innerhalb der Art, der Gattung oder der Familie. Manche Biologen bezeichnen diese Veränderungen als Mikroevolution und nehmen an, daß die Entstehung von bedeutenderen Abweichungen eine Makroevolution sei, ein Vorgang, den wir im einzelnen noch nicht kennen, sondern nur aus den Tatsachen der Paläontologie erschließen können."
Aus der Darstellung der Ergebnisse der Vererbungswissenschaft, die Bavink gegeben hat, geht hervor, daß die charakterisierte Unterscheidung — allerdings nicht im spirituellen, sondern im modernsachlichen Sinne — heute eine bedeutende Rolle zu spielen beginnt. Bavink führt aus:
„Die Meinungen der Biologen über diese Frage sind deshalb bis heute sehr geteilt. Während die einen glauben, daß grundsätzlich auch diese erblichen Merkmale (durch die sich also z. B. . . . die Raubtiere von den Nagetieren usw. unterscheiden) durch in den Chromosomen lokalisierte Gene bedingt seien, wenn sich dies auch vorläufig nicht beweisen ließe, sind viele andere der Ansicht, daß die im Mendelismus erfaßbaren ‚Gene' überhaupt nur eine, und zwar die niederste Stufe des gesamten Vererbungsmechanismus repräsentieren und daß jene die größeren Gruppen unterscheidenden Erbmerkmale auf ganz anderen, uns noch völlig unbekannten und bisher unzugänglichen Ursachen beruhen, die es erst noch zu erforschen gilt . . ."
„Diese letzteren Forscher neigen zumeist dazu, wie überhaupt, so auch auf diesem Gebiete der Biologie die ‚ganzheitliche' Betrachtungsweise in den Vordergrund zu rücken und deshalb sich dagegen

zu verwahren, daß auf dem mendelistischen Wege die ganze Vererbung gewissermaßen in ein unorganisches Nebeneinander lauter einzelner ‚Erbeinheiten' aufgelöst werde. Wie man in der Chemie zwischen ‚additiven' und ‚konstitutiven' Eigenschaften der Stoffe unterscheide . . ., so müsse man auch die rein additiven oder wenigstens sich angenähert additiv verhaltenden Mendelfaktoren trennen von den viel grundlegenderen ‚konstitutiven' Erbqualitäten, die wahrscheinlich die Gruppencharaktere . . . bedingten."

Es zeigt sich hier, wie sehr man in der Vererbungsforschung trotz der gewaltigen Erfolge in einzelnen Richtungen über die großen Hauptfragen noch im Ungewissen ist. Die neue Tendenz, die gerade von führenden Forschern vertreten wird, geht dahin, die dem spirituellen Denken entsprechende Unterscheidung des Typenhaften von den untergeordneten Erbqualitäten vorzunehmen.

Bavink äußert sich als Naturphilosoph zu dem Problem in der folgenden Weise:

„Die gesamten zuletzt erörterten Fragen werden nun aber aller Voraussicht nach überhaupt erst einer Lösung zugänglich werden, wenn es gelingt, das letzte und wichtigste Problem, das die moderne Genetik der Wissenschaft aufgibt, wirklich mit Erfolg anzupacken: Das ist die Frage, was denn nun eigentlich die von ihr mit solcher bewundernswerten Präzision ermittelten und ‚lokalisierten' Erbeinheiten (Erbfaktoren, Gene) sind und wie sie es anfangen, eine phänotypische Eigenschaft in dem heranwachsenden Organismus hervorzubringen."

Über das ‚Was' der Gene haben sich ja nun seit Bavink die Anschauungen in der Wissenschaft abgeklärt, und wir sahen, daß die heute geltende Auffassung gerade auch geisteswissenschaftlich tief begründet ist. Die letzte Frage Bavinks aber, die Frage nach dem ‚Wie', wird aus dem arabistischen Denken heraus ewig nie eine Antwort erhalten können, die eine wirkliche Antwort ist. Hier steht der moderne Arabist direkt vor dem sichtbaren spirituellen Phänomen in der Welt des Lebendigen. Wirklich, er kommt heute zur Frage: Wie fangen es die mikrophysikalischen Gebilde der Gene an . . .?, – und er denkt, daß er darauf eine Antwort erhalten werde. Wirklich, man hört den Wagner des Faustdramas:

„Zwar weiß ich viel, doch möcht ich alles wissen."
Und man hört den Faust:
„Wie nur dem Kopf nicht alle Hoffnung schwindet ..."
Wir haben zu der Frage, die in der Genetik die letzte Frage des Arabisten ist, einiges ausgeführt, was sich aus dem spirituellen Denken ergibt, und wir finden aus diesem Denken heraus auch in der charakterisierten Problematik der Genetik einen Weg, der weiterführt.
Wir sahen: Es taucht in der Wissenschaft die Frage des Typus auf und wirkt hier in der Art, daß sie die Geister ganz grundsätzlich scheidet, viel endgültiger, als es aus dem üblichen wissenschaftlichen Schreibstil heraus bemerkbar werden kann. Auf der einen Seite wird nämlich der Typus aus der Anschauung heraus erlebt, er wird gesehen, geistig wahrgenommen, auf der anderen Seite dagegen wird er nicht bemerkt, nicht als etwas Existentes erlebt, und zwar darum, weil er im arabistischen Denken nicht existieren kann. Im arabistischen Denken des Darwinismus und vor allem — in viel stärkerem Maße noch — des Neodarwinismus, kann es keinen Typus geben. Hier ist die ganze ‚Masse' des Lebendigen als reines Produkt des Zufalls und der Selektion ein prinzipiell Gleichartiges, ein ungeheurer atomistischer Komplex, innerhalb dessen es kein geistig-seelisch Sprechendes eines wirklichen Typus geben kann. Im Neodarwinismus geht das darwinistische Prinzip in neuem Glanze mit zwingender Logik aus den streng mechanistisch durchdachten Ergebnissen der neuen Vererbungsforschung hervor. Auf diese für die weltanschauliche Orientierung der Gegenwart im höchsten Grade unheilvolle Angelegenheit wird einmal im Sinne einer Widerlegung eingetreten werden müssen. Hier würde dieses Unternehmen unsere Zusammenhänge zu sehr auseinanderreißen.
Es zeigt sich im konsequenten Neodarwinismus ein Phänomen der Bewußtseinsentwicklung, das nicht übersehen werden darf: Weil es in diesem Denken den Typus nicht geben kann, wird er tatsächlich nicht mehr gesehen. Durch den formalistischen Rationalismus verliert der Mensch wirklich die Fähigkeit, ein Irrational-Existentes wahrzunehmen, er wird in diesem Sinne seelenblind. Es wird die menschliche Natur sehr tiefgreifend verändert, indem ganz anato-

misch-physiologisch gesehen die rational-kortikale Sphäre von der irrational-subkortikalen losgelöst und abgetrennt wird. So entsteht ein Seelenzustand, der vor einem Denken, das in der vollen Wirklichkeit der ungeheuer sinnvoll sprechenden Welt der Typen steht, nichts anderes ist, als eine Form des Irrsinns.
Im Neodarwinismus tritt an die Stelle des sinnvoll Sprechenden der reine Formalismus der Form selbst, der durch den Aspekt des Erbmerkmalkomplexes zugleich einen atomistischen Einschlag erhält. Es ist schon merkwürdig: Der Formbegriff ist sonst im philosophischen Denken untrennbar verknüpft mit dem Begriff der schöpferischen, formenden Potenz. Philosophisch gesehen ist Form Ausdruck des Geistes, und nur der Ausdruck des Geistes ist Form. Und nun besteht demgegenüber der abgründige arabistische Irrsinn, nach dem das ganze Formenreich der lebendigen Schöpfung gar keine Welt der Form im eigentlichen Sinne sein soll, da kein Geist dahinter steht. Und dieser Irrsinn gewinnt heute auf dem Boden der strengen und exakten Tatsachenforschung der Vererbungslehre, die nicht richtig verstanden wird, unerhört an Boden.
Nun, das Reich der lebendigen Schöpfung ist schon ein Reich der Form im eigentlichen Sinne. Diese Tatsache ist von A. Portmann (Radiovorträge) hervorgehoben und prägnant formuliert worden. Portmann bringt den strengen Formbegriff in das zoologische Denken hinein, indem er einen anderen Formbereich zum Vergleich heranzieht. Er vergleicht den zoologischen Typus mit dem musikalischen Thema und die Varianten innerhalb des Typus mit der Variation des Themas. Diese Unterscheidung von Thema und Variation ist für ihn zugleich diejenige von Makro- und Mikroevolution. Er sieht also in demjenigen, was in der Evolution analog der heute experimentierten Mutation vorgegangen ist — was also Mikroevolution ist —, nur die Varianten des Themas, dessen Schöpfung er noch ganz unbekannten Wirkungen und Vorgängen zuzuschreiben sich genötigt sieht, Vorgängen allerdings, hinter denen der schöpferische Geist stehen muß, da eben ‚Form' im strengen Sinne nur Schöpfung sein kann. So ergibt sich hier eine Art Erneuerung des alten theologischen Schöpfungsgedankens.
Im geisteswissenschaftlichen Denken und im Sinne der okkulten

Überlieferung muß über diese Anschauung hinausgehend noch der weitere Schritt getan werden, der hinter der Form des Typischen im beseelten Naturreich ein schöpferisch Mächtiges und Wesenhaftes sieht, das in der Evolution wirkend sich selbst zum Ausdruck brachte und das in dem Geschaffenen selbst lebt und webt und ist. Die Form ist in diesem Sinne Schöpfung und Inkarnation zugleich und in einem, eine Tatsache, die uns bei der Betrachtung des fluktuierend Phänotypischen in seinem Erscheinen und Verschwinden schon klar werden mußte. Das nicht physisch, sondern übersinnlich Seiende des Kosmos, das hinter dem Fluktuierend-Phänotypischen steht und dessen Ausdruck die Form ist, ist das Geistig-Seelisch-Wesenhafte der Gruppenseelen, der Urbilder, der kosmischen Typen, deren richtige Bestimmung aus der Urweisheit der Menschheit herüber in den Namen der Sternbilder des Fixsternhimmels auf uns gekommen ist.
Wenn man heute in der Wissenschaft anfängt, das Typische von der Vielfalt der sekundären Variation grundsätzlich zu unterscheiden, so stimmt man damit also mit der geheimen Weisheit der vergangenen Zeiten überein, die dieses Typische in der geistigen Welt kannte. Man könnte sich auch über die Abgrenzung der Typen, die heute in der Wissenschaft noch problematisch und in keiner Weise festgelegt ist, aus der spirituellen Weisheit heraus im wesentlichen unterrichten.
In unseren Zusammenhängen erscheint es bemerkenswert, daß man in der griechischen Mysterienweisheit die Welt der Urbilder, die man kosmisch-räumlich im Umkreis des Planetensystems schaute, auch als Kristallhimmel bezeichnet hat. Mag es für diese Tatsache auch andere Erklärungen geben, so ist es jedenfalls für uns naheliegend anzunehmen, daß man diesen ‚Himmel' als den Ursprung des Kristallhaften im weiteren Sinne, wie er sich uns ergeben hat, erkannte, daß man die Kristallnatur der festgeprägten lebendigen Formen von ‚Löwe', ‚Stier', ‚Adler' usw. erschaute und ihren kosmischen Ursprung dementsprechend bezeichnete. Es mußte sich ja damals wie heute der übersinnlichen Schau die Wesensidentität der wirkenden Kräfte in der Welt des mineralischen und in derjenigen des lebendigen Kristalls ergeben.

Es ist auch in diesem Zusammenhang nun klar, daß jede festgeprägte Form der Schöpfung in ihrer Eigenart ein relativ Vollkommenes ist und daß jeder Eingriff des Menschen in die Welt dieser Formen zunächst nichts anderes als einen gewissen Grad von Abbau und Zerstörung ergeben kann. Wir sahen, daß die experimentelle Mutationsforschung ganz entgegen den Erwartungen der arabistischen Forscher diesen Sachverhalt unzweifelhaft ergibt.
Zu dieser prinzipiell bedeutsamen Tatsache der ausnahmslos ungünstigen, rückschreitenden Wirkung der experimentellen Mutation kommt nun noch eine zweite, nicht minder bedeutsame hinzu. Es ist durch genaue Statistik festgestellt, daß die Mutationen, d. h. die durch Mutation veränderten Lebewesen ihrerseits durchweg eine erhöhte Mutabilität zeigen. Sie sind freilich persistent in ihrer neuen Prägung und vererben dieselbe regelmäßig, aber sie lassen sich durch neue physikalische Beeinflussung leichter dahin bringen, sich weiter zu verändern und Mutanten zweiter Ordnung hervorzubringen. Der erste Einbruch in die Ordnung der Schöpfung hat diese also gelockert, in ihrer Festigkeit erschüttert. Es ist klar, daß die Mutanten 2. Ordnung wieder leichter zu beeinflussen sind usw. Das fortschreitende Mutieren, das man experimentell mit der Zeit wird hervorbringen können, tendiert also letzten Endes nach einer völligen Labilität, nach der Auflösung der artgemäßen Prägung. Es ist klar, daß diese praktisch nicht eintreten kann. Die Wissenschaft kann aber Mittel und Wege finden, um sich ihr in allmählich steigendem Maße anzunähern. An die Stelle der Persistenz der Erbfaktoren wird also dann ein gewisser Grad von Labilität, von Unbestimmtheit treten. Da wird sich dann zeigen, daß die Prägungen der Natur Idealformen sind, die in der Chaotisierung niemals mehr auftreten und die in der Evolution auf ganz andere Weise als durch Zufallsmutation und Zuchtwahl entstanden sein müssen. Es wird sich zeigen, daß der Mensch mit der arabistischen Methode wohl auflösen und zerstören, aber nichts schaffen kann, was der Schöpfung an die Seite zu stellen wäre. Dazu wird der Mensch dann ganz andere Fähigkeiten entwickeln müssen.
Es kann eine Mutation von der Art der experimentell erzeugten unmöglich der einzige Faktor des Werdens in der Evolution gewe-

sen sein, wie das eine Richtung des naturwissenschaftlichen Denkens heute noch postuliert. Wie konnte denn aus der sich durch die Mutationen stets steigernden Mutabilität die Persistenz der Arten hervorgehen? Es mußte doch eine unendlich große Zahl von Mutationen stattfinden. Wie konnte da eine fortschreitend sich verfestigende Prägung der Arten entstehen, da doch die Mutation diese Prägung fortlaufend auflockern mußte?
Diesem Einwand ist von Schrödinger durch den Hinweis auf die Wirkung der natürlichen Zuchtwahl begegnet worden. Es soll die Selektion das Labile und Artunbeständige wiederum ausgemerzt haben. Man spürt die Verlegenheitsausflucht in dieser Argumentation, die sich vor den Tatsachen recht merkwürdig ausnimmt. Es wäre da die Selektion während der langen Zeiträume der sich stets wandelnden Schöpfung vorerst in der Auslese des Passenden wirksam gewesen, ohne noch die allgemeine Artbeständigkeit zu bewirken. In der verhältnismäßig sehr kurzen Zeit am Ende des Tertiärs dagegen hätte sie dann plötzlich alles Artunbeständige ausgemerzt und in der ganzen Schöpfung durchgehend nur noch in dieser Richtung gewirkt. — Was für die Aufstellung einer glänzenden arabistisch-mechanistischen Theorie genügt, erweist sich bei unvoreingenommener Betrachtung der Wirklichkeit als ungenügend und unhaltbar. Es bleibt durchaus die Tatsache bestehen, daß die experimentelle Mutation erhöhte Mutabilität hervorruft, und es gibt keine rationalwissenschaftliche Erklärung für das Eintreten der Artbeständigkeit in der Evolution. Es können die Vorgänge in der Evolution nicht als wesensgleich mit denen angesehen werden, die man heute durch die physikalischen Methoden experimentell hervorruft. Einem unvoreingenommenen Denken werden die sich immer steigernden Einsichten in die Wunder der Organisationen der lebendigen Schöpfung die Annahme, daß diese Schöpfung aus Zufallsmutationen hervorgegangen sein könnte, als absurd erscheinen lassen. Der Zufall ist das Attribut des Chaos, und er führt auch im Biologischen heute wieder ins Chaos zurück. Das moderne Experiment führt zur Auflösung. Die Ereignisse in der Evolution liefen im umgekehrten Sinne, sie führten aus labilen, undeterminierten Zuständen zur Vollkommenheit und zur Persistenz.

Es war in früheren Epochen nicht nur das Werden im Organischen im Flusse, sondern auch dasjenige in der physikalisch-dynamischen Welt. Die Umwandlung der physischen Substanz war mit Strahlungsvorgängen verbunden, wie man sie heute in der Umwandlung der Elemente wieder hervorruft. Die feine, radioaktive Strahlung, wie sie heute noch von der Erde ausgeht, ist der Überrest der früheren intensiveren Vorgänge. Es besteht im wissenschaftlichen Denken heute die gut begründete Ansicht, daß Vorgänge ähnlich dem des Zerfalls des Radiums zum Blei in früheren Epochen der Erdentwicklung sich auch mit anderen chemischen Elementen abgespielt haben und daß die stabilen chemischen Elemente eben die Endergebnisse solcher Umwandlungsprozesse seien. Diese Theorie setzt also die Umwandlung von komplizierten mikrophysikalischen Strukturen der Substanz zu relativ einfachen voraus, die dann als feste, unveränderliche Organisationen zur unbegrenzten Dauer in der Zeit eingingen. Wir können von unseren Gesichtspunkten aus diese Theorie durchaus als richtig ansehen, denn es war ohne Zweifel das Chaos des Ursprungs, in welches die Ordnungsmächte des Klanges eingriffen, vom Gesichtspunkt der Ordnung aus gesehen etwas sehr Kompliziertes, und es war das Wirken des Klangäthers ein Vereinfachen dieses Hochkomplizierten zu den harmonikal determinierten dauernden Strukturen. Man kann also heute in der Wissenschaft eine Theorie der Evolution der Substanz vertreten, nach welcher diese Evolution sich nach mathematisch-harmonikalen Gesetzmäßigkeiten vollzogen hat. In dieser Zeit der Substanzevolution mit ihren intensiveren Strahlungsvorgängen, welche im Lebendigen chaotisierend wirkten, konnte dieses Lebendige nur in labilen Formen bestehen. In unserer Zeit haben wir auf der ganzen Linie, sowohl im toten als auch im lebendigen Bereich, noch die letzten Reste des Chaos und der Wandlung der früheren Zeiten: Wir haben noch über die Erde hin eine sehr feine radioaktive Strahlung, und wir haben im Lebendigen noch die natürliche Mutation, die an den äußersten Enden der Artbildung noch sehr geringe Veränderungen hervorbringt. Es erzeugte und erhielt das physikalische Chaos, solange es noch teilweise bestand, auch das biologische, in welchem die Mächte der Schöpfung einwirken konnten. Wir sahen, daß die lebendige Zellkernsubstanz auch heute noch an der Grenze des Chaos steht, daß sie vom physikalischen Gesichtspunkt aus gesehen etwas ungeheuer Kompliziertes ist. Da also das physikalische Chaos das biologische bedingte, so konnte auch die Determinierung und Festprägung in beiden Bereichen nur parallel vor sich gehen.

Wir haben also freilich für die Zeit der Wandlungen im Reich des Lebendigen die nämlichen radioaktiven Kräfte in Rechnung zu stellen, mit denen man in der Zukunft die Wandlungsfähigkeit wiederherstellen wird. Was aber das Phänomen der Entstehung der festgeprägten Arten betrifft, muß eine geisteswissenschaftlich orientierte Betrachtung zu einer der arabistischen Theorie des Neodarwinismus entgegengesetzten Anschauung kommen. Wir fassen nun noch ein weiteres Phänomen der radioaktiven Wirkung ins Auge.

Es hat sich gezeigt, daß die abgeschwächte, feinere Strahlung des Atomzerfalls eine höhere Vitalität des Lebendigen bewirkt. Sie entbindet Vitalkräfte. Dies ist in den Gebieten der Atombombenexplosionen an der Pflanzenwelt zu beobachten. Diese Tatsache entspricht einer bekannten biologischen Gesetzmäßigkeit. Es besteht im Lebendigen eine Ambivalenz zwischen Vitalität und Organisation. Dies tritt schon in bezug auf die einzelnen Zellen eines Organismus hervor. In den sehr verschiedenartigen Geweben eines tierischen Organismus sind diejenigen Zellen, die am einfachsten gebaut sind, die am wenigsten determiniert sind in bezug auf Struktur und Funktion, auch die vitalsten, die am schnellsten wachsen und sich teilen können. Die Gewebe aus solchen Zellen, wie z. B. die Bindegewebe, regenerieren sich am schnellsten nach einer Beschädigung. Im Gegensatz dazu hört bei den am höchsten organisierten und determinierten Zellen des Organismus die Regeneration ganz auf. Sie können nicht mehr wachsen und sich teilen. Dies ist bei den Nervenzellen der Fall, die von einer außerordentlich fein-komplizierten Struktur sind. Es sind die Vitalkräfte dieser Substanz, die unter den zelligen Bildungen des Organismus die toteste ist, nicht mehr organisch wirksam, da sie in der fein-komplizierten Struktur gebunden sind.

In bezug auf die Ganzheiten der Lebewesen bestehen die analogen Verhältnisse. Wachstum, Fortpflanzung, Metamorphose und Regeneration spielen sich bei den primitivsten Organisationen am raschesten und leichtesten ab. Umgekehrt ist ein Organismus um so weniger vital-lebendig und regenerationsfähig, je spezialisierter und determinierter er ist. Es sind also Vitalität und Determination umgekehrt proportional.

Es zeigen nun die Experimente auf das deutlichste, daß die Auflockerung der Determination in der artgemäßen Prägung eine Befreiung von Vitalkräften mit sich bringt. Die nämliche radioaktive Strahlung, die Mutationen bewirkt, bringt ebenfalls eine erhöhte Wachstumskraft und Vitalität zur Erscheinung, entbindet also die Vitalkräfte. Heute wird mit radioaktiven Substanzen zu dem Zwecke experimentiert, um sie in der richtigen Dosierung als ‚Atomdünger' für die Kulturpflanzen verwenden zu können. Man konnte ja in Abbildungen schon die in Schutzanzügen steckenden Landwirte sehen, wie sie ihren Atomdünger in die Erde pflügen, und man konnte aus dem Osten herüber Stimmen vernehmen, die darüber sprachen, wieviel kulturfördernder es doch sei, die Atomkraft in der Landwirtschaft in den Dienst der Produktion zu stellen, als sie in Zerstörungsmitteln zu konzentrieren. Es wird sich da offenbar dann eine landwirtschaftliche Wirtschaftsweise ergeben, in der die Produktion von Nahrungsmasse von der des Saatgutes ganz getrennt sein wird, da die Samen, die von bestrahlten Pflanzen gewonnen werden, nicht mehr als Saatgut dienen können. Wie werden sie sich wohl als menschliche Nahrung bewähren? Wie wird da die vegetative Masse, die von den kosmisch-geistigen Ordnungskräften entblößt ist, wirken? Alle diese Versuche, von denen man vor 20 Jahren viel gehört hat und von denen man sich auch viel versprochen hat, sind heute aus verständlichen Gründen nicht mehr aktuell. Man hat gelernt.

In bezug auf den menschlichen Organismus ist die Erscheinung der sog. ‚Atompest' bekannt. Menschen, die mit radioaktiven Substanzen zu tun haben und sich nicht genügend vor der Strahlung schützen — was eben oftmals sehr schwierig ist —, erkranken an krebsartigen Zellwucherungen, die sich unaufhaltsam ausdehnen und den Organismus zerstören. Es werden also hier die ganz primären Wachstumskräfte des Zellgewebes, die in der artgemäßen Prägung gebunden sind, durch Zerstörung dieser Prägung freigemacht. Aufschlußreich ist die Tatsache, daß sie gerade da zuerst freiwerden, wo sie am meisten gebunden sind, nämlich in den Geweben der Nervensubstanz von Rückenmark und Gehirn. Es entsteht dann eine Erkrankung ähnlich einer progressiven Paralyse. Die sich ausbreitenden vegetativen Wucherungen sind funktionell ein progressiver Zerfall des Nervensystems. Das unabwendbare Ende ist dementsprechend. Trotz des Vorhanges, hinter dem diese Dinge verborgen gehalten werden, ist kürzlich in den amerikanischen Zeitungen über sie berichtet worden. Die Behandlung der erkrankten Menschen ist darum besonders schwierig, weil sie selbst Strahlungsträger sind und die Krankheit übertragen können. Es handelt sich also um eine ganz neue, nicht infektiöse Art der Krankheitsübertragung. Wenn wir diese individuell-menschlichen Gefahren mit den generationellen der chaotischen Mutation in der Nachkommenschaft zusammenschauen, so verstehen wir den Ausspruch eines prominenten Atomphysikers, nach welchem durch die Errungenschaften der Atomphysik und deren Auswertung der Menschheit auch eine kaum zu ermessende neue Last auferlegt worden ist. Für das geisteswissenschaftliche Denken aber ergibt sich noch ein anderer Aspekt, nämlich ganz einfach die Tatsache, daß in dem kommenden Zeitalter der Atomenergie die ganze Welt des Lebendigen allmählich in immer steigendem Maße in einen Zustand der Wandlungsfähigkeit, der Labilität der Prägung der Organisation und der Form hineinkommen wird.

Soweit die Organisation nicht durch eigentliche Erkrankung in den krebsartigen Erscheinungen zerstört werden wird, wird sie plastischer und wandlungsfähiger werden. Die Tatsache der Entbindung von Vitalkräften durch die Auflockerung der artgemäßen Prägung vervollständigt nun das Bild, das sich für die kommende Zeit ergibt. Es werden nämlich mit den Vitalkräften auch Kräfte des primitiven Trieb- und Instinktlebens entbunden werden, denn es ging auch in der Evolution die Determination im Physisch-Organischen mit derjenigen im Seelisch-Geistigen parallel. Es wurde in der Evolution

der Mensch mit der letzten Prägung seiner Form und Organisation auch in bezug auf sein geistig-seelisches Wesen in einem gewissen Rahmen festgelegt, und es wird die Auflösung des Gebundenen in der kommenden Zeit eben auch auf der ganzen Linie stattfinden. Nicht nur der Überblick über die Evolution, sondern auch die Beobachtung im Tierreich zeigt, daß in den niedriger organisierten Arten von großer Wachstums- und Regenerationskraft das Triebhafte in ungleich viel brutalerer und unersättlicherer Gewalt lebendig ist, als in den höher und feiner organisierten.
Die Atomexperimente von Bikini zeigten, daß die feinen radioaktiven Wirkungen, welche die Keimsubstanz beeinflussen, ohne den Organismus sonst anzugreifen, sehr ausgedehnt waren. Es ist ebenfalls bekannt, daß solche feinen Wirkungen bei der Entwicklung einer Atomtechnik, wie man sie sich im kommenden Atomzeitalter vorstellt, kaum ausgeschaltet werden können. Sie werden sich im Gegenteil bei der Zwangsläufigkeit, die der technischen Entwicklung eigen ist, als Begleiterscheinung überall einstellen. Es brauchen gar nicht die großen Katastrophen einzutreten, die im Bereich der Möglichkeit liegen, um die Verhältnisse allmählich im ganzen Reich des Lebendigen tiefgreifend zu beeinflussen. Die weite Ausbreitung feiner radioaktiver Wirkung wird nicht verhindert werden können.
Es ist wohl heute noch ebenso müßig, sich die kommenden Ereignisse und Verhältnisse in ihren Einzelheiten vergegenwärtigen zu wollen, wie es wesentlich ist, sich über diese Verhältnisse grundsätzlich Klarheit zu verschaffen. Und diese Klarheit ergibt sich allerdings aufgrund der Forschungstatsachen der Gegenwart in genügendem Maße. Es mögen Katastrophen und zwangsläufige technische Entwicklung so oder anders zusammenwirken, auf jeden Fall werden die Verhältnisse auf unserem Planeten grundlegend verändert werden. Dieser Einsicht kann man sich auch dann nicht entziehen, wenn man als Optimist nicht anzunehmen geneigt ist, daß alle schon vorhandenen und alle noch in Aussicht genommenen Atombomben einmal explodieren werden. Wenn sie aber explodieren, dann wird die gekennzeichnete Entwicklung gewaltig beschleunigt werden. Der weltanschaulich uninteressierte Mensch lebt heute in

der Stimmung des ‚après nous le déluge'. Für den geisteswissenschaftlich Denkenden ist die Sache so, daß er weiß, daß das Kommende auch ihn wieder betreffen wird. Er kann heute die Bedeutung dessen ermessen, was im geisteswissenschaftlichen Streben und Ringen als Vorkehrung getroffen wird, und er kann erkennen, daß es wirklich gilt, die Grundlagen für ein späteres Wirken auf der veränderten Erde heute zu legen. Es wird ein Wirken sein müssen, in welchem aus der Kenntnis des Wesens des Organisch-Lebendigen heraus mit den entsprechenden Kräften durch den Menschen Dinge wieder in Ordnung gebracht werden, die in früheren Epochen der Evolution durch höhere Mächte geordnet worden sind.

DAS PROBLEM DES ZERFALLS DES MENSCHLICHEN ERBGUTES IN SPIRITUELLER SICHT
DIE SCHÖPFERISCHE KRAFT DES CHRISTUSIMPULSES IM ICH

In unseren letzten Ausführungen wurde versucht, auf geisteswissenschaftlicher Grundlage ein Verständnis für die Vorgänge zu gewinnen, die im Reich des Lebendigen durch die radioaktive Strahlung des Atomzerfalls ausgelöst werden. Mittlerweile sind weitere Ergebnisse der amerikanischen experimentellen Forschung bekannt geworden, die unsere Auffassung bestätigen. Es ist bekannt geworden, daß die Mutationen im Tierreich lauter Entartungen und Rückschläge in frühere Entwicklungsstufen darstellen, und es ist allerdings höchst erstaunlich, was dabei herausgekommen ist. Es zeigt sich, daß ein rückschreitender Abbau des ‚Genotyps' und damit der artgemäßen Prägung eintritt, so daß die lebensfähigen unter den Mutationen Tierformen früherer Entwicklungsepochen gleichen, wie man sie aus der Paläontologie kennt. Aus heutigen Tierformen gehen alte, primitivere Urformen hervor, aus heute lebenden Echsen z. B. saurierartige Ungeheuer von gewaltiger physischer Größe. Es ist klar, daß die Mehrzahl der Nachkommen der bestrahlten Tiere irgendwelche Mißgeburten sein müssen. Hier tritt aber nun der Zufall in sein Recht, indem die Zerstörung in den Ordnungen der Keimsubstanz auch manchmal so sein kann, daß sie einen Abbau darstellt, aus dem lebensfähige Wesen urtümlicher Art hervorgehen. Wenn heute erklärt wird: „Es wird uns in Kürze möglich sein, einen Zeitraum von 100000 Jahren nach rückwärts zu überspringen", so ist dies also ohne weiteres ernst zu nehmen.

Es ist wirklich ein eindrucksvoller Kontrast: Auf der theoretisch-wissenschaftlichen Seite des Darwinismus die Utopie vom neuen, durch den Menschen gelenkten Fortschreiten des Evolutionsgeschehens durch das arabistische Experiment, und nun im Experiment selbst „in Kürze ein Sprung um 100000 Jahre zurück" in die Organisationsstufe des Tertiär. Wie steht es nun wohl mit der arabistischen Evolutionstheorie?

Auch diese Experimente sind heute nicht mehr aktuell, ja sie scheinen ganz vergessen zu sein. Ein ausführlicher Bericht darüber, wie sie in dem ausgedehnten Sumpfgebiet Floridas mit Hilfe von radioaktiven Abfallstoffen unternommen wurden, erschien im ‚Berner Tagblatt' vom 1. Oktober 1950. Bemerkt wurde da ebenfalls, daß die sehr schnellwüchsigen, vegetativ üppigen Mutanten, welche Urformen glichen, nur eine kurze Lebensdauer hatten. Sie eigneten sich offenbar nicht für die Weiterzüchtung. Der Gedanke, „wieder alle Tiere zum Leben zu erwecken, die man für immer von der Erde verschwunden hielt", wie es in dem Bericht heißt, erwies sich als eine Illusion.

Es tritt hier das Wesen des arabistischen Denkens drastisch hervor, da sich zeigt, wie es im Reich des Lebendigen im Dunkeln tappt, nachdem es im physikalischen Bereich in der großartigsten Weise seine Voraussagen durch das Experiment bestätigen konnte.

Nun, die sensationellen Ergebnisse bei den großen Formen der Tierwelt sind natürlich nicht diejenigen, die von besonderer wissenschaftlicher Bedeutung sind, denn hier ist in einem Zeitraum von wenigen Jahren keine Systematik der Beobachtung möglich. Weit bedeutender ist das Experimentieren mit rasch geschlechtsreifen und sich zahlreich fortpflanzenden kleinen Säugetieren. Man ‚bearbeitet' in dem Atomforschungszentrum Oak Ridge in den USA viele Zehntausende von Mäusen mit radioaktiven Strahlen, mit der Aussicht, nach Ablauf von etwa 10 Jahren zu grundlegenden statistischen Ergebnissen zu kommen. Es ist klar, die arabistische Forschung ist mit vollem Einsatz mit ihren Methoden an der Arbeit.

Es sieht nur leider so aus, als ob die Ereignisse nicht die Ergebnisse dieser Forschung abwarten wollten. Was diese möglichen Ereignisse anbetrifft, so ist hier die Wirkung der sog. radioaktiven Gifte weit weniger bekannt als die Atombombe selbst. Diese Gifte sind das nämliche ‚Atomabfallmaterial', das für die Tierexperimente benützt wird. Sie sind Nebenprodukt jeder Atomenergiegewinnung und stehen in großen Mengen zur Verfügung. Sie können in der Weise als Waffe benützt werden, daß man sie über bewohnte Gebiete ausstreut. Im übrigen wissen wir, daß der Schutz der Menschen vor den Wirkungen des Abfallmaterials ein Hauptproblem der kommenden Atomtechnik sein wird, und wir wissen auch, daß dieses Problem nicht in vollem Umfang wird gelöst werden können. Versuchen wir, die Vorgänge, die in einer näheren oder ferneren Zukunft zu erwarten sind, noch von einem anderen Gesichtspunkt aus zu beurteilen und erinnern wir uns dabei dessen, was früher über die Art der Kräfte, die bei der Kernspaltung frei werden, ausgeführt worden ist. Wir sahen, daß da eben diejenigen Kräfte frei werden, die durch das Einwirken der kosmischen Ordnungsmächte im Laufe einer langen Evolution der Substanz gebunden worden sind und die die Kräfte der widergöttlichen, abgefallenen, sog. ‚bösen' Geisteswelt sind. Wir verstanden in diesem Sinne die gewaltige Imagination Rudolf Steiners, die er im zentralen Motiv der Malerei der kleinen Kuppel des ersten Goetheanums und in der großen Holzplastik dargestellt hat. Wir sahen in diesem Bilde die göttliche Macht der Mitte den finsteren Ahriman unten im Gestein und den feurigen Luzifer oben in der Welt der Wärme und der Luft im Banne halten. Dieses Bild des Geschehens in der Evolution, das wir heute, wie gezeigt worden ist, in seinem Bezug auf die Evolution der physikalischen Welt verstehen, müssen wir nun noch in seiner zweiten Bedeutung zu erfassen suchen. Es sind die Mächte der Außenwelt ebenfalls Mächte des menschlichen Innern, weil sie als Mächte der seelisch-geistigen Außenwelt in dieses Innere des Menschen hereinwirken. Rudolf Steiner hat die Christusfigur seiner Imagination auch als den Menschheitsrepräsentanten bezeichnet. Er hat damit zum Ausdruck gebracht, daß dasjenige, was er im Bilde darstellte, eine Menschheitsangelegenheit ist, und zwar die zentrale Menschheitsangelegenheit der gegenwärtigen und der kommenden Zeit. Im Innern der einzelnen Menschen spielen sich die Menschheitsangelegenheiten ab, und es ist nun jene andere Bedeutung der großen Bilddarstellung Rudolf Steiners diese, daß der Mensch selbst als Ich innerhalb der ganzen Welt der seelisch-geistigen Mächte, die in

seinem Innern wirksam und lebendig sind, die Herrschaft antrete. Dies kann er als Wesenheit hoher göttlicher Herkunft nur dadurch, daß er die widergöttliche ahrimanisch-luziferische Polarität der Kräfte in sich selbst so in den Bann seiner Herrschaft bringt, wie es im Bilde dargestellt ist.
Im Aspekt der kommenden Entwicklungen, wie sie hier umrissen worden sind, erscheint nun die Bedeutung der Darstellung Rudolf Steiners gewaltig gesteigert. Vergegenwärtigen wir uns einmal, was an untermenschlichen Kräften in der kommenden Zeit alles freiwerden wird. Durch die physikalische Methode der Einwirkung auf die Erbsubstanz werden Vitalkräfte dämonisch-urweltlicher Natur entbunden. Es wird die feine Determinierung der höheren Organisationen zugunsten der Entfaltung primitiverer Kräfte gelockert oder ganz aufgehoben. Was da alles entbunden werden wird durch dasjenige, was sich heute in der Wissenschaft anbahnt, was da alles im physikalischen und ätherischen Bereich wirksam werden wird, das wird sein Gegenbild im mentalen, im innermenschlichen Bereich haben. Dies zeichnet sich schon heute ab. Wenn der notwendige Ablauf der Dinge weiter fortschreitet, so wird der Mensch, der Mensch bleiben will, vor eine Situation und Aufgabe gestellt, die heute noch unfaßbar erscheint, die jenseits aller Möglichkeiten einer Schilderung liegt. Und diese Situation ist es nun, die in der zentralen künstlerischen Schöpfung Rudolf Steiners im Bilde vor uns hingestellt ist. Es ist dieses Bild auch ein prophetisches, dessen Bedeutung zu der Zeit, als es geschaffen wurde, noch nicht ermessen werden konnte. Es konnte damals noch nicht ermessen werden, welche Kräfte der Mensch in sich entwickeln müssen wird, um denen entgegenzutreten, die er im Äußeren entfesselt, welche Aufgabe ihm gestellt sein wird, wenn er dasjenige wird ausgleichen müssen, was durch die Auflösung der göttlichen Ordnungen der Schöpfung auf ihn eindringen wird. Es zeigt das Bild Rudolf Steiners dadurch, daß die Figur des Menschheitsrepräsentanten zugleich diejenige des Christus ist, in welchem ‚Zeichen' der Mensch die machtvolle Geistwesenheit wird werden können, die er werden muß.
Es ist von Rudolf Steiner darauf hingewiesen worden, daß hinter

den Kräften der toten Natur eine geistig-moralische Welt steht und daß der Mensch dasjenige, was er heute in der äußeren Wissenschaft in vollkommen amoralischer, sachlicher Geisteshaltung ergründet, einmal in ganz anderer Weise wird betrachten müssen. Wir sehen heute die Zeit kommen, wo dasjenige in einem weiteren Kreise begriffen wird, was längst fällig war: die Tatsache, daß der Mensch sich mit der ganzen Kraft seiner moralischen Impulse mit dem wird auseinandersetzen müssen, was ihm seine amoralische Wissenschaft gebracht hat.

Wenn nun in der Zukunft die Verhältnisse sich so gestalten werden, daß die göttliche Prägung der Form und Organisation des menschlichen physischen Leibes nicht mehr durch die Kräfte der Vererbung allein festgehalten werden wird, dann wird der Mensch, der im wahren Sinne Mensch bleiben will, vor dem Problem stehen, die Grundlagen seines Daseins in den physischen Verhältnissen in seinem physischen Wesensgliede selbst in die Hand zu bekommen und aus eigenen Kräften zu erhalten und zu bestimmen. Es werden dann viele Dinge in den Bereich eines höchst aktuellen Interesses rücken, um die man sich heute selbst in spirituell orientierten Kreisen noch wenig zu bemühen zu brauchen glaubt. Die Erkenntnis dessen, was Sinn und Bedeutung des Geometrischen in der menschlichen Organisation ist und was damit unmittelbar zusammenhängt, nämlich die Erkenntnis der Organisation des Nervensystems, dies und manches andere wird dann von zentraler Bedeutung sein für ein bewußtes, auf Erkenntnis gegründetes Wirken auf das physische Wesensglied des Menschen. Man wird dann genau und im einzelnen wissen müssen, was und wie vom Geistig-Seelischen aus auf das Physische gewirkt werden kann, denn es wird eine organisierende, erhaltende Wirkung nicht durch chemische und physikalische Methoden erreicht werden können, sondern nur durch solche, die von den höheren Wesensgliedern des Menschen aus auf das Physische einwirken. In bezug auf den ganzen Bereich des Organisch-Lebendigen wird dann diejenige Erkenntnis für ein schöpferisches Wirken einzig in Betracht kommen, die heute noch Stiefkind der Wissenschaft ist und die vom modernen Arabismus völlig ignoriert wird, die geisteswissenschaftliche. Es wird ja dann auch die Zeit kommen, auf die

Rudolf Steiner in den Ausführungen, die weiter vorn zitiert worden sind, hingewiesen hat, wo dem Menschen im Laboratorium vieles möglich sein wird in bezug auf das Wirken im Reich des Lebendigen. Aber es wird dann der Laboratoriumstisch zum Altar und die Verrichtung zur sakramentalen Handlung werden müssen. Es kann nicht etwas, das auf hohen geistigen Prinzipien beruht, aus niederen Impulsen heraus geschaffen werden. Es rückt die Zeit mit schnellen Schritten näher, wo das Wissen um alle diese Zusammenhänge von einer praktischen und lebenswichtigen Bedeutung sein wird. Dies ergibt sich aus den Perspektiven, welche die letzten Ergebnisse der modernen Wissenschaft eröffnen.

Im Überblick über die Evolution ergibt sich in bezug auf die Festigkeit der artgemäßen Prägung des Menschen die Tatsache, daß diese als eine temporäre Erscheinung betrachtet werden muß. Sie war nicht immer da und wird nicht immer bleiben. Blicken wir in die Zeit der alten Atlantis zurück, so zeigt die spirituelle Forschung, daß der Mensch da in den Zeiten des Werdens seiner Organisation in lebendiger Verbindung mit der geistigen Welt war und daß seine Entwicklung von kultischen Zentren aus von geistigen Mächten gelenkt war. Seine Organisation hätte nicht werden können ohne die gleichzeitige zielgerichtete Prägung seines seelisch-geistigen Lebens. Es ist eine Wahrheit, daß in den ältesten Kulturen solche Kräfte wirkten, die man in unserer Zeit als typenschaffende bezeichnet hat. Es kam dann die Zeit der Festlegung des Geschaffenen in den Vererbungskräften. Es entstand der Kristall der lebendigen Form und Organisation. Darauf aber begann in der nachatlantischen Epoche die Zeit der Ablösung des irdisch-menschlichen Bewußtseins von der geistigen Welt, die Zeit der Verselbständigung im Ichbewußtsein. Dies mußte zum Zerfall der alten Formen der Mysterienkulturen führen, es wurde der Mensch in seinem Bewußtseinsleben nicht mehr von den geistigen Mächten in dieser Weise gelenkt und getragen, wie es in den älteren Zeiten der Fall gewesen war. Er mußte zur Individualität werden. Wäre seine Organisation nicht festgelegt worden, so wäre sie nun wieder zerfallen. Wir sehen also, wie die Festigkeit der artgemäßen Prägung die physische Organisation des Menschen hinübertragen sollte über die Epoche der

Individuation, der Menschwerdung im eigentlichen Sinne. Der Kristall der lebendigen Form und Organisation sollte die Epoche der Geistentfremdung des Menschen, des Untertauchens im physischen Plan im toten Intellektualismus, überdauern. Das Instrument des physischen Leibes war in einem hohen Grade unabhängig gemacht worden von den Vorgängen des geistig-seelischen Lebens, das sich in ihm abspielte. Diese Unabhängigkeit hatte in den früheren Epochen nicht bestanden und sie wird in den kommenden Zeiten wiederum aufgehoben werden. Es lehrt die spirituelle Erkenntnis, daß in den kommenden Zeiten der Mensch physisch wiederum wandelbar werden wird, daß er wiederum zum Bilde seines geistig-seelischen Wesens werden wird. Es sollte der lebendige Kristall die Menschwerdung, die durch eine Epoche der geistigen Chaotisierung hindurchführen mußte, ermöglichen. Wenn diese seine Aufgabe erfüllt sein wird, so wird er der Auflösung anheimfallen, und wir sehen heute im Konkreten, in welcher Weise diese Auflösung vor sich gehen wird. Sie wird durch den Menschen selbst im Gefolge der Auflösung des Gefüges der physischen Substanz herbeigeführt werden.

Wir kennen ja aus der Geisteswissenschaft Rudolf Steiners die Tatsache, daß die physische Form des Menschen ihre feste Prägung verlieren wird, um in viel höherem Grade zum Ausdruck seines geistig-seelischen Wesens zu werden, als dies schon heute der Fall ist. Wir sahen: Die Befreiung der ahrimanischen Urkräfte im ganzen, das Lebendige und das Tote umfassenden Bereich wird eine Situation herbeiführen, in welcher es sich fragen wird, wessen Bild der Mensch nun werden wird. Es wird sich fragen, wer nun herrschen wird, ob es der in der Epoche der Festprägung des lebendigen Kristalls im individuellen Ich erstandene Mensch sein wird oder ob es derjenige sein wird, dessen Kräfte der Mensch mit seiner eigenen Hilfe im ahrimanischen Denken entfesselt hat.

Wie die Abhängigkeit der physischen Organisation des Menschen von seinem geistig-seelischen Leben, wie sie in alter Zeit bestand, wiederum eintreten wird, so wird für diejenigen Individualitäten, die im wahren Sinne Mensch bleiben, auch wiederum etwas eintreten müssen, das den Mysterien der alten Zeiten entspricht. Es wird aber nun nicht mehr die alte kollektiv gelebte und gelenkte Beziehung zur geistigen Welt sein, sondern es wird die Beziehung der nunmehr gewordenen Individualität sein müssen, eine Beziehung auf höherer Bewußtseinsstufe, die sich der Einzelne persönlich und in Freiheit erarbeiten muß. Dazu sind in der Geisteswissenschaft Rudolf Steiners die Voraussetzungen geschaffen worden. Diese Beziehung muß da sein, wenn die Epoche des lebendigen Kristalls, der den Menschen über die Zeit der Geistentfremdung hinübertrug, abgelaufen sein wird.

Es war die Prägung des lebendigen Kristalls eine relativ sehr feste, aber doch nicht eine völlig unangreifbare. In dieser Beziehung muß unsere Darstellung ergänzt werden. Wenn auch der Mensch seine bewußte Beziehung zur kosmisch-geistigen Welt weitgehend lockern, ja unterbrechen konnte, ohne daß dadurch die kosmische Beziehung seines Organismus aufgehoben worden wäre, so durfte er sich doch nicht ohne Risiko den widergöttlichen Mächten ausliefern. Kam er unter solchen Einfluß, so wurde seine Erbmasse geschädigt, und es trat Degeneration ein. Es trat körperliche, rassische Degeneration immer im Gefolge von moralischer ein. In den alten Kulturen war das Wirken aus den Mysterien heraus dahin gerichtet, die Menschen mit ihrem kosmischen Seinsgrunde in der richtigen Verbindung zu erhalten und die moralisch-geistigen Voraussetzungen für diese Verbindung zu schaffen. Dieses Wirken konnte in legitimer, sachlich richtiger Weise aus der übersinnlichen Schau und der höheren Erkenntnis heraus geschehen, welche in den Mysterien den Eingeweihten zuteil wurden. Die physische Degeneration der Völker ist in der kulturgeschichtlichen Betrachtung immer mit der moralischen in Beziehung gesetzt worden, wobei der Begriff des Moralischen allerdings in einem weiteren Sinne zu fassen ist. Die Zusammenhänge sind ganz offensichtlich. Für die Wissenschaft der Genetik aber sind sie durchaus nicht klar, sondern im Gegenteil recht rätselhaft. Sie führen in jenen Bereich hinein, wo die Forschung noch keine bestimmten und abschließenden Ergebnisse gezeitigt hat und wo die Anschauungen der Forscher sich widersprechen. Gerade in der gegenwärtigen Zeit ist die Frage des Umwelteinflusses auf die Erbmasse und der Vererbbarkeit der individuell erworbenen Eigenschaften erneut eine leidenschaftlich umstrittene geworden. Sie gewinnt nämlich eine fundamentale Bedeutung, sobald man im gegenwärtigen Widerstreit der weltanschaulichen Prinzipien und Lebensauffassungen in Betracht zieht, daß diese Prinzipien den Menschen in den feinen Prägungen seiner Organisation artgemäß beeinflussen und gestalten können. Wenn man an die in den Völkern ‚typenschaffende' und -erhaltende Kraft der alten Mysterienkulturen denkt, so kann man eine solche Möglichkeit in Betracht ziehen. In der jüngsten Vergangenheit wollte man denn auch im mitteleuropäischen Kulturkreis auf dem Wege einer neuen Mystik im ‚Mythos des 20. Jahrhunderts' neue ‚typenschaffende' Kräfte wecken, und in der Gegenwart wird in Osteuropa die Vererbungswissenschaft dadurch zu einem theoretischen Fundament der Weltanschauung gemacht, daß man die artprägende Kraft des Umwelteinflusses und der individuell erworbenen Eigenschaften zu beweisen sucht und postuliert. Man steht hier auf dem Boden des ‚Lamarckismus', der, auf den Anschauungen von Lamarck beruhend, vor dem Aufkommen des Darwinismus oder Selektionismus verbreitet war.

Der Lamarckismus wurde im sowjetischen Machtbereich mit Vehemenz zur akademisch allein gültigen Anschauung erhoben, wie der umfangreiche Bericht der Lenin-Akademie von 1948 über eine abgehaltene Biologen-Tagung eindrucksvoll zeigt. Die ideologische Begründung für diese Entscheidung ist klar: Man glaubte, durch den Umwelteinfluß der doktrinären Schulung und der kollektivistischen Lebensform den neuen, erblich dauerhaft geprägten ‚Sowjetmenschen' hervorbringen zu können. Da sich das als eine Illusion erwiesen hat, ist heute in der Sowjetunion stillschweigend eine Rückwendung in bezug auf die anerkannte Vererbungswissenschaft eingetreten. Es mag immerhin heute einen typenschaffenden Einfluß im menschlichen sozialen Leben geben, aber dieser geht andere Wege.

Wir wenden uns nun wieder dem Gesichtspunkt zu, nach welchem die Zeit der Auflockerung der artgemäßen Prägung bevorsteht. Wir haben also im Überblick über die Evolution nach der Epoche der Art-Bildung, in welcher im wesentlichen göttliche Macht schöpferisch wirkte, nun bis in die Gegenwart hinein die Epoche der Art-Erhaltung im lebendigen Kristall und in der Zukunft bevorstehend die Epoche der Art-Auflösung durch die neu heraufkommende Macht des Menschen.

Es braucht keine Prophetie, sondern nur eine nüchterne Betrachtung der heute bekannten Tatsachen, um zu erkennen, daß das Problem der Art-Erhaltung ein Hauptproblem der Menschheit der Zukunft sein wird. Es werden wohl Bestrebungen auftreten, es in der gleichen Art in Angriff zu nehmen, wie man in der jüngsten Vergangenheit das Problem des rassischen Zerfalls in Angriff genommen hat. Auch hier braucht es keine besondere Fähigkeit, um voraussehen zu können, daß solche Bestrebungen, auf kollektivistischer Grundlage auf die artgemäße Prägung erhaltend einwirken zu wollen, keine zukunftstragende Bedeutung haben können. Es drängen die in der Menschheit sich durchsetzenden Tendenzen nach anderer Richtung. Dies zeigt sich an dem so viel diskutierten Phänomen des unaufhaltsam fortschreitenden rassischen Zerfalls. Die Auflösung der festen Prägung der Artmerkmale kommt einfach, und sie soll kommen. Dafür ist der rassische Zerfall ein erstes, deutliches und auf keine Weise mehr zum Verschwinden zu bringendes Symptom. Ein weitergehender Zerfall in einer ferneren Zukunft ist ebenso gewiß. Dies wird von vielen vorausgesehen. Bedeutend weniger aber wird vorausgesehen, was die Menschen diesem Kommenden werden entgegenzustellen haben. Wie sich die wahre Art-Erhaltung des Menschen in der Zukunft vollziehen wird, das kann nicht arabistisches Denken ergründen, sondern darüber gibt die spirituelle Geisteswissenschaft Aufschluß.

Geisteswissenschaftlich gesehen zeigt schon das Phänomen des rassischen Zerfalls die Tendenz auf, die sich heute immer deutlicher manifestiert und die für das Geschehen der Zukunft maßgebend sein wird. Es will nämlich die Individualität die artgemäße Prägung auflockern, und zwar darum, weil sie mehr und mehr selbst im Physisch-Leiblichen schöpferisch sein will. Es geschieht auch durch die Rassenmischung eine Auflockerung des Artgemäßen, und dadurch bekommt die Individualität eine erhöhte Möglichkeit, aus eigener Kraft im Leiblichen schöpferisch zu sein. Was in den alten

Zeiten der noch wenig entwickelten Individualkraft den Völkern und der Menschheit verderblich war, kann sich in der kommenden Zeit positiv auswirken. Es ist das Prinzip der Rassen in der kommenden Zeit überlebt. Heute zeigt sich allerdings noch eine gewisse Dekadenz, die durch Mischung sehr wesensverschiedener Rassen eintritt. Die Mischung näher verwandter Rassen aber ist schon sehr weit fortgeschritten und geht unaufhaltsam weiter, und es zeigt die feinere Beobachtung, daß es nicht mehr die reine Erbmasse ist, die von den fortgeschrittenen Individualitäten gesucht wird.
So ist in unserer Zeit schon die Individualität im Begriff, sich im physischen Wesensgliede von streng gebundenen Formen freizumachen und selbst schöpferisch zu werden. Diese Fähigkeit wird in der Zeit, da die aus der Vergangenheit stammenden Formen der Desorganisation anheimfallen werden, in hohem Maße entwickelt sein, und es wird dann der Mensch seinen physischen Leib sehr weitgehend selbst bestimmen und schaffen. Da wird dann eben dieser physische Leib nur noch soweit der Form und Organisation gewordene Logos sein, als der Logos im Geistig-Seelischen des Menschen selbst wirkt. Es wird das Kosmisch-Geistige nicht mehr durch das physische Empfangsorgan der Keimsubstanz hindurch wirken können, da dieses nicht mehr intakt sein wird, sondern es wird durch das Bewußtsein des Menschen selbst hindurchwirken, wenn er sich mit ihm verbindet. Wenn dies aber nicht der Fall ist, so werden ganz andere Formen und Organisationen entstehen, die das Bild des Wesens der betreffenden Individualitäten sein werden. Es wird dann die Zeit des Kristall gewordenen ‚Wortes' abgelaufen sein, und es wird dann ein Wissen da sein müssen über vieles, das heute noch nicht aktuell ist. Das Suchen nach solchem Wissen ist heute sehr aktuell geworden. In der berühmt-berüchtigt gewordenen biologischen Futurologie wird aus der arabistisch-wissenschaftlichen Forschung heraus nach Wegen gesucht, der in Sicht gekommenen Kalamität zu begegnen. Die uferlose Phantasie mancher Forscher bewegt sich da in Illusionen und offensichtlichen praktischen Unmöglichkeiten (s. auch ‚Die Biologie an der Grenze' vom Verf., Verlag Die Kommenden).
Aus dem wahrmenschlich geformten geistig-moralischen Wesen des

Menschen heraus werden dann schöpferische Kräfte mit solcher Kraft wirken, daß sie in das Organische hinein werden wirken können und vor allem in das Organische des eigenen physischen Leibes, diesen zum wahren Menschenbilde gestaltend. Diese Erkenntnis ist heute in spirituell orientierten Kreisen schon verbreitet. Soll die Menschheit die schöpferischen Kräfte entwickeln, über die sie einmal wird verfügen müssen, so muß sich in der kommenden Zeit ein gewaltiger Umschwung vollziehen, eine gewaltige Richtungsänderung im menschlichen Denken und Streben. Es ist unsere ganze Betrachtung über den Arabismus darauf aufgebaut worden, daß das Wesen des arabistischen Denkens als ein mechanistisch-totes, formalistisches aufgezeigt wurde. Es wurde gezeigt, wie in einer ungeheuren Planung die Entwicklung dieses Denkens und zugleich die Abtötung alles geistig-schöpferischen Strebens und Könnens des Menschen bis zur äußersten Konsequenz durchgeführt wurde, und wie da ein Mysteriengeschehen sich abspielte, dessen letzter Sinn sich in unseren Tagen enthüllt hat. Es ist dieser Sinn die Herrschaft des Menschen im ganzen Bereich der physischen Schöpfung, die Herrschaft, die sich durch den prometheischen Durchbruch durch die letzten Schranken angekündigt hat. Wenn nun der Mensch nach der Auflösung alles in der göttlichen Schöpfung Geschaffenen selbst zum Schöpfer werden soll und muß, so muß sich auch der Umschwung in seinem Denken vollziehen, der die Voraussetzung dieser notwendigen Entwicklung ist. Mit der nämlichen Konsequenz, mit der in der Vergangenheit die Seelenkräfte entwickelt worden sind, die zur Auflösung des Geschaffenen führten, müssen in der Zukunft nun diejenigen entwickelt werden, die zum Schaffen befähigen werden. Es werden die kommenden Zeiten im Zeichen eines mit der äußersten Kraft entwickelten lebendig-schöpferischen Denkens stehen.

Diejenigen Individualitäten selbst sind es, die in unserer Zeit die letzten Schranken niederreißen, die auch den notwendigen Umschwung kommen sehen und die selbst gleichsam den Wendepunkt setzen, indem sie die Realität des Übersinnlichen als Denknotwendigkeit postulieren. Das ist aber auch das letzte, was sie tun können, den Aufbau des Neuen werden sie anderen überlassen müssen. Diese Verhältnisse zeigen sich heute jedem, der eine Überschau über die Zeitereignisse von höherem Gesichtspunkt aus unternimmt. In dem Aufsatz ‚Merlins Wiederkehr' von H. Fritsche (Zeitschrift ‚Merlin', Hamburg, H. 1) sind sie in folgender Weise dargestellt:

„Merlin ist mithin, wie wir sehen, den Physikern etwas zu nahe getreten. Bevor sie uns die Atombombe bescherten, haben sie ihr eigenes Weltbild in die Luft gesprengt. Die Frage nach der Wirklichkeit ist ihnen nach der ‚Auflockerung des klassischen Realitätsbegriffes' . . . etwas unheimlich geworden: mit Recht wohl. Und so setzt sich denn ihr fruchtbarster Theoretiker zu den Okkultisten, ein wenig distanziert zwar noch . . ., jedoch nichtsdestoweniger auf eine unleugbar wahrzunehmende Weise.

. . . so muß und wird sich die allgemeine theoretische Heimkehr zum Weltgeheimnis über kurz oder lang im oben dargestellten Sinne nach der praktischen Seite hin realisieren: aus Homo faber und Homo divinans wird der Magus erstehen und zum Repräsentanten des Zeitalters werden. Es gehört keine sonderliche Gabe des Prophezeiens dazu, in einem magischen Pansakramentalismus die Lebensform der Zukunft zu schauen."

Es sollen diese Sätze nur die Richtungsänderung des Denkens, wie sie sich schon in weiten Kreisen vollzogen hat, illustrieren. Ob die Wirklichkeit des lebendig-schöpferischen Denkens von denen, die heute in dieser Art philosophieren, erkannt wird, ist eine andere Frage. Jedenfalls gedeiht ein solches Philosophieren auf der breiten Grundlage des allgemeinen Okkultismus viel leichter und schneller als eine wirkliche und ernste Schulung etwa im Geiste der von Rudolf Steiner neu begründeten goetheanistischen Methode. Das wirkliche Schaffen im neuen Geiste wird vorerst ein innerliches Schaffen zur Entwicklung der neuen Kräfte sein müssen, ein Schaffen, das sich beim Einzelnen mit Konsequenz und Strenge durch Jahre und Jahrzehnte wird fortsetzen müssen. Die Ansicht, daß ein ‚magischer Pansakramentalismus' die Lebensform der Zukunft sein werde, verrät wirklich keine sonderliche Gabe des Prophezeiens und ebenfalls keine sonderliche Einsicht in die Verhältnisse, um die es sich handelt. Wenn man das notwendige, in seinem Bereich auf der Grundlage der neuen Forschungsergebnisse sich noch weit verbreiternde Fortwirken des Arabismus in Betracht zieht, wenn man die ebenso notwendige und verbreitete Hinorientierung der Menschen auf das Idol des irdischen Paradieses erkennt, so ist man weit davon entfernt, dasjenige, was kommen muß, als eine allgemein erkannte und anerkannte Lebensform der Zukunft anzusehen. Es stellt sich vielmehr die Frage, ob sich hier nicht eine tiefgreifende und bleibende Scheidung der Geister vollziehen wird. Allerdings, der Magus muß kommen, aber es wird nicht ein aus dem okkultistischen Spekulieren heraus von heute auf morgen Neugebackener sein. Hier wird einmal das Können entscheiden, wie anderwärts auch.

Der Physiker, auf den die oben zitierten Sätze Bezug haben, ist P. Jordan. Er und manche anderen suchen die Grenzen des Erkennens, an denen sie sich sehen, zu überschreiten. Wenn sie aber das arabistische Denken in den jenseitigen Bereich hineintragen, werden sie damit nichts erreichen können. Eine andere Möglichkeit ist ihnen jedoch nicht gegeben, da die entsprechende Fähigkeit erst entwickelt werden muß.

In bezug auf die Entwicklung einer geistig-schöpferischen Fähigkeit im Menschen, die das Wesen des Organisch-Lebendigen in sich begreifen könnte, haben wir in der Einführung zu diesen Betrachtungen auf die griechische Kultur hingewiesen. Es lebte in dieser Kultur die junge intellektuelle Fähigkeit des Menschen noch ganz im Ideellen und Spirituellen, und es war in der Durchchristung des griechischen Kulturkreises die Einheit und Universalität des menschlichen Geistes der Fähigkeit zur höchsten Entfaltung schöpferischer Kräfte entgegengeführt worden. Wir sahen dann, wie außerhalb des christlichen Impulses und von ihm zunächst vollkommen getrennt eine Intention viel älteren Ursprungs in folgerichtiger und geradliniger Weise im Menschen das der physikalisch-toten Welt entsprechende tote Denken in Reinkultur entwickeln mußte. Die Loslösung des Denkens vom Geistig-Lebendigen war identisch mit seiner Loslösung vom christlichen Impuls, da dieser der Inbegriff des Geistig-Lebendigen ist. Es wirkt der christliche Geist jeder Art von innerer Verhärtung, von geistig-seelischer

Erstarrung entgegen. Das Wort des Christus, nach welchem er ‚das Leben' ist, muß in seinem wahren, ganz konkreten Sinne genommen werden. Der Christusimpuls ist die höchste innere Verlebendigung des Menschen, die Verlebendigung aus dem Wesenskern, dem Ich heraus. Er wird darum in der Zukunft die Voraussetzung sein zur Entfaltung des geistig-schöpferischen Denkens und damit einmal auch die Voraussetzung zur Entwicklung der Fähigkeiten, die aus diesem Denken hervorgehen werden, der Fähigkeiten zur magischen Einwirkung in den Bereich des Lebendigen. Er ist das Zukunftstragende, das den Menschen einmal zu jener geistig und organisch schöpferischen Aktivität führen wird, die notwendig sein wird, zu jenem lebendig und in Freiheit Tätig-sein-wollen im Liebend-Schöpferischen.

Es zeigt sich heute die Wahrheit dessen, was durch Rudolf Steiner ausgesprochen worden ist, daß die Bedeutung des Christusimpulses für die Menschheit sich erst in der Zukunft enthüllen wird, und es ergibt sich aus der Überschau, welche Bedeutung dieser Impuls einmal haben wird, wenn die Epoche des lebendigen Kristalls abgelaufen sein wird, wenn dem Bau der Schöpfung die Auflösung droht. Es ist eine wissenschaftlich-sachlich zu verstehende Wahrheit, eine Tatsache der objektiven geistigen Sachverhalte, daß nur in der Geisteshaltung des Christusimpulses die unendliche Freiheitsmöglichkeit für den Menschen gegeben ist, die Voraussetzung für die Entfaltung einer solchen Kraft ist, die im Reiche des ‚Vaters', d. h. der lebendigen Bildekräfte und damit im Bereiche der Vaterschöpfung wird wirken können. Das Wort

„Niemand kommt zum Vater, denn durch mich"

ist in diesem Sinne als eine sachliche Feststellung zu verstehen.

Wir kommen heute dazu, den Weg, der im Christentum gewiesen worden ist, geistes-wissenschaftlich zu verstehen. Er wurde in gleicher sachlicher Weise aus einem höheren Wissen heraus gewiesen, wie andere Wege aus der menschlichen Wissenschaft heraus gewiesen worden sind.

Wir erinnern uns hier der Worte Rudolf Steiners, die wir zitierten, als wir mit unserer Betrachtung zum Problem des Lebendigen übergingen, der Worte, nach denen die Laboratoriumstische der Menschen einst zu Altären sakramentaler Handlungen werden müssen. Die entsprechende sakramentale Lebensform wird von Menschen nun nach dem Ablauf der arabistischen Epoche entwickelt werden müssen. Dieser Weg zum ‚Magus' wird, wie wir sahen, heute gesucht, und zwar auf allerlei traditionellen okkulten Wegen. Er ist aber gewiesen durch den, der das Wort aussprach: „Ich bin der Weg . . ." Im Sinne der Geisteswissenschaft Rudolf Steiners haben wir in diesem ‚Ich' zugleich das individuelle Ich der Menschen zu sehen. Wir werden noch aufzeigen können, daß in der urchristlichen Weisheit diese Erkenntnis schon lebendig war.

Es ist klar, daß die Wirkung des Christusimpulses in der Welt der Schöpfung des ‚Vaters' in gewisser Weise schon in der Vergangenheit bestand. Diese Einsicht ergibt sich aus dem kultur- und völkergeschichtlichen Überblick sogleich in der eindrucksvollsten Weise, wenn man den Kreis der durchchristeten Völker mit demjenigen der arabistisch-islamischen im Durchgang durch das letzte Jahrtausend vergleicht.

Es unterwarf sich der Islam den alten durchchristeten griechischen Kulturkreis in Vorderasien und Nordafrika, und es ist die darauffolgende Blüte der Kultur biologisch nur daraus zu verstehen, daß das Geistig-Tötende des Arabismus auf einen mächtigen, von lebendigen Kräften erfüllten Stamm gleichsam aufgepfropft wurde. Man muß wissen, in welchem Maße Vorderasien und Nordafrika in der vorislamischen Zeit durchchristet waren. Der christliche Einfluß reichte bis zum heute noch christlichen Abessinien. In Persien war die manichäische Richtung verbreitet, der nestorianische Einfluß reichte nachweisbar bis nach China und Überreste der alten christlichen Kultur sind heute noch das aramäische Christentum im Libanon und das koptische in Ägypten. Es konnten die Kräfte dieses Stammes noch die Blüte der islamischen Kultur hervortreiben. Nach ihrer Erschöpfung mußte das Geistig-Tote auch kulturbiologisch das Absterben und den mechanistischen Leerlauf nach sich ziehen. Es zeigt dieses Phänomen des Absterbens der lebendigen Kräfte in den Völkern des Islam, daß diese Kräfte nicht etwa, wie es naheliegend wäre, zu glauben, durch die prinzipielle Bejahung der Triebnatur gefördert werden. Der ungeheure Rückgang der Volkslebenskräfte, der vollkommene Untergang der Kultur der einstigen Welthauptstadt Bagdad und ähnliche Erscheinungen im weiten Umkreis der islamischen Welt, dies alles beweist das Gegenteil. Es ist das Biologisch-Lebendige des Menschen im Geistig-Lebendigen verankert, wie es im Christuswort „Ich bin . . . das Leben" ausgesprochen ist.

Wenn wir der Entwicklung der islamischen Völker im letzten Jahrtausend diejenige der abendländisch-christlichen gegenüberstellen, so haben wir den denkbar eindrucksvollsten Beweis für die lebenzeugende Macht des Geistig-Lebendigen vor uns. Da sehen wir, gleichsam als Gegenbewegung zum islamischen Niedergang, am anderen Waagebalken einen beispiellosen Aufstieg, und zwar nicht nur in bezug auf die materielle Kultur, sondern vor allem auch in bezug auf die biologisch-lebendigen Kräfte. Es ist ja dieses den ganzen Erdball in solchem Ausmaß tangierende Phänomen in neueren Richtungen des weltanschaulichen Denkens auf andere, Jahrtausende zurückliegende Ursachen zurückgeführt worden. In unserem Aspekt aber zeigt sich, und zwar gerade aus der Gegenüberstellung mit den Völkern von islamischer Seelenprägung, daß in dem Jahrtausend der christlichen Entwicklung in Europa biologisch wirksame Kräfte in Rechnung gestellt werden müssen. Es wäre anders die so ausgesprochene Gegenbewegung in der Entwicklung der Völker nicht verständlich. Diese ergibt sich als logische Folge nur aus dem polaren Gegensatz der geistigen Tendenzen, die auch biologisch von ausschlaggebender Bedeutung sind.

Es müßte hier auf die Problematik der Vererbungswissenschaft eingetreten werden. Es wäre zu zeigen, in welchem Rahmen die Ergebnisse der modernen Genetik Geltung haben und wo diese Geltung aufhört. Wir sahen, wie auf die Epoche der Artbildung diejenige der Arterhaltung folgte, in welcher aus den Mysterien heraus noch zielbewußt in das Völkerleben hineingewirkt wurde. Aus dem kulturgeschichtlichen Überblick ergibt sich klar, daß die generationelle Wirkung geistig-moralischer Faktoren als Realität anerkannt werden muß. Es wirkten im Christentum in besonderem Maße arterhaltende und lebenfördernde Kräfte durch die Jahrhunderte hin.

Es ist nun von diesem Gesichtspunkt aus verständlich, daß die führenden Individualitäten des Arabismus ihre Planung durchaus nicht in ihrem ersten Kulturkreis zu Ende führen konnten. Sie sahen in diesem von der geistigen Welt aus den Keim des unvermeidlichen Niederganges. Was sie da sahen und erkannten, das können wir in der Spiegelung der Kunstschöpfung, in welcher ja in so konkreter Weise vieles aus der übersinnlichen und aus der höheren geistigen Welt dargestellt ist, ebenfalls erkennen. Da zeigt sich denn der Betrachtung in der eindrucksvollsten Weise, daß die ganze mit dem Menschen verbundene ätherische Welt im christlichen Kulturkreis eine unendlich viel lebendigere, reichere und gestaltungs- und keimkräftigere war, als im islamisch-arabischen. Diese Tatsache, die sich einer Überschau aus der geistigen Welt ergeben mußte, geht auch aus einer sachlich-geisteswissenschaftlichen Betrachtung ohne weiteres hervor. Das Denken des Menschen ist eine übersinnliche Realität, und es bringt in seiner formalistisch-toten Form nicht nur eine entsprechende Kunst, sondern ebenfalls eine entsprechende Prägung in der übersinnlich-realen Welt der Bildekräfte hervor. Es wirkt das Denken, so wie es konsequent durch Jahrzehnte und durch ganze Inkarnationen hindurch geübt wird, überdies auch noch entweder belebend oder aber erstarrend auf die ätherischen Bildekräfte des Menschen und durch diese hindurch auf die umgebende ätherische Welt. Der menschliche Bildekräfteleib geht ja nach dem Tode in die umgebende ätherische Welt über und wirkt dann im Sinne der Tendenz, die ihm eingeprägt wurde, weiter, und zwar, da er ja an sich gewissermaßen unsterblich ist, in einer sehr nachhaltigen Weise.

Wenn so der Niedergang der orientalisch-arabistischen Kultur unvermeidlich war, so mußten die führenden Individualitäten ihre Impulse in die Lebens- und Schöpferkraft des christlichen Abendlandes hinein verpflanzen, wenn das Vorgesehene verwirklicht werden sollte. Die moderne Kultur, die nun der ganzen Erde ihr Gepräge gibt und in der Zukunft in noch viel höherem Grade geben wird, ist aus dem Zusammenfluß des formalistisch-toten arabistischen Denkens mit dem lebendig-schöpferischen Können und Wollen des christlichen Abendlandes zu verstehen, welches Können sich in diesem Zusammenfluß durch den arabistischen Einfluß zu einem toten, mechanistisch-technisch schöpferischen wandelte. Es hätten die Orientalen trotz ihrer denkerischen Voraussetzungen die moderne Technik und Organisation nie geschaffen, da ihnen der schöpferische Wille fehlte, und es wäre der schöpferische Wille des Abendlandes nie in die mechanistische Richtung hineingegangen ohne den arabistischen Impuls. Was da zusammenfließen mußte, als die Zeit gekommen war, hätte in seinem polar entgegengesetzten Wesen niemals im nämlichen Kulturkreis veranlagt und entwickelt werden können. In diesem Zusammenhang sind die spirituellen Forschungen Rudolf Steiners, die zeigen, wie nun vom 19. Jahrhundert an die arabistischen Individualitäten in großer Zahl im europäischen Westen zur Wiederverkörperung kamen, von größtem Interesse. Die moderne Wissenschaft, Organisation und Technik sind zum größten Teil das Werk solcher Individualitäten, das sie als ein innerlich Totes nun wiederum dem lebenskräftigen Stamm der durchchristeten Menschheit aufgepfropft haben, in ähnlicher Weise, wie seinerzeit die erste arabistische Kultur der griechisch-urchristlichen aufgepfropft worden war.

Wir sehen nun, wie, damit die Dinge sich so entwickeln konnten, damit der Mensch zum technischen Herrscher im Reiche des Physikalisch-Toten werden konnte, der Christusimpuls als Träger der lebendigen und schöpferischen Kräfte vor der großen Entfaltung des Arabismus da sein mußte. Er lieferte zuerst im Osten und später im Westen den lebenskräftigen Stamm, auf welchem sich das tote und lebentötende Denken des Menschen bis zur letzten Vollendung entwickeln konnte und auf welchem zuletzt der schöpferische Wille in einem so ungeheuren Ausmaß zu einem mechanistisch-schöpferischen werden konnte. Es mußte der Christusimpuls die Lebens- und die Schöpferkraft erhalten, die ohne ihn unter dem tötenden Einfluß des Arabismus vollständig untergegangen wäre. Es ist von Rudolf Steiner ausgeführt worden, daß ohne den Christusimpuls die westliche Menschheit heute schon in einem unheilbaren Niedergang dem völligen Verhärten und Absterben entgegenginge. Es brachte das Christentum die mächtige Heilkraft, welche die Menschheit über die Epoche hinübertrug, in welcher sie sich dem tötenden Einfluß der ahrimanischen Welt aussetzen mußte. Es

brachte die übermächtige Kraft, die allein dem Widersacher trotzen konnte, in dessen Reich der Mensch eindringen mußte, um es bis in seine letzten Tiefen zu erkennen und zu beherrschen.
Es war bis in unsere Zeit die Kraft des Christentums in der Entwicklung der Menschheit in erster Linie eine Kraft der Bewahrung vor der Macht des Widersachers, in dessen Reich der Mensch eindrang, eine Kraft der Bewahrung vor dessen tötendem Einfluß und damit eine Lebens-Heilkraft. Es ließe sich biographisch zeigen, in wievielen arabistisch und mechanistisch denkenden Menschen sie in diesem Sinne ausgleichend wirkte, in wievielen Menschen nach einer nihilistisch orientierten Lebensarbeit aus einem übermächtigen Gefühl heraus eine Flucht vor dem geistig-seelisch Tötenden und eine Rückkehr zum Quell des Lebens stattfand.
Für die Zukunft nun zeichnet sich, wie wir sahen, ein anderes ab. Es war die Wirkung der Kraft des Christentums bis in unsere Zeit gewissermaßen in erster Linie Bewahrung und zugleich Vorbereitung auf das Kommende. In der kommenden Zeit nun wird sich die Menschheit mit dem Problem des Lebendigen auseinanderzusetzen haben. Nachdem die Mysterien des Toten da sind, müssen diejenigen des Lebendigen wiederkommen, soll dieses Lebendige nicht durch die nun entfesselten Kräfte des Todes verwüstet werden. Ahriman, der von seinem Standpunkt aus gesehen sich des Menschen bediente, um seine in der Stoffeswelt durch die göttlichen Ordnungsmächte gefesselten Kräfte frei zu bekommen, sieht heute, da dieses Ziel erreicht ist, die Zeit gekommen, um nun endlich jene ‚tausend Keime' zu vernichten, die sich dem ganzen Stoffessein entwinden. Die ‚kalte Teufelsfaust', die sich bisher vergebens tückisch ballte, will heute nun ihr Vernichtungswerk beginnen. Die lebenvernichtenden Kräfte, die sie dazu braucht, sind da, und sie werden in einem gewissen Umfang auch zur Auswirkung kommen. Diesem Verhängnis wird entgegengewirkt werden, und es hat gerade derjenige, der die Teufelskraft in ihrem Wesen erkannte, an der Schwelle der neuen Zeit auch die Grundlagen zu diesem Entgegenwirken in einer neuen Wissenschaft des Lebendigen gegeben. Wir kennen auch die Quelle der Kraft, die nun, innerhalb des Menschen wirkend, den Goetheanismus zu jener neuen Mysterien-

wissenschaft machen wird, die kommen muß, zur sakramentalen Magie. Es ist auffallend, was für eine große Zahl von Berichten und Darstellungen über das Phänomen der ‚Spiritual Healing', der ‚Heilung durch den Geist', in den letzten zwanzig Jahren vor allem im anglikanischen Kulturkreis erschienen sind. Man kann diese Berichte über Heilungen, wie sie früher als seltene Fälle vorgekommen sind (Lourdes), heute nicht mehr in Zweifel ziehen.

DIE WIRKSAMKEIT DES CHRISTUSIMPULSES IM ‚LEBENSBAUM' UND ALS NEUE UNIVERSALITÄT IM DENKEN UND ERKENNEN

Die Beziehung des Christusimpulses zum Urgrund der lebendigen Schöpfung, zum Vaterprinzip der ätherischen Welt, war in den urchristlichen Mysterien bekannt und bildete den Inhalt konkreter, in gewisse Einzelheiten gehender Erkenntnisse. Diese lassen sich aus der Symbolüberlieferung wieder herstellen und bildeten wohl den Inhalt solcher Schriften, die zur Zeit Konstantins des Großen und später ausgerottet worden sind. Es sind ja von einer großen Zahl solcher Schriften noch die Titel bekannt, und es gibt auch, betreffend den esoterischen Inhalt, in den Schriften gegnerischer Autoren einige Anhaltspunkte. Für unseren Zusammenhang wird es genügen, eine charakteristische Symbolfigur zu betrachten.

Dieses Zeichen ist das sog. ‚Labarum' (d. h. Christuskreuz-Zeichen) des Konstantin, des römischen Kaisers, der das Christentum zur Staatsreligion erklärte. Ein Kreuzzeichen ist aber nur der untere Teil, und zwar ist es das bekannte ‚Christusmonogramm' der Urchristen. Es ist ohne weiteres klar, daß dieses ‚Kreuz' nichts mit dem Passionskreuz zu tun hat, sondern ganz anderen Ursprungs sein muß. Wir werden darauf zurückkommen. Hier betrachten wir nun zunächst den oberen Teil der Figur. Dies ist der sog. ‚Pinienzapfen' der alten chaldäischen Mysterien, das Symbol der Fruchtbarkeit, der lebendigen Kräfte überhaupt, das in zahlreichen Reliefdarstellungen gleichsam als kultisches Instrument in der Hand der Priester und Magier, sowie der göttlichen Genien zu sehen ist, die, indem sie sich seiner bedienen, vom ‚Lebensbaum' die Kräfte an sich ziehen oder diese auf lebendige Wesen übertragen. In vielen

Reliefs finden wir ebenfalls den Lebensbaum in wunderbaren, wesensgemäßen Formen dargestellt. Es spielt in diesen Darstellungen der ,Pinienzapfen' genau dieselbe Rolle, wie in den altägyptischen das Henkelkreuz, welches zugleich das hieroglyphische Zeichen für ,Leben' ist. Rein figürlich stellt nun der chaldäische

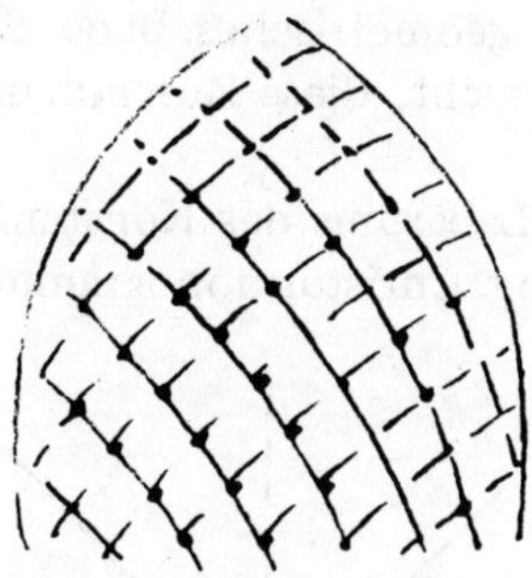

,Pinienzapfen' das Spiralsystem der Pflanzengeometrie in der gestauten Form des stumpfen Zapfens dar, das System der sich kreuzenden Raumkurven also, an deren Schnittpunkten die Vegetationspunkte hervorgehoben sind, die Keimpunkte des neuen Lebens in den Samenanlagen. Bezüglich dieser Verhältnisse sei auf die Pflanzengeometrie des Verfassers hingewiesen (Verlag Freies Geistesleben, Stuttgart). Es ist dort gezeigt, daß sämtliche Vegetationspunkte im höheren Pflanzenreich in solchen Schnittpunkten des pflanzengeometrischen Kurvensystems liegen. In Heft 2 seiner Skelettgeometrie hat der Verfasser dann gezeigt, daß das mit dem chaldäischen Pinienzapfen gleichbedeutende ägyptische Henkelkreuz in dem Schnittpunkt seiner Arme einen Vegetationspunkt, also einen Kurvenschnittpunkt aus dem pflanzengeometrischen System heraushebt. Dieses System war dann im Altägyptischen zugleich das System des geozentrischen Weltbildes, das durch Ptolemäus in die Wissenschaft eingeführt wurde. Das biologisch-geometrische System des ägyptisch-chaldäischen Kulturkreises war zugleich ein kosmisch-geometrisches. In der Pflanzengeometrie des Verfassers wurde versucht, diese Zusammenhänge wieder aufzuzeigen.

Der untere Teil des Labarums des Konstantin nun ist ein sechsarmiges Kreuz, das sog. Christusmonogramm. Die frühen Anwen-

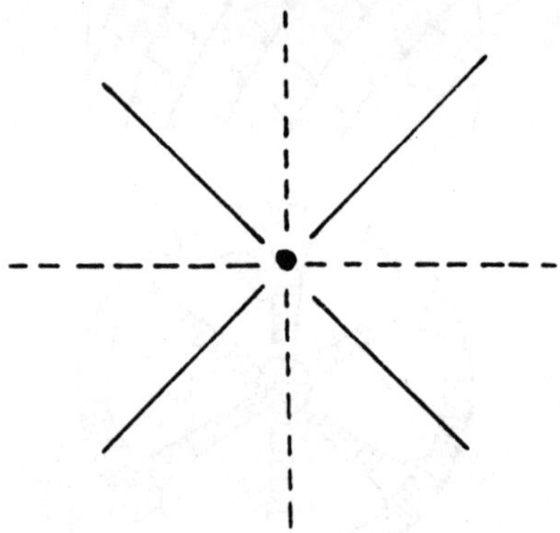

dungen dieser Figur als Christuszeichen zeigen sie immer achtarmig, d. h. mit einem transversalen Balken, in welcher Form sie ebenfalls, wie der Pinienzapfen, auf die chaldäischen Mysterien zurückgeht. Sie ist dort die Form eines kultischen Gerätes. Die geometrische Betrachtung zeigt nun den Sinn der Zusammenstellung des Kreuzes mit dem Pinienzapfen im Labarum: Es hebt nämlich das achtarmige Kreuz ebenfalls, wie das ägyptische Henkelkreuz, einen Schnittpunkt aus dem Kurvensystem des Pinienzapfens hervor. Im geometrischen System gehören zu den spiraligen Kurven ebenfalls die Polarkoordinaten hinzu, in der Horizontalprojektion also der Radius und der Kreis, die im Vegetationspunkt ein rechtwinkliges Kreuz bilden. Dieses ist in der hier stehen-

den Figur durch punktierte Linien eingezeichnet. So ergibt sich beim Vegetationspunkt das achtarmige Kreuz.
(In dieser Form, also strichtechnisch im ‚geraden' und im ‚schrägen' Kreuz unterschieden, erscheint das Zeichen dann auch bei Eliphas Levi unter den geometrischen Figuren der ‚Salomonischen Siegel' beim ‚heiligen Tao' oder ‚universellen Schlüssel'.) Wir sehen also im Labarum des Konstantin in der oberen Figur das pflanzengeometrische System und in der unteren einen der darin enthaltenen einzelnen Lebenskeimpunkte dargestellt. Der innere Zusammenhang der beiden Figuren wird durch die Zusammenstellung offenbar bestätigt. Wie erwähnt, ist das Kreuzzeichen sowohl im chaldäischen Ursprung als auch in den frühen christlichen Darstellungen immer achtarmig. Dadurch, daß man den waagerechten Balken wegließ, stellte es sich so dar, daß es sich aus den beiden griechischen Anfangsbuchstaben des Namens Jesus Christus zusammensetzte (I und X). Es wurde dadurch zum ‚Christusmonogramm'. Es wurde aber immer der Lebenskeimpunkt im Schnittpunkt des Kreuzes durch einen kleinen Kreis deutlich hervorgehoben.
Es wurde also in der geheimen Weisheit der Christus im Zusammenhang mit der alten Mysterienweisheit als Lebenskeimpunkt dargestellt, als Urquelle lebendig-schöpferischer Kräfte im universellen, das Organische und das Seelisch-Geistige umfassenden Sinne. Heute, da wir vor der Notwendigkeit stehen, wiederum erkennend in die Grundlagen alles Lebendigen einzudringen, können wir auch die Erkenntnisse des Urchristentums erneuern.
In diesem Zusammenhang kann hier auch noch auf einiges hingewiesen werden, was der Verfasser in Heft III seiner Skelettgeometrie ausgeführt hat. Es zeigt nämlich die Untersuchung, daß der geistige Lebenskeimpunkt im Menschen in seinem physischen Leibe, der Ort der Einschaltung des Ichs in der Kopforganisation, eine ebensolche achtarmige Kreuzkonfiguration aufweist, wie der Vegetationspunkt in der geometrischen Organisation der höheren Pflanzenwelt. Es liegt diese Konfiguration in der Architektur der Schädelbasis und der sich ihr einfügenden Gestalt der darüberliegenden Bahnen der Sehnerven. Dies tritt besonders in der embryonalen Form klar hervor.

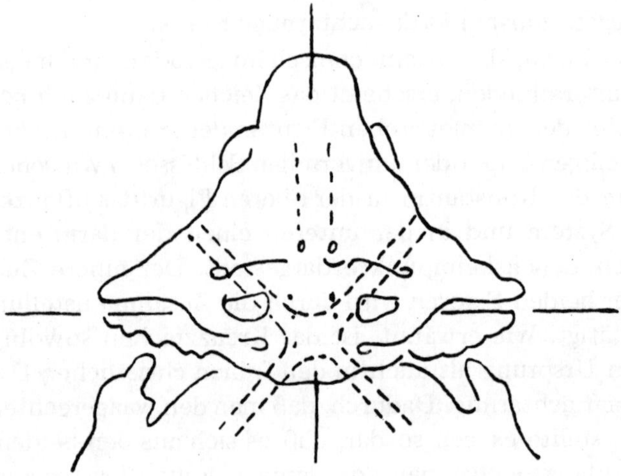

Das obenstehende Bild zeigt die Schädelbasis eines 8 cm langen Fötus nach der Zeichnung von O. Grosser in dem Werk ‚Grundriß der Entwicklungsgeschichte des Menschen'. Das Kreuz des Optikus ist punktiert eingezeichnet. Dieses Kreuz ist urbildlich für die Organisation in den Bahnen des ganzen Zentralnervensystems. Die Vertikale des Kreuzes ist die Medianlinie des Schädels, die transversale Achse liegt in der Konfiguration der Keilbeine (Rinne des Türkensattels).

Es stellt somit das Christuszeichen der Urchristen zugleich den Lebenskeimpunkt in der höheren Pflanzenwelt und den Ichpunkt in der menschlichen Leibesorganisation dar. Diese Verhältnisse waren ebenfalls in den orientalischen Mysterien bekannt, denn es erscheint in den bezüglichen Reliefdarstellungen das achtarmige Kreuz auch als eine Art Krone, die die Menschengestalten auf dem Kopfe tragen. Im Urchristentum wurde erkannt, daß die Kraft des Christusimpulses den Menschen durch seinen Ichpunkt hindurch mit den schöpferischen und lebendigen Kräften der Welt neu verband, daß der Christus die kraftlos gewordenen alten Mysterien, welche diese Verbindung einstmals auch gepflegt hatten, für die Menschheit neu begründete, nach dem Worte

„Ich bin . . . das Leben."

Von Konstantin dem Großen ist überliefert, daß er vor der Schlacht, welche über seine Herrschaft entschied, sein Kreuzzeichen im Geiste schaute und eine Stimme zu sich sprechen hörte: „In diesem Zeichen wirst du siegen." In der Tatsache, daß nach der Einführung des Christentums als Staatsreligion im Römischen Reich systematisch die okkulte Weisheit des Urchristentums ausgerottet wurde, können wir wohl das Wirken der gegensätzlichen Geistesmächte erkennen, das aber von einer höheren Ebene aus gesehen, wohl auch ein Notwendiges war.
Wir haben also in der ganz und gar geometrisch zu verstehenden Darstellung des ‚Labarums' des Konstantin

1. den chaldäischen ‚Lebensbaum' in der gedrängten Form des Pinienzapfens mit den geometrisch geordneten Keimpunkten,
2. den geistigen Lebenskeimpunkt des Menschen im Ich in der geometrischen Konfiguration der ihm zugeordneten Leibesorganisation, und
3. in der Zusammenfassung des Bildes den Christusimpuls, der in beiden Teilen wirksam und mächtig ist.

Es können uns diese Zusammenhänge auf den Quell der Kraft hinweisen, auf den die Menschheit in der Zukunft angewiesen sein wird, wie sie auch in den vergangenen zwei Jahrtausenden nur durch ihn durch die Epoche des Eintauchens in das Reich des Toten hindurchgetragen wurde. In der Zukunft wird die Kraft des ‚Sohnes' die Menschen zum Wirken im Reiche des ‚Vaters' aufrufen. Auch dieses ist im Christuszeichen des Konstantin schon angedeutet, wo das Symbol der Vaterschöpfung, der Pinienzapfen, mit demjenigen der Kraft des Sohnes, dem Ich-Kreuzzeichen, zur Einheit zusammengefaßt ist.
Es sind nun in bezug auf diese Verhältnisse der Zukunft und die kommende Bedeutung des Christusimpulses in dem Buch der großen Schau, in der Apokalypse des Johannes, Aufschlüsse gegeben, die zur Vervollständigung des Bildes herangezogen werden können. Von Rudolf Steiner, der die rätselvolle imaginative Bildersprache der Apokalypse aus seiner eigenen spirituellen Forschung heraus dem modernen Menschen wieder erschlossen hat (Vortragszyklus ‚Die Apokalypse des Johannes'), ist auch für unseren Fall ein Auf-

schluß gegeben worden. Wir sahen, daß das ganze Phänomen des Arabismus im Innermenschlichen auf einer tot-formalistischen Entwicklung der Intellektualität beruht und daß die kommende Entwicklung von einer Spiritualisierung dieser Intellektualität ausgehen muß. Es wird unter dem Einfluß Michaels die Intellektualität den Weg zum Spirituellen zurückfinden, indem sie mit dem neu auflebenden Lebendig-Bildhaften im menschlichen Geist zusammenfließen wird, mit einem neuen, bildgestaltenden inneren ‚Licht'. Es ist klar, daß in der Apokalypse, die ja lange vor dem Hervortreten des Arabismus geschrieben worden ist, auf die intellektuelle Evolution des Menschen als auf ein Phänomen von größter Bedeutung hingewiesen sein muß, wenn sie überhaupt eine prophetische Vorschau ist. Für diese Betrachtung ist nun von Rudolf Steiner der Hinweis gegeben worden, daß das imaginative Bild für die Intellektualität das Bild des Pferdes ist. In den Vorträgen über die Apokalypse führt Rudolf Steiner aus:

„... Daher erscheint wieder dasjenige, was die bloße Intelligenz, den bloßen Verstand anzeigt, viermal hintereinander erscheint das Pferd!"

Nach der Darstellung Rudolf Steiners war in der Evolutionsepoche des Viergetiers das Pferd in der Tierwelt im Zusammenhang mit der Veranlagung der Intellektualkräfte im Menschen aufgetreten. Dieses Ergebnis der übersinnlichen Forschung kann in unserer Zeit durch die Betrachtung der Traumsymbolik bestätigt werden. Auch hier erscheint das Pferd durchaus als das Bild der Seelenkräfte mit intellektueller Tendenz.

Es wird sich nun zeigen, was sich ergibt, wenn dieser Gesichtspunkt für die Auslegung der Apokalypse durchgeführt wird. Es treten die Pferde bei der Öffnung der Siegel des siebenmal versiegelten Buches durch das Lamm hervor. Es ist das Lamm, das dem Seher die Geheimnisse des Menschheitsschicksals enthüllt. Die vier Pferde, die bei der Öffnung der ersten vier Siegel erscheinen, sind folgendermaßen dargestellt:

1. Siegel: „Und ich sah, und siehe, ein weißes Pferd. Und der darauf saß, hatte einen Bogen, und ihm ward gegeben eine Krone, und er zog aus sieghaft und daß er siegte ..."

2. Siegel: „Und es ging heraus ein ander Pferd, das war rot. Und dem, der darauf saß, ward gegeben, den Frieden zu nehmen von der Erde und daß sie sich untereinander erwürgten, und ihm ward ein großes Schwert gegeben . . ."
3. Siegel: „Und ich sah, und siehe, ein schwarzes Pferd. Und der darauf saß, hatte eine Waage in seiner Hand. — Und ich hörte eine Stimme unter den vier Tieren sagen: Ein Maß Weizen um einen Groschen und drei Maß Gerste um einen Groschen . . ."
4. Siegel: „Und ich sah. Und siehe, ein fahles Pferd. Und der darauf saß, des Name hieß Tod, und die Hölle folgte ihm nach. Und ihnen ward Macht gegeben zu töten das vierte Teil auf der Erde mit dem Schwert . . ."
Wir müssen nun diese Darstellung in dem Zusammenhang sehen, in welchem sie in der Apokalypse erscheint. Da haben wir den Pferden und der Öffnung der Siegel des Buches vorausgehend die Darstellung des Viergetiers. Im Viergetier ist nach Rudolf Steiner die Evolutionsepoche der ersten Hälfte der atlantischen Zeit symbolisiert, in welcher der Mensch noch physisch von veränderlicher Gestalt war, so daß er nach verschiedener Richtung hin tierähnlich werden konnte, je nach der Wesensart, die er innerlich entwickelte. Es wirkten dann die Kristallisationskräfte, welche die festgeprägten Formen im Mineralreich und im Tierreich bewirkten. Dies stellt die Apokalypse in dem Bilde dar vom ‚gläsernen Meer gleich dem Kristall' (4, 6). Der Abschluß der Kristallwerdung war der Mensch, der als letztes Wesen in seiner festbestimmten, menschengemäßen Form hervortrat.
Es war nun der Mensch in bezug auf alle seine physischen Anlagen fertig gebildet, und es folgte im nächsten großen Akt der Menschwerdung die Entwicklung dieser Anlagen zu den geistig-seelischen Fähigkeiten des physischen Planes. Diese Entwicklung nach dem Abschluß der physischen Leibesbildung ist im Bilde von den Pferden charakterisiert. Wir haben also:
In der ersten Hälfte der atlantischen Zeit die physische Menschwerdung, symbolisiert durch das Viergetier, von der Mitte der atlantischen Zeit an die geistig-seelische Menschwerdung, innerhalb welcher die vier Pferde einen bestimmten Aspekt

symbolisieren, der bis zur Mitte des versiegelten Buches reicht. Es sind die Bilder der imaginativen Schau exakt wirklichkeitsgemäße Darstellungen. Der Mensch selbst, als Ich, als Geistwesen, erscheint immer als Menschengestalt. Die ätherische Organisation erscheint immer in einer Art ‚Lebensbaum', und das seelische Wesen erscheint als Tiergestalt. So erscheint der Mensch selbst im apokalyptischen Bilde als der Reiter, das Pferd als die dem Geistigen dienstbare Seelenkraft.

Es ist klar, daß der Anfang der Epoche der vier Pferde der ‚Moment' in der Evolution ist, da das Ich des Menschen sich erst fest mit dem physischen Leibe verband und in ihn untertauchte, in diesen Leib, der soeben erst seine endgültige Prägung erhalten hatte. Es konnte das Ich sich nur in einen solchen Leib versenken, der seine Geistgestalt abbildete.

Damit ergibt sich auch die Bedeutung des Bildes von dem Buch mit den sieben Siegeln, das zwischen die Darstellungen des Viergetiers und der vier Pferde eingeschoben ist. In Büchern werden ja die Geschicke der Menschen aufgezeichnet, und in diesem universellen ‚Buch' sind es eben die Geschicke der Menschen von dem Moment an, da sie als Geistwesen ihre Laufbahn im physischen Leibe begannen und damit auch begannen, in den irdischen Verhältnissen zu wirken. Die Taten und Geschicke der Menschheit in den irdischen Verhältnissen sind es gewesen, nach deren Kenntnis den Apokalyptiker so sehr verlangte, daß er „sehr weinte" darüber, „daß niemand würdig befunden wurde, das Buch aufzutun". Nach der Öffnung des Buches durch das Lamm erscheinen nun die Menschen der verschiedenen Entwicklungsstufen als die Reiter auf den Pferden. Der erste Reiter erscheint auf dem weißen Pferde. Es war die Intention der Schöpfung damals, als der Mensch im vollen Sinne irdische Wesenheit wurde, eine hohe und reine. Das weiße Pferd und die Krone sind Reinheit des Strebens und göttliche Universalität der geistigen Vermögen. Der Bogen ist die Spannkraft des Geistes, die richtungweisend und zielstrebig das Denken bestimmt. „Und er zog aus sieghaft und daß er siegte": Es war die Geistwesenheit im physischen Leibe zum Herrscher im Reich der physischen Welt bestimmt.

Aber es mußte der vorbestimmte Herrscher in dieser Welt die Macht der Widersacher an sich erfahren, denen er im Wesen schon verfallen war, als er sich in die Welt ihres Seins hineinbegeben hatte. Die zweite Erscheinung des Menschen im apokalyptischen Bilde ist die auf dem roten Pferde mit dem Schwert in der Hand. Es trat seine Geistesfähigkeit in den Dienst der Leidenschaften, was bis zur Auseinandersetzung mit dem physischen Schwert führte. Der auf dem Pferd saß, „um den Frieden zu nehmen von der Erde", ist nun zugleich der Inbegriff der widergöttlichen Macht, in deren Dienst der Mensch getreten war.

Im dritten Siegel gesellt sich zum roten Pferd das schwarze, das die Hinwendung des Menschen zum kalt-egoistisch-materialistischen Denken symbolisiert. Es ist der Gegenpol des Feurig-Leidenschaftlichen. Nach Luzifer kommt Ahriman zu seinem Recht. Wie Rot die Farbe des Feuers der Leidenschaft ist, so ist Schwarz diejenige des kalten Egoismus, dessen Denken in einem sachlichen Abwägen besteht. Es trägt der Reiter eine Waage in der Hand. Diese ist aber, wie das Schwert, zugleich im physisch-realistischen Sinne zu nehmen. Im Satz „Ein Maß Weizen um einen Groschen und drei Maß Gerste um einen Groschen", ist auf die am Maß des Geldes festgestellten Wertverhältnisse der materiellen Lebensgüter hingewiesen, die gewogen werden. Diese Wertverhältnisse, die durch Waage und Wertmaß des Geldes sich ergeben, sind die Grundlage für die ausgleichende Tätigkeit des Menschen im Güteraustausch. Es gewann diese Tätigkeit im Leben der Völker im Laufe der Zeit eine ungeheure Bedeutung. Sie ist materiell-egoistisch, also ‚schwarz' orientiert, bedient sich der Erfindung Ahrimans, des Geldes, und ist eine in ganz ausgeprägter Weise intellektuelle, die in der Erkenntnis des so außerordentlich komplizierten Zusammenspiels all der Maß- und Wertverhältnisse ganz besondere Anforderungen an die reine Intellektualität stellt. Es waren gerade die Völker Arabiens, die als die Vermittler zwischen Osten und Westen diese Fähigkeiten entwickelten. Mekka und Medina waren zur Zeit Mohammeds Städte von Kaufleuten, und Mohammed selbst, dessen Allah ja so schnell im Rechnen ist, war Kaufmann. Er entstammte einem bedeutenden Zentrum der ‚schwarzen' Intellektualität.

Es war die Menschheit zur Zeit des Apokalyptikers schon in die Epoche des schwarzen Pferdes eingetreten. Es ergibt sich, daß man dasjenige, was in der Apokalypse durch die nacheinander auftretenden Pferde und Reiter symbolisiert ist, sich in der Folge im Nebeneinander zu denken hat. Es war auch die Tendenz des weißen Pferdes erhalten geblieben, wofür der Apokalyptiker selbst zeugt, und es bestanden also zu seiner Zeit die Tendenzen des weißen, des roten und des schwarzen Pferdes nebeneinander. Was aber zu seiner Zeit noch nicht bestand, das war die Tendenz des vierten Pferdes, des fahlen. Hier wird seine Schau nun zur Vorschau in die Zukunft. Was das vierte Siegel mit dem fahlen Pferd enthüllte, ist in der gegenwärtigen Zeit zu erkennen. Der Ausdruck ‚fahl' bezeichnet nun überhaupt keine Farbe und ist offenbar im Sinne von farblos zu verstehen. Die neue Form der Intellektualität, die in unserer Zeit zu den früheren Formen hinzugekommen ist, ist diejenige des Denkens in der modernen Wissenschaft, die wir eingehend charakterisiert haben. Es ist diese Form eine im moralischen Sinne farblose. Sie will und soll außerhalb jeder sittlichen Wertung stehen, sie will im absoluten Sinne sachlich und damit amoralisch und leidenschaftslos sein. Die Intellektualität des modernen Denkens ist also weder ‚weiß', noch ‚rot', noch ‚schwarz', noch ist sie sonst durch irgendeine Farbe zu charakterisieren. Sie steht als das Farblose neben dem Sittlich-Farbigen der früheren Erscheinungsformen. Sie ist darum das fahle Pferd, dessen Reiter der Tod ist, weil er als der Mensch, aus dessen Wesen das Geistig-Lebendige ausgeflossen ist, dem Bilde des Todes gleicht. Es ist gezeigt worden, wie im mechanistischen Denken des modernen Arabismus das Geistig-Tote entwickelt werden mußte, das die Welt des Physikalisch-Toten ergründen sollte. Es mußte da der moderne Mensch geistig gesehen ein Bild des Todes werden.
Er ist der Reiter auf dem fahlen Pferd.
Ihm ist wirklich die Macht gegeben, „zu töten das vierte Teil auf der Erde". Bei dieser Formulierung haben wir ja aufzumerken, denn sie ist unmißverständlich. Es ist da nicht vom Töten der Menschen und Tiere die Rede, sondern vom absoluten, alles Lebendige in sich begreifenden Töten. In diesem Sinne zu töten, d. h. alle lebendige

Substanz zur Form der mineralisch-toten abzubauen, und dies in Sekundenschnelle durch weite Räume hin, dazu ist dem Menschen erst in der jüngsten Zeit die Macht in die Hand gegeben worden. Es ist die vollkommene, uneingeschränkte Macht des Todes dem Menschen heute gegeben, und es ist auch diese Tatsache in dem Bilde der Apokalypse dadurch ausgedrückt, daß der Reiter auf dem fahlen Pferd als der Tod bezeichnet ist.

Was diesem Reiter, der also als der Mensch unserer Zeit gekennzeichnet ist, nachfolgt, das bezeichnet der Apokalyptiker als die ‚Hölle'. Unter diesem Aspekt können wir vieles verstehen, was sich schon heute abspielt und was sich für die nächste Zukunft abzeichnet.

Es folgt ohne allen Zweifel die ‚Hölle' dem fahlen Pferde nach, und es werden die Kräfte, die der Mensch als Gegengewicht wird entwickeln müssen, entsprechende sein müssen.

Was nun aus den weiteren Bildern der Apokalypse noch in unseren Zusammenhang hineingehört, das ist die Darstellung des Endes des großen Ringens der gegensätzlichen Mächte in der Menschheit, denn es tritt da noch einmal das Bild des Pferdes auf:

„Und ich sah den Himmel aufgetan, und siehe, ein weißes Pferd. Und der darauf saß, hieß Treu und Wahrhaftig, und er richtet und streitet mit Gerechtigkeit.

Seine Augen sind wie Feuerflammen, und auf seinem Haupt sind viele Kronen . . .

Und ihm folgte nach das Heer im Himmel auf weißen Pferden, angetan mit weißer und reiner Leinwand."

Die Kraft des reinen, universell orientierten Denkens, wie sie dem Menschen mit dem weißen Pferd und der Krone im Anfang der großen, im Zeichen des Ichs stehenden Epoche seiner Bewußtseinsentwicklung geschenkt wurde, ist also die nämliche, wie diejenige des Christus, die am Ende dieser Epoche innerhalb der Menschheit verwirklicht sein wird. Es steht das weiße Pferd am Anfang und am Ende des Evolutionszeitraums, der durch die Entwicklung der Intellektualität gekennzeichnet ist. Diese Entwicklung führt zurück zu dem, was am Anfang intentioniert war, und zwar ist es die Kraft des Christusimpulses, welche diese Rückführung möglich macht. Es hat sich uns ergeben, daß es sich bei dem Bilde der Pferde um die aus dem physischen Leibe entspringenden Kräfte der Seele handelt, und es ist darum auch klar, daß die göttliche Wesenheit, als sie in den Gang der Evolution eingreifen wollte, sich in diesen physischen Leib hineinbegeben mußte, um von hier aus den Wirkensimpuls auszulösen. Die Verbindung des Anfangs der menschlichen Ichentwicklung im physischen Leibe mit ihrem Ende ist nach den Worten des Apokalyptikers vom Christus selbst ihm gegenüber zum Ausdruck gebracht worden, und zwar mit den Worten: „Ich bin das A und das O, der Anfang und das Ende, der Erste und der Letzte." Dieses Ich ist zugleich das Menschen-Ich, das zu Beginn der Epoche des versiegelten Buches in den physischen Leib eintauchte und das am Ende dieser Epoche die Intention des Anfangs verwirklicht haben wird.

Es ist ersichtlich, an welchem Orte der durch das Alpha und das Omega umspannten Evolutionsepoche wir heute stehen. Das Buch des Menschengeschickes auf der Erde umfaßt sieben Siegel, und die Epoche des fahlen Pferdes entspricht dem vierten. Wir stehen also in der Mitte. Zugleich ist das fahle Pferd als das letzte der auf den Menschen bezüglichen Pferde auch das Bild für die letzte aus den physisch-leiblichen Anlagen heraus entwickelte geistige Fähigkeit des physischen Daseins. Es kommt nun keine weitere solche Fähigkeit mehr nach, sondern es folgt nun, nachdem durch die letzte Fähigkeit auch der letzte Sinn des Herabstieges in die Welt des Stoffes sich erfüllt hat, die große Umkehr. Es folgt nun das Hereinwirken rein geistiger Impulse in die Fähigkeiten, die durch die Leibesanlagen bedingt sind, es folgt die Spiritualisierung des Intellekts, die durch die Zeiten der drei letzten Siegel hindurch den Menschen zur Entwicklung höherer Wesensglieder führen wird.

Es ist diese Verknüpfung des Anfangs mit dem Ende der menschlichen Ichentwicklung in der Verlebendigung und Vergeistigung des Denkens durch den Quell alles Lebendigen von den Urchristen in ihrem Symbol dargestellt worden. Sie setzten in ihrem Lebens- und Ichzeichen, dem ‚Christusmonogramm', unter den waagerechten Balken oder an dessen Stelle die beiden griechischen Buchstaben Alpha und Omega ein.

Dies geschah zur Zeit, oder wenig später, als die Apokalypse geschrieben wurde. Die Weisheit des Apokalyptikers war eine verbreitete Weisheit des Urchristentums. Ein breiter Strom dieser esoterischen Weisheit floß durch viele Jahrhunderte durch die kulturtragenden Schichten der christlichen Völker weiter.
Im Lichte unserer bisherigen Betrachtungen zeigt sich, daß der Umschwung der Zeitenmitte zur geistigen Verlebendigung des Denkens zusammenfällt mit dem Zeitpunkt, da der Mensch dazu aufgerufen wird, aus diesem spiritualisierten Denken heraus im Reich des Lebendigen zu wirken und damit das ihm vorbestimmte Erbe anzutreten. Im Zeichen dessen, der den Tod besiegte, wird der neuerstandene Adam zum Lebensbaum zurückkehren, von dem er seit seinem Fall im Paradies getrennt gewesen war.
Was die kommende Zeit in der Spiritualisierung der arabistischen Wissenschaft bringen wird, das wird das Lesen der Schrift sein, die nach der arabischen Legende als die Schrift des Bundes, den Gott mit dem Menschen schloß, im schwarzen Stein zu Mekka eingeschlossen ruht. Das Lesen dieser göttlichen Schrift im ‚Stein' ist die Erkenntnis der Ordnungen des Klanges und des Wortes in der Kristallwelt der Schöpfung, die aus dem ‚gläsernen Meer' des Apokalyptikers geboren wurde. Der Araber der Vorzeit, der Steinanbeter, hörte und fühlte noch im Geiste den kosmischen Klang und das kosmische Wort im Mineral. Was er innerhalb der Menschheit verwirklichte, war die Fähigkeit zu ihrer Erkenntnis. Gabriel, der Schöpfer des ‚Fundamentes' im Menschen, der Bringer des heiligen Steines, hatte dem Araber die Aufgabe zugewiesen, deren Verfolgung er sich durch die Inkarnationen und durch die Jahrtausende hindurch widmete und deren Erfüllung sich heute vollendet. Mit dieser Vollendung geht die Lenkung des Geschehens an Michael über.
Wie das Pferd des Apokalyptikers, so war auch der Stein der Kaaba im Anfang weiß gewesen und dann durch die ‚Sünde' der Menschen schwarz geworden. Es zeigt sich darin ebenfalls die Beziehung zwischen ‚Pferd' und ‚Stein', die in unserem Zusammenhang darin liegt, daß durch die Kraft des ‚Pferdes' die Erkenntnis des ‚Steins' möglich wurde.

Es war die Absicht der vorliegenden Auseinandersetzungen, zu zeigen, daß heute eine Spiritualisierung des rationalwissenschaftlichen Denkens in einer so vollgültigen Weise möglich ist, wie dies bis vor kurzem noch durchaus nicht der Fall gewesen ist. Wenn so heute, am Ende der Vorherrschaft des Arabismus, die Dualität der materialistisch-mechanistischen und der geistig-lebendigen Denkart aufgehoben erscheint, so zeigt die Rückschau das Aufkommen dieser Dualität schon in historisch sehr früher Zeit und ihr Fortbestehen durch weit mehr als zwei Jahrtausende.
Es ist also der Materialismus nicht, wie man glauben könnte, ein Phänomen des modernen Denkens. Die historische Überlieferung, die durchaus noch nicht auf den Ursprung zurückgeht, weist schon bis in die Zeit der griechischen Klassik zurück. Demokrit, ein griechischer Philosoph, der unmittelbar vor Aristoteles wirkte, lehrte, daß die Bildung der Körper und Formen der Welt aus den kleinsten materiellen Bestandteilen, die er Atome nannte, und aus dem Wirken blinder Kräfte zu erklären sei. Er gilt als der geistige Schöpfer des Materialismus. Seine Schriften sind nicht erhalten, aber seine späteren römischen Schüler lehrten genau das, was wir heute den Materialismus nennen. Diese Schule war der geistige Gegenpol zu derjenigen des Aristoteles, in welcher das Wirken einer geistigen Gestaltungskraft in der Formenwelt der Natur gelehrt wurde. Intellektualität wirkte also in beiden Schulen, aber in der einen war es eine spirituell, in der anderen eine mechanistisch-materialistisch orientierte. In bezug auf Aristoteles wissen wir, daß seine Wissenschaft eine intellektuelle Verarbeitung von Mysterienweisheit war, die über Pythagoras, Plato und andere aus der ägyptischen Geheimwissenschaft in das griechische Denken herübergenommen worden war. Mysterienweisheit wurde durch Aristoteles in die Form des wissenschaftlichen Denkens übergeführt. Wenn nun heute die Wissenschaft die ungeheuren Wirklichkeiten enthüllt, die dem demokritischen Denken zugrunde liegen, so können wir nicht umhin anzunehmen, daß diese Mysterien des Toten sich durchaus nicht dem rationalistischen Denken des Demokrit allein hatten ergeben können, sondern daß sie ebenso wie das Geistesgut des Aristoteles aus den Quellen uralter okkulter Weisheit stammten. Es ging die

Weisheit des Toten ohne Zweifel auf die nämlichen Quellen zurück, aus denen Pythagoras, Plato und Aristoteles geschöpft hatten. Es waren in den Mysterien der atlantischen und der frühen nachatlantischen Zeit die Mysterien des Toten und diejenigen des Lebendigen, noch in einer universellen Weisheit vereinigt gewesen, die der Menschheit durch geistige Wesenheiten vermittelt worden war. Wir sahen ja in unseren Zusammenhängen, wie sehr im Ursprunge des arabistischen Denkens noch solche Weisheitsimpulse wirkten, die einer umfassenden Weltenschau und Evolutionsplanung entstammten. Die Tatsache, daß diese Planung nach der spirituellen Forschung von Rudolf Steiner zu schließen, gerade in Persien im Zusammenhang mit der Schule von Gondishapur konzipiert wurde, enthüllt ja auch einige Zusammenhänge. Es ist gerade in der urpersischen Weisheit der Begriff der physischen Substanz als solcher enthalten, und es ist nach dieser Weisheit Ahriman der Schöpfer dieser physischen Ursubstanz, auf die eben das materialistische Denken Demokrits anwendbar ist. Wir brauchen nur in der urpersischen Weisheit eine Erkenntnis über das Wesen der toten physischen Substanz in ihrem Ursprung vorauszusetzen, um in dieser Erkenntnis auch den Ursprung des demokritischen Denkens annehmen zu können. Wir haben weiter in der urpersischen Weisheit ebenfalls den richtigen spirituellen Aspekt, indem die ganze Schöpfung als die Einwirkung der Lichtgottheit Ahura Mazdao innerhalb der ahrimanischen Ursubstanz erscheint. So sehen wir in der Vergangenheit die beiden polar orientierten Denkarten tatsächlich in einem universellen, nach den modernsten Erkenntnismöglichkeiten richtigen Aspekt zusammenlaufen.

Die schriftliche Niederlegung dieses Aspekts geschah zur Zeit des historischen Zarathustra etwa im 7. vorchristlichen Jahrhundert, also zeitlich nicht sehr weit entfernt vom historischen Ursprung der Lehre Demokrits. Ein Zusammenhang zwischen dieser Lehre von den kleinsten materiellen Teilchen, den Atomen, und den in ihnen waltenden blinden Kräften mit der persischen Erkenntnis vom ahrimanischen Ursprung der toten Ursubstanz, welche die Finsternis in das lichthafte Wesen der Welt hineintrug, darf sehr wohl angenommen werden. Es erscheint dann die denkerische Leistung der Schule

Demokrits ganz als das verstandesmäßige Durchdenken und Bearbeiten der alten Mysterienweisheit. Damit ordnet sie sich geisteswissenschaftlich gesehen richtig in den Rahmen der ganzen griechischen Verstandesseelenkultur ein.
Es kam dann die Zeit, wo dem Menschen durch die Einschränkung seiner übersinnlichen Schau die Möglichkeit der Überschau über die ganzen Zusammenhänge verloren gehen mußte. Gerade zur Zeit des Aufkommens der wissenschaftlichen Denkart mit Aristoteles sehen wir nun das universelle Erkennen in die Dualität des spiritualistischen und des materialistischen Aspekts der Welt auseinandergefallen aus dem Dunkel der Vorzeit heraus in das Licht der historischen Überlieferung eintreten. Es war der Antagonismus der Aspekte aus dem Denken heraus nicht zu überwinden, und es mußten die Anstrengungen nach dieser Richtung hin noch unzulänglich bleiben, bis dieses Denken auf dem Wege über den Arabismus den Punkt erreicht hatte, wo sich ihm das Wesen der physischen Substanz und ihrer blinden Kräfte enthüllte und wo dieses Wesen im Lichte einer neuen exakten spirituellen Schau sich nun in logischer, folgerichtiger Weise auf seinen Ursprung zurückführen ließ.
Nach Jahrtausenden des Ringens des menschlichen Geistes können sich die Gegensätze der Anschauungen und Denkarten wiederum zu einem universellen Erkennen vereinigen. Zugleich mit der Ergründung der Geheimnisse des Physikalisch-Toten im modernen Arabismus wurde in der modernen Geisteswissenschaft durch das Ergebnis neuer, umfassender Forschung im Übersinnlichen die Voraussetzung für eine neue Universalität des Denkens geschaffen, die uns auf höherer Erkenntnisstufe die Universalität der alten Uroffenbarung der atlantischen Zeit zurückgibt. Es tritt nun für den Erkennenden an die Stelle des Antagonismus des Denkens derjenige der Prinzipien selbst, die hinter demjenigen stehen, mit dem sich das Denken auseinandersetzt, hinter der Welt und allen ihren Erscheinungen, der Antagonismus der geistigen Mächte. Für den Erkennenden, der diese Entwicklung durchmacht, naht sich damit auch der Moment jener endgültigen prinzipiellen Entscheidung, vor die in der kommenden Zeit die Individualitäten alle einmal gestellt sein werden.